"实用型"报关与国际货运专业教材

现代关税实务（第三版）

◆求解迫在眉睫的关税实务难题

MODERN TARIFF PRACTICE（Third Edition）

高美荷　李　齐◎编著

中国海关出版社有限公司
·北京·

图书在版编目（CIP）数据

现代关税实务／高美荷，李齐编著．—3 版．—北京：中国海关出版社有限公司，2020.8

ISBN 978-7-5175-0447-4

Ⅰ.①现… Ⅱ.①高… ②李… Ⅲ.①关税—税收管理—中国—教材 Ⅳ.①F752.5

中国版本图书馆 CIP 数据核字（2020）第 128410 号

现代关税实务（第三版）

XIANDAI GUANSHUI SHIWU（DI-SAN BAN）

作　　者：高美荷　李　齐
策划编辑：马　超
责任编辑：杨　升
出版发行：中国海关出版社有限公司
社　　址：北京市朝阳区东四环南路甲 1 号　　邮政编码：100023
网　　址：www.hgcbs.com.cn
编 辑 部：01065194242-7530（电话）　　01065194231（传真）
发 行 部：01065194221/4238/4246（电话）　　01065194233（传真）
社办书店：01065195616（电话）　　01065195127（传真）
www.customskb.com/book（网址）
印　　刷：北京鑫益晖印刷有限公司　　经　　销：新华书店
开　　本：710mm×1000mm　1/16
印　　张：16.75　　字　　数：310 千字
版　　次：2020 年 8 月第 3 版
印　　次：2020 年 8 月第 1 次印刷
书　　号：ISBN　978-7-5175-0447-4
定　　价：48.00 元

前　言

征收关税是政府赋予海关的职能，缴纳关税是法律规定纳税人应尽的义务，海关依法征税，纳税人依法纳税，构成关税征纳的两大要素，而在整个关税征纳过程中所形成的法律、法规、方式、方法就是关税实务的内容。2001 年 12 月加入世界贸易组织后，我国的关税征纳过程发生了巨大的变化，特别是通过与国际接轨和国际合作，关税实务在研究领域、应用范围和使用方式、方法等方面得到了全面的拓展，我们称之为现代关税实务。与传统关税实务相比，现代关税实务的特点集中体现在：其一，在关税定位方面已进一步拓展，关税的含义不仅仅局限于关税本身，还包括进出口环节相关税费；其二，在制订关税征纳制度时，既要考虑国内《中华人民共和国海关法》等相关法律的要求，又要遵循国际法如世界贸易组织规则等的规定；其三，在执行关税税率时，既要遵守最惠国待遇原则，公平无差别地对待每一个世界贸易组织成员，广泛使用最惠国税率，又要体现双边和区域经济合作成果，实行差别税率；其四，通过奖罚并用、减免加征并存、主动申报与强制征纳互补等多重手段和方式，实现关税征纳既促进全球经济一体化的发展，又保证民族产业安全和稳定的双赢目标。

作为报关与国际货运专业的创新教材，本书的章节进行了全新设计，以关税征纳基本业务流程为顺序，依次介绍完税价格的确定、关税税率选择、关税税额计算、主动申报缴纳和强制征纳5个工作过程。为保证知识结构的完整性，每个工作过程均从基本概念入手，由浅入深、由表及里，系统地介绍其业务范围及内容。关税实务是实操性和时效性都较强的课程，面对日新月异的关税业务，本书只有及时准确地传授最新知识，才能帮助学生学以致用。所以，在书中详尽地介绍当前的最新内容和前瞻性知识，是笔者在编著时力求达到的目标。此外，笔者在编写本书时十分注重使用者的特点，遵循高职、高专学生学习应用型课程的心理规律，在结构编排上尽量模拟关税实际工作的环境，让读者在获得关税实务知识的同时，全面强化应用理念，提升实操水平、理解能力等。

本书是我们教学团队所编写的系列教材之一。按照整体布局、突出特色的思路，本书与《报关实务》《进出口商品归类实务》两本教材在内容上前后照应，知识点相互衔接。

在我们教学团队与中国海关出版社的精诚合作下，本系列教材得以全面问世。在此，感谢中国海关出版社的盛情邀请与信任，期盼我们的共同努力有所回报，能给读者带来全新的阅读感受，对他们的工作与学习有所助益。同时，诚挚欢迎行业专家提出宝贵的意见，书中不当之处敬请批评指正。

李齐

2009年6月于广州

再版前言

本书自2009年9月问世以来，受到广泛的关注和好评。现有许多学校采用此书作为专业课教材。笔者在倍感欣慰的同时，也深感责任的重大。针对日新月异的关税业务，我已将本书中的部分内容进行修改和完善，这不仅十分必要，也非常迫切。鉴于此，本书在问世两年后及时推出第二版。

作为以仿真工作环境为导向的创新教材，本书的创新点在于：其一，以关税征纳的实际业务流程为顺序，依次介绍完税价格的确定、关税税率选择、关税税额计算、主动申报缴纳和强制征纳5个工作过程。为保证知识结构的完整性，每个工作过程均从基本概念入手，由浅入深，系统地介绍各个工作过程的业务范围及内容；其二，及时传授前瞻性知识，介绍当前最新内容和前沿动态，使读者能准确地把握未来关税的发展趋势；其三，遵循读者学习应用型课程的心理规律，在结构编排上给出一个关税实际工作的仿真环境，让读者在获得关税实务知识的同时，在应用理念、实操水平、理解能力等方面得到全面的提升。本书再版进一步深化了上述创新之处。

本书再版的要点：其一，从繁多的关税理论中，去繁就简，提炼出的关税实务理论基础是本书的一大特色，因此本次再版在第1章理论基础部分，仅对个别错误进行更正，其结构没有变动，以保持原有的特色；其二，修改的重点放在第2、3、5、

6、7 章。其中，第 2 章完税价格确定中的部分内容重新表述，突出特殊进口货物估价的核心要点，以利读者熟知海关估价的执行标准。第 3 章原产地规则是本次再版改动最大的部分，笔者对其结构进行重新编排，通过对原产地认定标准的类比分析，让读者理解理论精髓、掌握实践技巧、实现原产地国际通行规则与我国具体实践无缝链接。此外，本章新增加了《中国—秘鲁自由贸易协定》及《海峡两岸经济合作框架协议》（ECFA）相关内容。第 5 章改动的重点是消费税和增值税的计算。首先，对消费税和增值税的顺序重新排列，理顺了消费税和增值税的计算步骤；其次，更新部分案例，使其更能体现价内税和价外税的本质特征。第 6 章对保障措施的配额管理部分重新进行梳理，并增加了相关的案例分析。第 7 章新增加了滞纳金与滞报金的区别，通过对“两金”的对比分析，使读者能够掌握其计算要领。最后，应读者和出版社的要求，对每一章课后练习进行相应的修改并于书后附上参考答案。对其中每一个题目既给出了参考答案，又进行了解析，便于读者举一反三、触类旁通。

本书再版结合关税的国际发展趋势，深入探讨海关估价、原产地规则、反倾销和反补贴等与国际接轨的内容。本书再版得到教育部物流教学指导委员会立项课题“基于工作过程的物流类专业交互式教学创新探索与实践”（JZW2011011）资助，本书将课题部分研究成果融入教材中；同时也得到南华工商学院现代物流中心的大力支持。在此，一并表示感谢。本书的出版和再版均是在与中国海关出版社精诚合作的基础上完成的，期盼在我们的共同努力下将此书打造成精品教材，给读者一个全新的阅读感受。

李齐

2011 年 12 月于广州

第三版前言

本书初版于2009年9月出版，受到了广泛关注和好评。现有许多学校采用此书作为专业课教材。感谢业界和各高校的厚爱，笔者在倍感欣慰的同时，也深感责任重大。随着中国对外贸易的快速发展，再加上日新月异的关税改革，书中的部分内容需要进行修改和完善，这不仅十分必要，也非常迫切。有鉴于此，本书在全国通关一体化实施后及时推出第三版。

本书创新点之一是以关税基本业务流程为基础，依次介绍确定完税价格、原产地规则与关税税率的执行原则、进出口正税及进口附加税分析与计算、申报纳税和强制纳税5个工作过程。因此，为保证知识结构完整性，本次修订对结构没有进行大幅度的改动，而是将修订重点放在前瞻性知识，主要介绍当前最新内容和前沿动态，使读者能准确地把握关税未来的发展趋势。根据国内政策的改变及2017年7月1日起全国通关一体化改革等变化，本次修订重点主要放在第2、3、4、7、8章，具体修订的内容如下：

第1章仅对关税征纳的理论基础部分作个别调整，其结构没有变动。

第2章对确定完税价格的部分内容根据我国2013年制定的《中华人民共和国海关审定进出口货物完税价格办法》进行调整，突出内销保税货物估价的核心要点，以便于读者熟知海关估价新的执行标准及方法。

第 3 章原产地规则是本次改动最大的部分之一，新增《中国—新加坡自由贸易协定》《中国—哥斯达黎加自由贸易协定》《中国—冰岛自由贸易协定》《中国—瑞士自由贸易协定》《中国—韩国自由贸易协定》《中国—澳大利亚自由贸易协定》《中国—格鲁吉亚自由贸易协定》等 7 个自由贸易协定的相关内容，通过对原产地认定标准的对比分析，让读者理解理论精髓，掌握实践要领，实现原产地国际通行规则与我国具体实践无缝衔接。

第 4 章关税税率的执行原则根据我国加入世界贸易组织承诺的关税减让义务和我国与有关国家或地区签署的贸易或关税优惠协定，进一步梳理了我国调整的相关税率和税目，加强读者对其的认知。

第 5 章进出口正税分析与计算根据海关发布的最新公告，对增值税和消费税的税率及征收范围做出相应调整，并删减部分失效章节。

第 6 章进口附加税分析与计算改动不大，仅调整和纠正个别内容及错误。

第 7 章申报纳税新增了全国通关一体化模式下“自报自缴”与原有通关模式的对比，企业在选择“自报自缴”的情形下应如何申报和缴纳税费等内容，加强读者对全国通关一体化和“自报自缴”等改革的理解，熟知相关环节应如何操作。

第 8 章强制纳税新增通关一体化“一次申报、分步处置”作业流程，以及“两中心”——风险防控中心和税收征管中心的作业流程，突出新模式下税收风险排查后置等特点。

本书在再版过程中参考了大量的文献，编者已尽可能在参考文献中详尽列出，在此向这些前辈、同行、专家和学者表示感谢，若还有疏漏或部分内容没有列出，在此表示歉意。此外，由于编者水平有限，本书在内容、编排和格式等方面难免有不妥之处，敬请同行和广大读者批评指正。

编者

2018 年 2 月于广州

目　录

第 1 章　关税征纳的理论基础

学习目标

通过本章学习，了解关税的起源和历史演变过程，理解现代关税产生的两个理论问题和关税征纳的 4 个法律依据，熟悉关税和关境及相关概念，掌握关税征纳的 5 个工作过程。

在关税征纳的实际工作中，一方面，海关代表国家向纳税人征收关税；另一方面，纳税人为履行法律规定的纳税义务向海关缴纳关税，这两个方面的工作统称为关税征纳过程。把握住关税征纳过程首先要掌握和理解关税征纳的理论基础，而理解关税征纳的理论基础要从关税与关境的概念体系谈起。

1.1　关税及其概念体系

关税是一个古老的税种，其起源与关税的英文名称密切相关。关税有两个英文名称：Customs 和 Tariff。

Customs 是从 Customary Tolls 演变而来的。Customary Tolls（古称入市税），是指古代商人进入另一个领地向领主缴纳的保护费用，Customs 在一段时间内特指关税，后来海关产生后，也用 Customs 作为海关的名词使用。Tariff 源于地名 Tarifa（塔利法——地中海入口，直布罗陀海峡中的一个港口名），在公元前 712 年，Tarifa（塔利法）作为进入地中海的咽喉要道，许多海盗盘踞于此，Tariff 最早是向海盗缴纳的保护费。所以关税起源于向领主和海盗缴纳的保护费用。

从关税的演变历程来看，关税发展分为三个阶段：第一阶段是保护费时代（古希腊和春秋战国时期）。当时关税就是交保护费（“买路钱”）。第二阶段是强权时代（公元前 2 世纪至公元 16 世纪，从罗马共和国时期开始），当时关税是各国统治者收入的主要来源，关税的作用是增加各国财政收入，即财政性关税。第三阶段是经济全球化时代（公元 17 世纪至今），从英国工业革命开始，各国经济相互渗透和融合，此时关税更多的是为保护各国经济在经济全球化时代免受冲击而存在，各国均把关税作为调节经济的手段，而不仅仅是财政收入的来源，即保护性关税。

1.1.1　现代关税的定义

现代关税呈现以下 3 个特性：其一，关税是一种流转税，即以国家为主体对流通环节征收的税，海关行使国家权力，代表国家征收关税是海关的重要职能之一；其二，关税是以进出境的货物和物品为对象征收的税（“货物和物品”本书称为“货品”，下同）；其三，关税是向有进出口行为的人征收的税（这里的“人”包括自然人和法人，以法人为主，下同）。

现代关税的定义：由海关代表国家向纳税人征收的以进出境货品为课税对象的流转税。

在此需要着重指出：这里所指的现代关税是广义的概念，凡是满足以上 3 个特性的就属于现代关税范畴，既包括海关应征收的进出口关税和船舶吨税，也包括海关代征的进口环节增值税和消费税。

1.1.2　现代关税的相关概念

从现代关税的定义中派生出与其相关的另外 3 个重要概念。

1.1.2.1　*关税应税行为*

应税行为是使货品变成课税对象的行为。通俗地说，是货品进出境的行为。货品是物，货品一旦进出境就成为课税对象，所以货品是纳税的客体要素。但是货品作为物是不能主动进出境的，而使其进出境的是人，也就是纳税的主体要素，所以，应税行为是主体而不是客体的行为，即人的行为。“人”一旦采取应税行为，就成了纳税义务人。

1.1.2.2　关税纳税人

关税纳税人是关税纳税的主体，是纳税义务存在的前提。从法律角度来看，每个“人”都有依法纳税的义务，所以纳税人又称纳税义务人。但是有依法纳税的义务，并不等于就一定要缴纳关税，需要纳税的是依法负有实际缴纳税款义务的人，即具有关税应税行为的人。从关税应税行为的角度来分析，没有关税纳税人，纳税行为就成为一句空话，关税其他要素也没有实际意义。为了使关税纳税人定义更为清晰，世界各国均在相关法律中对纳税人进行了明示，《中华人民共和国海关法》对关税的纳税人的界定是：进口货物的收货人、出口货物的发货人、进出境物品的所有人，是关税的纳税义务人(《中华人民共和国海关法》第54条)。此外，海关监管货物的保管人可能成为纳税义务人，而接受委托办理有关进出口货物手续的代理人负有连带缴纳关税义务。

1.1.2.3　关税课税对象

关税课税对象是关税纳税的客体，是纳税义务成立的物质基础。《中华人民共和国海关法》规定关税课税对象必须是国家准许进出口的货物、进出境物品(《中华人民共和国海关法》第53条)。如前述货品是由货物和物品两部分组成，其中物品是指个人使用的非商业交易用品和馈赠亲朋的礼物。各国海关对物品在自用合理的原则下，多数给予关税优惠或减免待遇。货物是除物品以外的商品，包括有商业价值和使用价值的可交易商品，无商业价值但有使用价值的样品、广告品等。在我国，关于关税课税对象的界定要注意以下两点：其一，关税课税对象是指经国家准许的进出口货物、进出境物品。国家禁止类物品和不能提交许可证的国家限制类物品，不得进出境，也不能成为关税课税对象；其二，进出境物品必须是有形的物品。无形的物品要通过有形的物品作为载体才能成为课税对象（如图像、音乐要以光盘作为载体才能向海关缴纳关税)。

1.1.3　关税的分类

关税的分类，是指按一定标准对关税所作的归类。分类的标准或依据不同，所说明的问题也不同。本书从应用角度将关税分为三类。

1.1.3.1　以通过关境的货物和物品的流向为标准，划分为进口关税、出口关税（简称进口税和出口税）和过境关税

上述标准是关税最基本、最广泛和最普遍的一种分类方式，也是自然形成的古今中外最常用的分类方式。

（1）进口税（Import Duty），是指海关以进口货品为课税对象而征收的关税。在当今的国际贸易中，对于以出口为导向的国家和大多数发展中国家而言，为保护本国经济发展，其海关基本以进口货品为主要的课税对象，这些国家所说的关税一般都是指进口税，在各种国际性贸易条约、协定中所涉及的关税也是指进口税。进口税作为一种重要的经济手段被各国广泛使用。

（2）出口税（Export Duty），是指海关对出口货物和物品征收的关税。因为征收出口税会提高出口产品的价格，降低出口产品在国际市场的竞争力，所以第二次世界大战（简称“二战”）以后许多经济发达国家相继取消了出口税。但是，近些年各国保护本国资源的呼声很高，同时反倾销反补贴也越来越多地成为各国贸易的保护手段，在这双重压力下，一些已经取消出口税的发达国家，又重新启动出口关税的征收。比如，挪威为保护本国的造纸工业而对出口木材征收关税。这类出口税税率一般较高，以达到限制这类商品出口的目的。再比如，巴西出口的咖啡、古巴出口的烟草、智利出口的硝石等都需要缴纳出口税，以此转嫁开发和生产这类产品所需的费用，避免国际贸易顺差过大而引起贸易摩擦。我国作为后起的贸易大国也逐渐重视出口关税的调节和保护作用。

（3）过境税（Transit Duty），是指对进入某国关境运输又按原状复运出境货物所征收的一种关税。此种货物只通过某个国家运输过境，而不进入该国市场，对该国经济不会造成冲击，所以对此征税的目的是增加该国的财政收入。过境税在增加过境国财政收入的同时，也加大了货物的运输成本，阻碍了国际贸易的发展。随着西方资本主义国家经济发展，过境税对经济全球化发展的负效应逐渐显现出来，到 19 世纪中后期，西方各国先后取消了过境税。“二战”后制定的《关税与贸易总协定》（简称《关贸总协定》）第 5 条第 3 款也明文规定了对征收过境税的限制。目前世界主要贸易国家均未开征过境税。

1.1.3.2 以课征关税的目的为标准，划分为财政关税和保护关税

财政关税和保护关税既是关税体系中的两个重要的概念，又是其中的一个重要的理论问题，它们体现各国采用何种关税政策，反映各国政治、经济、外交、外贸和产业政策等方面的要求，以及各国之间有关国际条约、协定的要求。

（1）财政关税（Revenue Tariff），又称为收入关税，指以增加国家财政收入为主要目的而征收的关税。大量外国货物的输入是增加关税收入的基本途径。财政关税税率一般较适宜，按照拉菲尔曲线（税收与税率的关系曲线）原理，税率太高了就可能减少进口，从而使得关税收入降低，达不到增加国家财政收入的目的。财政关税所体现的是鼓励进口的关税政策。

相关链接

拉菲尔曲线

20 世纪 70 年代，年轻的经济学家拉菲尔提出拉菲尔曲线（The Laffer Curve）：曲线表明降低税率和减轻税负可获得更多的税收。理由是，减税将产生更多资本，提高企业和员工的生产率，使经济增长，整体税收增加，即税率与税收成反比例变化。1987 ~ 2007 年这 20 年间中国的关税水平和关税收入验证了这一曲线的存在（如下图所示）。

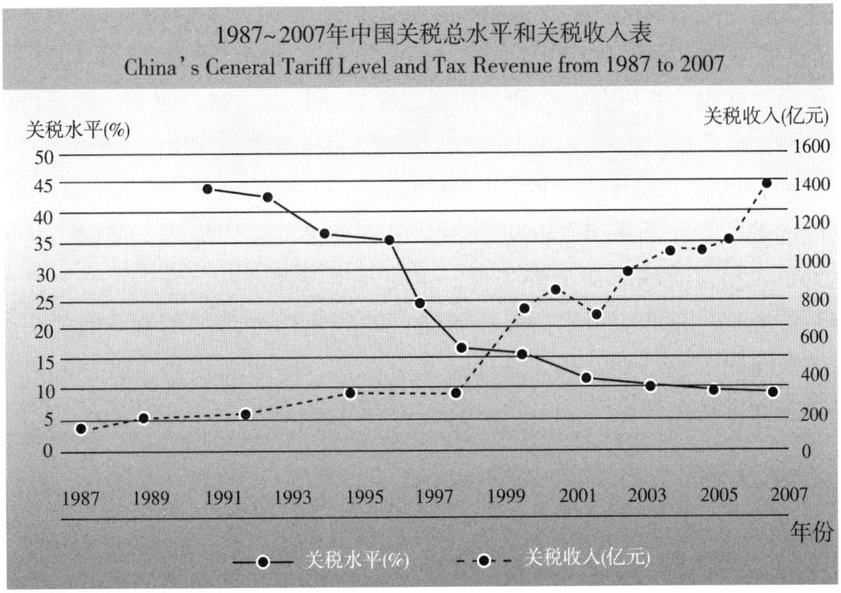

（2）保护关税（Protective Tariff），是指为保护本国产业发展而征收的关税。征收关税的目的主要是保护本国工农业的生产和经济发展。保护关税主要体现在进口税上，即制定较高的进口关税以限制外国货物的输入，从而达到保护本国商品在本国市场的竞争优势或削弱外国商品在本国市场的竞争能力。保护关税的直接作用是抵御外来竞争，税率一般较高。当税率高到使国内价格与世界市场价格之差消失，甚至进口品价格高于本国同种产品价格时，可以使得进口行为无利可图而停止，所以此种关税起到关税壁垒的作用。保护关税所体现的是抑制进口的关税政策。

1.1.3.3 *以是否按税则征收为标准，划分为正税和附加税*

为了在实际工作中规范征收关税或方便缴纳关税，各国海关都要事先制定一个关税税率表及相关说明，我们称为海关税则。按照海关税则规定的编码和税率征收的关税，称为正税，而在海关税则外临时征收的关税我们称为附加税。

（1）正税（又称为税则税），是指按海关税则规定征收的关税。各国海关税则都是由国家以法令形式对外公布的，其中的关税税率在税则中详细列明，正税是通过固定的法律程序征收的关税。它具有规范性、相对稳定性和可操作性的特点，所以人们习惯称为正税。需要指出的是，按海关税则征收的税虽然有规范性、相对稳定性的特点，但是差异性仍然存在，其中两点差异要重点关注：其一，在海关税则税目中，同一种商品可能有不同的商品编码，也就是说，同一种商品征收的关税存在差异，即税目差异；其二，同一商品编码对应的是复式税栏，也就是说，同一商品编码有不同的关税税率，即税栏差异。

（2）附加税，是指由于特殊情况的需要，在海关税则之外以临时法令公布征收的关税。它是当国外的进口物品以不公平的手段输入，使国内相同工业受到重大损害时临时加征的关税。主要有反补贴税、反倾销税、紧急关税和报复性关税。在此应指出的是，不是征收以上四种附加税就不需要征收正税，正税与附加税不是替代关系而是重叠关系，即附加税是在已征收完正税的基础上加征的关税。

相关链接

附加税与正税的区别

其一，正税是按海关税则征收的关税，附加税是在税则之外征收的关税。

其二，正税是按特定目的依法稳定征收的关税，附加税是为特殊目的而设置的临时征收的关税。

其三，正税是独立性征收，附加税是依附性征收，即附加税是在正税基础上加征的关税。

1.2　关境及其概念体系

关税是以进出境货品为课税对象，这里进出境的“境”不是指国境，而是指关境。事实上，在国际贸易领域所有进出境行为中的“境”都是指关境，而不是国境。那么，什么是关境？关境与国境又有何不同？

1.2.1　关境的定义

国境是一个国家的领土边界（地理边界），而领土包括领陆、领水、领空，是国家行使主权的空间，也是国家经济发展必不可少的条件，人们习惯称国境为国家的政治领土。关境英文为"Customs Territory"，直译为一国海关的领域或版图。关境是各国海关管辖范围内，能执行其颁布的各项法令和规章的区域，人们习惯上称关境为国家的经济领土，所以关境又称为经济国境。本书对关境的定义是：一个国家的海关法得以全部实施的领域。

历史上一国所管辖的领域或版图与一国海关的领域或版图是基本吻合的，但是到了"二战"以后，关税同盟和自由区、自由港大量出现，国境等于关境的原则被突破，国家政治国境和经济关境已出现差异。

1.2.1.1　关境大于国境

几个国家结成关税同盟，组成一个共同关境，实施统一的海关法规和关税制度，其成员国的货物在进出彼此的国境时不征收关税，只对来自和运往非同盟成员国的货物在进出共同关境时征收关税，此时关境大于其成员国各自的国境。关境大于国境的那部分区域我们称为：关境内，国境外地区。在区域经济一体化地区，如欧盟、东盟等地区都存在关境大于国境的情况。

1.2.1.2　关境小于国境

在国境内设有自由贸易港或自由贸易区的国家，自由贸易港、自由贸易区虽在国境之内，但从征收关税来看，进出国境内的自由贸易港或自由贸易区的货物可以免征关税，所以这些特定的区域不属于关境的范围之内，此时关境小于国境。关境小于国境的那部分区域我们称为：国境内，关境外的地区。通行的观点认为，各国的经济特区、保税区、自由贸易区、开发区，不受该国海关法律约束，不属于关境管辖范围之内，可以列为"国境内，关境外"地区。但是在实践中，上述地区只有在该国海关法或关税法明示后，才能认定是否属于"国境内，关境外"地区。譬如，我国虽然是关境小于国境的国家，但是《中华人民共和国海关法》明确规定（《中华人民共和国海关法》第34条），经国务院批准在中华人民共和国境内设立的保税区等海关特殊监管区域，由海关按照国家有关规定实施监管，所以它们是关境内的地区，而不是关境外的地区。我国关境外地区是指拥有单独关境的地区（如中国香港和澳门地区）。

1.2.2　与关境相关的概念

由于政治国境和经济关境的差异，在关境概念的基础上又派生出另外两个相关概念。

1.2.2.1　单独关境（Separate Customs）

单独关境是在同一个国境下的不同关境，即“国境内，关境外”地区。单独关境的概念来源于《关税与贸易总协定》第24条的规定，此条规定的表述是“经其宗主国统一并用发表声明和证实等方法，可以单独成为《关税与贸易总协定》一个成员”。单独关境虽然被界定为一个独立的关区，但是主权国家的统一地位仍没有改变。本书对单独关境的定义是：在主权国允许的情况下，拥有单独的税则和贸易管理规章的区域。目前，拥有单独关境的地区主要集中在亚太地区，如中国的香港、澳门以及台湾地区，美国的关岛地区，日本的冲绳地区等。香港早在我国收回主权之前就已经成为单独关境，1986年由当时管辖的英国发表声明，其作为单独关境地区为《关税与贸易总协定》的一个成员。1997年，中国收回香港主权后，也同时发表声明，承诺在1997年7月1日香港回归中国后，保持其自由港地位，成为一个单独关税地区，可以以“中国香港”的名义继续成为世界贸易组织的一个成员。而对中国现行关境的表述是：适用《中华人民共和国海关法》的中华人民共和国行政管辖区域，不包括香港、澳门和台澎金马3个单独关境地区。

1.2.2.2　海关监管区（Customs Surveillance Zone）

在关境内受海关监管的一个特殊区域。海关监管区是由海关全权负责管理的区域，在这个区域里，对于海关来说，法律和行政法规赋予了海关很多执法权力；对于管理相对人来说，进出海关监管区的运输工具、货物、物品以及相关的人员，都应当办理有关的海关手续。对海关监管区的范围，《中华人民共和国海关法》作出如下规定：“海关监管区，是指设立海关的港口、车站、机场、国界孔道、国际邮件互换局（交换站）和其他有海关监管业务的场所，以及虽未设立海关，但是经国务院批准的进出境地点。”

相关链接

中国特色的海关监管区

随着中国经济的不断发展，对外贸易额的逐年增长，陆续出现了一批有中国特色的海关监管区域，即经国务院、海关总署批准设立，由海关监管的从事加工、货物转运、出口等业务的特殊封闭区域，如保税港区、保税物流园区、出口加工区、跨境工业园区、保税物流中心等。由于海关特殊

相关链接

监管区域内的企业可享受快速通关、进口货物免税、出入区货物退税等优惠政策，因而这类特殊区域对以国际市场为主要目标市场的进出口型企业具有很强的吸引力。到目前为止，我国海关已经形成了四个层次、六种模式的现代海关监管区域体系。即以保税区和保税物流园区为龙头，以保税区、保税物流中心和出口加工区为枢纽，以优化的保税仓库和出口监管仓库为网点的结构化体系。

此外，近几年我国设立的自由贸易区也属于中国特色的海关监管区范畴。自由贸易区允许外国船舶自由进出、外国货物免税进口，同时取消对进口货物的配额管制。这是自由贸易港的进一步延伸，是一个国家对外开放的一种特殊的功能区域。

1.3　关税征纳的理论依据

一个主权国家或者一个独立的经济区域为什么要征收关税，纳税人在什么情况下应该缴纳关税，这不仅是一个现实操作问题，更是涉及未来的发展问题，它要求我们从理论的高度加以把握。

1.3.1　产生关税纳税义务的两个充分必要条件

关税是流转税，那么，关税的纳税人是在课税对象流通到哪个环节产生纳税义务？对关税纳税环节的分析，是解决缴纳关税的第一个理论依据问题。现代关税除了增加国家财政收入外，更重要的经济意义在于，通过对进入境内消费或运往境外消费的货品征收关税，调节进出境货品的数量和结构，保护境内产业得以建立和生存，并促进其发展。从现代关税的经济意义可以看出，国家是否征收关税主要在于货品的消费环节，而不是进出境环节。在此，我们给出缴纳关税的第一个理论依据：从纳税环节来分析，判断货品收发货人是否产生关税纳税义务，要同时满足如下两个条件，我们称为两个充分必要条件：

（1）有关货品实际进入关境或运出关境；

（2）该货品依法可以供境内或境外使用，或者实际已有供境内或境外消费的可能。

各国海关规定货品进境或出境都需要向海关申报，由于此时货品只满足上述的一个条件，所以，向海关申报时，并不代表一定要缴纳关税，如进境加工又复运出境货物，进境仓储又复运出境货物，这些货物在进境申报时暂时不需要缴纳关税，我们称为保税货物。当保税货物复运出境后，由于它没有在境内消费，也不存在境内消费的可能，产生关税纳税义务的两个条件没能充分满足，此时保税货物就成为免税货物。当保税货物没有复运出境而改为内销时，两个充分必要条件得以满足，此时保税货物就成为缴税货物。海关对此类货物以进境时的事实和法律规定确定纳税人的纳税义务。

未向海关申报擅自进境的货物（非法进境的走私货物），由于此种货物进境时未受海关监管，进境后随时都有在境内消费的可能。因此，非法进境和脱离海关监管的货物，产生关税纳税义务的两个充分必要条件同时得以满足，故货品收货人应缴纳关税。海关对此类货物以违法行为发生时或发现违法行为时的事实，依据法律来强制确定纳税人的纳税义务。

1.3.2　海关监管货物保管人应履行的两种义务

国际通行的做法是货品进出境应当经过审单、查验、征税和放行四个海关作业环节，与其相适应的是进出口货品的收发货人或其代理人需要办理进出口货品的申报、配合查验、缴税和提取或发运货物四项海关手续。只有完整通过四个海关作业环节，办妥四项海关手续的货品才能出入境被消费。如果没有办妥四项海关手续仍然进出境的货品，必须接受海关监管，不能在境内外消费，我们将其称为海关监管货物。比如，转关货物、保税货物、暂准进出境货物等都是海关监管货物，与其相关的责任人称为海关监管货物保管人。对于海关监管货物保管人，各国海关法都有比较一致的要求，即应履行如下两种义务：

（1）不作为义务——不作出使货物脱离海关监管的行为；

（2）有作为义务——防止货物脱离海关监管。

在此，我们给出缴纳关税的第二个理论依据：判断海关监管货物保管人是否产生纳税义务，要看他们是否履行海关规定的有作为和无作为两种义务。如果海关监管货物保管人未履行海关规定的两种义务，海关则视为有应税行为，此时，保管人就是纳税人。例如，加工企业将来料加工货物内销，加工企业是纳税人；仓储企业保管不慎使货物损毁，仓储企业是纳税人；承运人在转关时使货物短少，承运人是纳税人。如果海关监管货物保管人履行海关规定的上述两种义务，他此时只是单一保管人，不是纳税人。但是由于海关监管货物的多样性和复杂性，保管人能否严格履行两种义务存在许多不确定的因素，所以，人们又将正履行海关规定的两种义务的海关监管货物保管人称为准关税纳税人。

1.4　关税征纳的法律依据

关税是在某一国家关境内针对进出口货品而统一征收的税，所以世界各国无一例外都将关税纳入国税的范畴，与其相对应的是，关税的立法权也属于国家立法机构。我国关税采用的是三级立法体系：其一，全国人民代表大会作为我国最高立法机构负责制定《中华人民共和国海关法》，所以，《中华人民共和国海关法》是我国征纳关税的第一级法律依据；其二，国务院作为我国最高行政机关负责制定《中华人民共和国进出口关税条例》等法规，该条例与《中华人民共和国进出口税则》等构成我国征纳关税的第二级法律依据；其三，中华人民共和国海关总署是国家根据《中华人民共和国海关法》而成立的，它既是国家的行政管理机关，担负着行政执法的重要职能，又是监督管理机关，代表国家行使其进出关境监管、征收关税、查缉走私、编制海关统计的职能，所以由海关总署负责制定的关税征收的相关制度及办法，构成我国征纳关税的第三级法律依据。此外，我国作为世界贸易组织成员，遵守世界贸易组织多边协议是我国“入世”的基本承诺和要求，所以，世界贸易组织协议与守则是我国征纳关税的重要法律依据。

1.4.1　《中华人民共和国海关法》（Customs Law of the People's Republic of China）

（1）我国现行的《中华人民共和国海关法》于 1987 年 1 月 22 日第六届全国人民代表大会常务委员会第十九次会议上通过，并根据 2017 年 11 月 4 日第十二届全国人民代表大会常务委员会第三十次会议《关于修改〈中华人民共和国会计法〉等十一部法律的决定》第五次修正后，自 2017 年 11 月 5 日起实施。该法共 9 章 102 条。主要内容有：对进出境运输工具和货品的规定、对海关依法征收关税的规定、海关事务担保的规定、执法监督和法律责任的规定。

（2）海关法的制定与前述的理论依据是相吻合的。譬如，对海关监管货物的纳税人，《中华人民共和国海关法》就明确规定，在海关监管货物的保管期间非因不可抗力造成海关监管货物损毁或者灭失，负责保管该海关监管货物的人应当为关税纳税人。这时的“保管”应当作扩展性解释，即不应仅限于在仓库等存放地点对海关监管货物的看管，还应当包括所有海关监管货物在有关相对人的实际控制之下的情况。例如，保税货物的加工期间，转关运输期间，暂准进口货物在境内停留、使用、展出期间等。根据海关监管货物的种类不同，纳税人也不相同。例如，对于储存在仓库中的海关监管货物，仓库的经营人、保管人是纳税人；对于转关运输货物，承运人是纳税人；对于保税货物，保税仓库经营人、保税加工企业是纳税人。

此外，《中华人民共和国海关法》中明确规定法定减免关税的有六种货品，包括：

①无商业价值的广告品和货样；

②外国政府、国际组织无偿赠送的物资；

③在海关放行前遭受损坏或者损失的货物；

④规定数额以内的物品；

⑤法律规定减征、免征关税的其他货物、物品；

⑥中华人民共和国缔结或者参加的国际条约规定减征、免征关税的货物、物品。

1.4.2 《中华人民共和国进出口关税条例》(Regulations of the People's Republic of China on Import and Export Duties)

（1）我国现行《中华人民共和国进出口关税条例》于2003年10月29日在国务院第26次常务会议上通过，并根据2017年3月1日《国务院关于修改和废止部分行政法规的决定》第四次修订后，自2017年3月1日起实施。

（2）该条例共6章67条，具体内容包括：

①国务院制定《中华人民共和国进出口税则》《中华人民共和国进境物品进口税率表》，规定关税的税目、税则号列和税率，作为本条例的组成部分。

②国务院设立关税税则委员会，负责《中华人民共和国进出口税则》《中华人民共和国进境物品进口税率表》的税目、税则号列和税率的调整和解释，报经国务院批准后执行。

③进出口货物关税税率的设置和适用包括：决定实行暂定税率的货物、税率和期限，决定关税配额税率，决定征收反倾销税、反补贴税、保障措施关税、报复性关税以及决定实施其他关税措施，决定特殊情况下税率的适用。

④进出口货物完税价格的确定。

⑤进出口货物关税的征收以及减免关税规定。

1.4.3　海关总署规范性文件

1.4.3.1　概念

海关规范性文件，是指海关总署、直属海关依法在权限范围内按照规定程序制定的、涉及行政管理相对人的权利和义务、具有普遍约束力的文件，包括海关总署依照《规章制定程序条例》制定的规章及其解释、海关总署公告及各直属海关公告。

1.4.3.2　制定原则

（1）符合宪法、法律、行政法规和其他上位法的规定；

（2）保障行政管理相对人的合法权益；

（3）体现海关的职权与责任相一致；

（4）科学规范行政行为，正确履行政府职能；

（5）实事求是，保证规范性文件切实可行，便于操作；

（6）保证规范性文件的公开透明；

（7）符合精简、统一、效能的要求。

1.4.4　WTO协议文件

1.4.4.1　WTO（World Trade Organization，世界贸易组织）

WTO是1994年4月15日在摩洛哥的马拉喀什市举行的关税与贸易总协定乌拉圭回合部长会议上决定成立的，1995年1月1日正式开始运作，负责管理世界经济和贸易秩序，总部设在瑞士日内瓦的莱蒙湖畔。2001年12月中国正式加入世界贸易组织。

1.4.4.2　WTO的目标

建立一个完整的，包括货物、服务、与贸易有关的投资及知识产权等内容的，更具活力、更持久的多边贸易体系，使其可以包括关税与贸易总协定贸易自由化的成果和乌拉圭回合多边贸易谈判的所有成果。世界贸易组织的基本原则是：非歧视贸易原则，包括最惠国待遇和国民待遇条款；可预见的和不断扩大的市场准入程度，主要是对关税的规定；促进公平竞争，致力于建立开放、公平、无扭曲竞争的“自由贸易”环境和规则；鼓励发展与经济改革。

1.4.4.3　世界贸易组织协议

世界贸易组织关于国际贸易的通行规则主要体现在28个法律协议中。其中，《反倾销协议》《海关估价协议》《原产地规则协议》《补贴与反补贴措施协议》《保障措施协议》以及《信息技术协议》（ITA）都是与关税征纳有关的协议，是我国关税征纳的重要法律依据。

1.5 关税征纳的工作过程

依法征收关税是海关的权利，依法缴纳关税是纳税人的义务，这种对等的权利与义务是通过一定的制度保障的。一方面，海关要通过一定的方式，按一定的步骤、顺序，计算出具体征税金额并作出征税决定，构成海关依法征税的权利内容；另一方面，纳税人要按一定方式、步骤，在一定期限内完成关税的给付行为，构成纳税人履行缴纳关税的义务内容。在法律上，海关征税与纳税人缴税都是一种要式行为，有规定的征纳步骤，如图 1－1 所示。

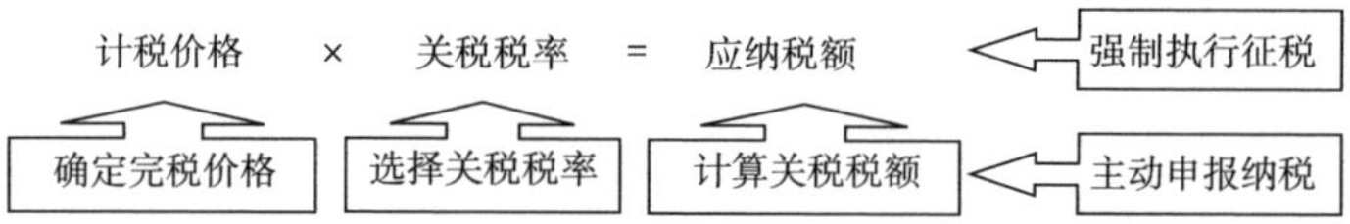

图 1－1

各国在执行上述步骤时都是以法律形式加以规范，我们将以法律规范形式存在的关税征纳的步骤和程序，称为关税征纳工作过程。

1.5.1 第一个工作过程：确定完税价格

寻找计税价格是关税征纳步骤的首要环节，但是计税价格既不是进出口货品的合同价格，也不是纳税人申报的成交价格，而是按照价格准则由海关确定的价格，称为完税价格。确定完税价格是一个过程，海关称为海关估价。对于关税征纳双方而言，确定完税价格就是关税征纳的第一个工作过程。

1.5.2 第二个工作过程：选择关税税率

目前，世界各国都采用复式税率栏目，即同一税则号列（商品编码）存在不同的关税税率。这种情况主要是产地造成的，产地不同税率不同，所以，确定进出口货物的原产地，进而选择合适的关税税率，是关税征纳的第二个工作过程。

1.5.3　第三个工作过程：计算关税税额

在关税税额计算过程中，不仅需要按关税税则之内的税率计算税额，有时还需要在税则之外计算税额，即正税计算和附加税的计算。除此以外，在关税税额计算基础上，还需要计算与关税相关的海关代征税税额，如进口货物增值税和消费税税额以及船舶停留期间应缴纳的吨税税额。这一系列税额计算构成关税征纳的第三个工作过程。它是关税征纳最重要的步骤，也是关税征纳的核心工作所在。

1.5.4　第四个工作过程：申报纳税

主动申报纳税是指纳税人在装载进口货物的运输工具进境之日起 14 天内，向海关报关；在海关填发专用缴款书后 15 天内，向指定银行缴纳税款。主动申报纳税是《中华人民共和国海关法》规定关税纳税义务的基本方式，所有进出口货物的纳税人都应按此方式缴纳关税。海关在对已申报的纳税货品进行事后稽查发现少征、漏征或者多征关税时，要补税和退税。如果不在规定时间内报关并缴纳关税和代征税，海关要征收滞报金和滞纳金。海关这一系列征收行为构成关税征纳的第四个工作过程。

1.5.5　第五个工作过程：强制纳税

凡是应缴税且未履行纳税申报手续而进出口视为违法，海关应追究纳税人的行政或刑事责任。但是追究法律责任的同时，纳税人仍然要履行纳税义务，但是此时纳税人不是主动申报纳税，而是在海关稽查的基础上，通过缉私制度查获走私、违法进出境货品的事实和时间征收关税，或通过稽查制度对纳税人的有关账册、来往函电、合同、记录等证据查证的事实和时间征收关税，是被动缴纳关税，我们称为强制征纳。强制征纳是建立在海关事务担保和保全的基础上，是对申报纳税方式的补充。这种海关强制纳税方式，构成关税征纳的第五个工作过程。

本书作为关税实务创新教材，下面的章节正是按关税征纳的五个工作过程而设置和展开的。它能站在一定的高度去指导关税的实践，把握关税未来的发展趋势。

本章小结

本章从关税与关境的概念入手，介绍了关税历史与现状的延伸，讲解了关税理论与实践的结合。本章的知识点如下：

（1）现代关税的含义，货品的含义，纳税人中“人”的含义，进出境中“境”的含义。

（2）征纳关税的理论依据和法律依据。

（3）正税和附加税的区别。

（4）关税征纳的五个工作过程。

学习本章的重要意义在于：使学生站在一定高度去理解关税实践，把握未来关税的发展趋势。

课后练习

（一）概念辨析

1. 关税与关境。
2. 关税的纳税主体与客体。
3. 单独关境与海关监管区。
4. 正税与附加税。

（二）单选题

1. 关于关税的起源以下哪种说法不正确？（　　）

A. 关税起源于向海盗缴纳的买路费

B. 关税起源于向当地领主交纳的入市税

C. 征税目的是保护商人和货物的安全

D. 征税目的是保护本国经济的发展

2. 下列哪种货物不是关税的课税对象？（　　）

A. 进口载有美术作品的光盘

B. 从网上订货进口一批图书

C. 已订货但国家禁止进口的商品

D. 提供进口许可证的限制类进口商品

3. 下列说法正确的是（　　）。

A. 过境货物因为有进出境行为，所以应缴纳关税

B. 现代关税的经济意义是增加财政收入

C. 没有履行有作为和不作为义务的海关监管货物保管人是准关税纳税人

D. 非法进境和脱离海关监管货物是应税货物

（三）多选题

1.《中华人民共和国海关法》规定，关税的纳税义务人包括（　　）。

A. 进出口货物收货人　　B. 进出口货物发货人

C. 进出境货物　　D. 进出境物品

2. 以课征关税的目的为分类标志，可将关税分为（　　）。

A. 进口关税　B. 出口关税　C. 财政性关税　D. 保护性关税

（四）判断分析题

1. 单独关境是指在主权国家内拥有自己关税税则和贸易管理规章制度的领域。（　　）

2. 由于我国设有多种海关监管区，因此我国关境小于国境。（　　）

3. 反倾销税是特殊情况下海关临时征收的关税，它是在征收正税的基础上又加征的关税，所以我们称为附加税。（　　）

（五）案例解析题

长春市某进出口公司A，购买韩国产新闻纸一批。货物进口时由大连口岸转关至长春海关办理该批货物的报关纳税手续。承担该批货物境内转关运输的是大连某运输公司B。在运输途中，因汽车驾驶员王某吸烟，不慎引发火灾，致使该批新闻纸全部灭失。在这种情况下，关于该批货物的纳税义务人引起广泛争议，其争议观点有：有人认为新闻纸虽已灭失，但A公司是该批货物的收货人，故应由A公司承担纳税义务；也有人认为火灾是由王某个人造成的，应由王某个人承担该批货物的纳税义务；还有人认为货物的转关运输是由B公司负责的，而且该批货物的灭失发生在运输途中，故应由B公司承担纳税义务；更有人认为货物已灭失，不会对国内经济造成任何冲击，故该批货物无须缴纳任何税费，谁都不需要承担该批货物的纳税义务。

如果按关税征纳的理论依据来分析，你认为以上哪种观点是正确的，为什么？

第 2 章 关税征纳的第一个工作过程：确定完税价格

学习目标

了解进口货物价格准则，理解成交价格含义和在海关申报中的作用，掌握确定完税价格的 6 种方法，把握特殊进口货物在完税价格确定过程中的特殊点和进口货物与出口货物在完税价格确定过程中的不同点。

进出口货物最基础的价格应该是贸易合同价格，即发票价格，但是纳税人是不能直接以发票价格向海关申报的，向海关申报价格是按照一定价格标准修订后的价格，称为成交价格；同样成交价格也不能直接作为关税的计税价格使用，成交价格还要经过海关的审核。只有经过海关审核的成交价格才是关税的计税价格，称为完税价格。可见，确定完税价格需要一个过程，海关称为海关估价，对于纳税人而言，确定完税价格是关税征纳的第一个工作过程。在这个工作过程中要把握 3 个工作要点：价格准则、海关审价内容、确定完税价格方法。

2.1 进出口货物的价格准则

进出口货物向海关报关时，要按法律规范要求申报一个价格，这个价格称为成交价格。这里的“法律规范要求”就是价格准则，又称申报价格标准。

2.1.1 价格准则的由来

最早提出申报价格标准的是《关税与贸易总协定》（GATT）中的第七条，其中有“实际价格”的概念（1947年10月）。由于“实际价格”还是一个概念，如何将其转化为具体的实施标准，欧洲各国率先尝试，1950年12月在《布鲁塞尔公约》中，他们制定出一个可操作的价格标准——“正常价格”，并在欧洲实施。尽管其在欧洲实施多年，但是由于各国经济发展水平不同，“正常价格”始终无法在世界推广。鉴于这种情况，在《关税与贸易总协定》和随后演变成的世界贸易组织框架下，对以什么样的价格标准向海关申报，在国际上进行长达20年（1973～1994年）的讨论和探索。经过两个多边谈判回合（“东京回合”和“乌拉圭回合”），终于在1994年4月于摩洛哥的马拉喀什达成《海关估价协议》，它是世界贸易组织现有的多边协议之一。该协议提出现行申报价格标准——“成交价格”，现已被所有国家接受和采用。

相关链接

《布鲁塞尔公约》中“正常价格”的定义与意义

“正常价格”是一种理论的、抽象的价格定义，在《布鲁塞尔公约》中对“正常价格”给出三个条件：其一，必须是货物正式销售的价格；其二，价格是在充分竞争的公开市场上形成的；其三，买卖双方没有特殊经济关系。

《布鲁塞尔公约》除了对价格作了规定以外，对影响价格的几个基本要素也作了相应的规定。

时间（Time）。以下三种时间都可以作为“正常价格”的法定时间：①申请货物进口消费的报关时间；②进口关税的缴纳时间；③货物的放行时间。

地点（Place）。《布鲁塞尔公约》把确定“正常价格”的地点规定在卖方向买方交货的进口国进口口岸上，这样，凡是发生在进口口岸以前的一切成本和费用，都应包括在“正常价格”之中。这类成本和费用或是与交付货物有关，或是与货物的销售有关。

相关链接

商业水平（Commercial Level）。所谓商业水平，是指一项销售成交时所处的商业阶段，如批发商阶段、零售商阶段、消费者阶段等。海关对进口货物估价时，必须充分考虑商业水平这一因素，以被估货物销售的实际商业水平为标准。

《布鲁塞尔公约》中“正常价格”是现行“成交价格”的基础，《海关估价协议》中许多申报价格标准都源于“正常价格”的上述规定。

2.1.2 我国现行的价格准则

我国作为世界贸易组织成员之一，按照《海关估价协议》规定，在2003年曾修改《进出口关税条例》的相关内容，并在《中华人民共和国海关法》和《中华人民共和国进出口关税条例》基础上，制定出我国现行申报价格标准——《中华人民共和国海关审定进出口货物完税价格办法》（简称《审价办法》，下同），它是我国现行的价格准则。《审价办法》中有两个核心内容。

2.1.2.1 成交价格的概念

成交价格是指买方为得到该货物，实际已付或应付价格，并且应当按照有关规定对有关费用进行调整的价格。此概念包含三层含义：（1）成交价格的确定时间问题（买方为得到该货物）；（2）成交价格构成要素问题（实际已付、应付价格）；（3）按规定对价格进行调整的问题（增减价格内容）。

2.1.2.2 完税价格确定方法

在确定完税价格过程中有6种方法可供选择使用。如图2－1所示。

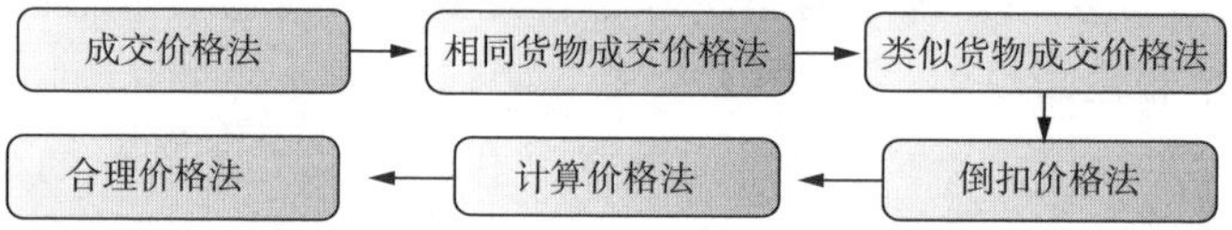

图2－1

《审价办法》规定，以上6种方法要依次使用，即按照图2－1中箭头方向所示顺序进行。其中，倒扣价格法和计算价格法，经申报海关批准，可以调换顺序。在这6种方法中，成交价格法是最基本、最主要的方法，不仅在时间上要优先使用，而且只有在纳税人申报的成交价格海关不认可后，才能依次使用后面 5 种方法。

2.2 一般进口货物完税价格的确定

2.2.1 成交价格法

从海关监管角度来看，将按规定步骤申报、查验、缴纳完进口税费、海关放行后不再进行监管，可直接进入生产和流通领域的货物，称为一般进口货物。由于一般进口货物占全部进口货物的绝大部分比重，所以确定一般进口货物的完税价格，是海关估价的主体内容。对于一般进口货物而言，成交价格法是完税价格确定过程中最主要，也是最核心的方法。成交价格法的确定步骤是：先由纳税人按价格准则向海关申报成交价格，再由海关按相关法规对申报的成交价格进行审核确定完税价格。可见，在成交价格法中有两大步骤：成交价格申报和海关审价。其中，成交价格申报是纳税人的主动行为，在主动申报中，成交价格构成要素和成交价格增减内容是报关人员必须掌握的知识；海关审价虽然是海关的行为，但是对于海关审价的内容报关人员仍然要了解和掌握。

2.2.1.1 成交价格的构成要素

成交价格是按法律规范要求向海关申报的价格，我国《审价办法》规定，成交价格是在 CIF 贸易术语下的交易价格。所以成交价格构成要素应包括以下 3 项。

（1）货价。按成交价格概念中“实际已付和应付”的规定，货价应该是国际贸易中买方实际支付给卖方的价格，包括生产成本、卖方销售利润、出口国产生的相关费用（在实际计算中人们习惯将其等同于 FOB 价），也应该包括买方实际支付与卖方有联系的第三方费用。货价不是简单等同于贸易合同中的发票价格，需要按价格准则进行必要的调整。货价调整因素将在后面单独列项介绍。

（2）运费。按《中华人民共和国进出口关税条例》第 18 条规定：进口货物运费包括货物运抵中华人民共和国境内输入地点起卸前的运输及其相关费用。这里输入地点称为起卸点。关于运费有以下规定：①起卸点规定。海运进口货物的起卸点是货物运抵我国关境内卸货口岸（货物从国际航行的船舶上卸下来的口岸，以船舷为界），陆运和空运进口货物的起卸点是货物运抵我国关境内经停的第一个口岸（我国对已交运费的空运货物另有规定）。②携带进境进口货物规定。免费携带不计算运费，超重并支付超重费的货物，超重费计入运费中。③邮运进口货物（主要指快件）以邮费作为运费。④与运输相关的费用计入运费之中，这些相关费用包括：加急费、危险货物附加费、运输中介费、装卸费、港口机场使用费、临时仓储费、集装箱租赁费。

相关链接

陆运和空运进口货物运费的计算

按照国际惯例（《海关估价协议》），陆运和海运进口货物运费计算到运抵关境内经停的第一个口岸。但是在实践中，如果运费已经支付，一般都一次性付到目的地，很难分段计算，所以我国新修改的《审价办法》规定，进口货物的运输及其相关费用，应当按照由买方实际支付或者应当支付的费用计算。如果进口货物的运输及其相关费用无法确定的，海关应当按照该货物进口同期的正常运输成本审查确定。

（3）保险费。运输产生的保险费计算原则是：货物运抵我国关境内起卸点前所实际支付的保险费。但是在实际操作时，对不易分开境内境外的保险费用，以实际支付的保险费计算。

如果报关时保险费已经支付，海关按下面公式计算保险费：

保险费 = CIF ×（1 + 10%）× 保险费率（10% 为保险加成率）

[公式 2.2.1（1）]

对无法确定和未实际发生的保险费，海关按下面公式计算保险费：

保险费 =（货价 + 运费）× 3‰　　[公式 2.2.1（2）]

相关链接

保险费已经实际支付时，保险费 = CIF ×（1 + 10%）× 保险费率，由此可以进行以下推导：

CIF = FOB + 运费 + 保险费 = FOB + 运费 + CIF ×（1 + 10%）× 保险费率，合并同类项得：

CIF − CIF ×（1 + 10%）× 保险费率 = 运费 + FOB

CIF × [1 −（1 + 10%）] × 保险费率 = 运费 + FOB

相关链接

所以可推导出：

CIF＝（运费＋FOB）／［1－（1＋10%）］×保险费率

保险费无法确定和未实际发生时，保险费＝（货价＋运费）×3‰，由此可以进行以下推导：

CIF＝FOB＋运费＋保险费＝FOB＋运费＋（FOB＋运费）×3‰＝（FOB＋运费）×（1＋3‰）

（注：在完税价格确定中，货价可以视同FOB价格）

2.2.1.2　成交价格的调整内容

我国《审价办法》将成交价格的调整分为两大类。

（1）计入项目（又称加项）。下列项目若由买方支付，且尚未包括在国际贸易的发票价格中，必须计入成交价格。

①特许权使用费。特许权使用费是指进口货物的买方为取得知识产权权利人的产权许可或者产权转让而支付的费用。具体包括以下几种：专利权使用费、商标权使用费、著作权使用费、专有技术使用费、分销或转售权费、其他类似费用。特许权使用费从理论上来讲，是物化了的脑力劳动价值，是进口货物成本的组成部分。但是在实际工作中，作为加项的特许权使用费需要同时满足以下条件：第一，必须是买方支付，且尚未包括在合同价格中。第二，必须与被估价的进口货物有关。第三，必须是作为该货物的一项销售条件。如何执行这三个条件，各国都制定了相应的办法。我国海关总署对此专门制定了《中华人民共和国海关关于进口货物特许权使用费估价办法》，简称《特许权使用费估价办法》。现举一例（见案例分析第1题），作为实践中使用特许权使用费估价的参考。

相关链接

计入完税价格的特许权使用费

按照《审价办法》第13条规定，符合下列条件之一的特许权使用费，应当视为与进口货物有关：

（一）特许权使用费是用于支付专利权或者专有技术使用权，且进口货物属于下列情形之一的：1. 含有专利或者专有技术的；2. 用专利方法或者专有技术生产的；3. 为实施专利或者专有技术而专门设计或者制造的。

相关链接

（二）特许权使用费是用于支付商标权，且进口货物属于下列情形之一的：1. 附有商标的；2. 进口后附上商标直接可以销售的；3. 进口时已含有商标权，经过轻度加工后附上商标即可以销售的。

（三）特许权使用费是用于支付著作权，且进口货物属于下列情形之一的：1. 含有软件、文字、乐曲、图片、图像或者其他类似内容的进口货物，包括磁带、磁盘、光盘或者其他类似介质的形式；2. 含有其他享有著作权内容的进口货物。

（四）特许权使用费是用于支付分销权、销售权或者其他类似权利，且进口货物属于下列情形之一的：1. 进口后可以直接销售的；2. 经过轻度加工即可以销售的。

②销售佣金和经纪费。佣金是支付给代理人的劳动报酬。分为：A. 销售佣金（卖方佣金 Selling Commission），是卖方代理人提供代理服务获取的报酬；B. 购货佣金（买方佣金 Buying Commission），是买方代理人提供代理服务获取的报酬。应计入成交价格的是除购货佣金以外的佣金（《审价办法》第11 条第1 款），即卖方佣金而不是买方佣金。经纪费是指经纪人收取的中介费。此费不管买方还是卖方都应计入成交价格中。但是对卖方支付的，而又不需要向买方收取的中介费，不计入成交价格。

③包装费和容器费。货物在包装时产生的成本和与包装有关的劳务费用。例如，月饼盒、香水瓶及包装月饼和灌装香水的人工费用。按照现行商业惯例：包装费和容器费都含在商品的成本之中，尤其是进出境货物，包装费往往占很大比重，所以，含在进口商品成本的包装费和容器费并不需要计入成交价格。而这里所指的是在合同中明确规定，买方需要另付费或包装费由买方自行解决的进口货物。在此还须指出：集装箱租赁费，不属于包装费和容器费，但是它也计入成交价格，只不过是通过运输的相关费用计入的。

④协助费。买方向卖方提供的，供卖方在生产和出口销售货物过程中使用的有关帮助。所涉及的费用帮助分为两类：A. 有形协助。如装置在进口货物的零部件及其类似的货物，生产进口货物的工具和设备，以及消耗在进口货物生产过程中的原材料等硬件帮助。B. 无形协助。主要是指买方向卖方提供的为进口货物生产所需的技术、开发、工艺、设计等方案和制图等软件帮助。关于无形协助在实际操作时，要注意它的两个执行条件：其一，技术、

开发、工艺、设计等方案和制图必须在进口国（买方）以外完成；其二，必须是生产进口货物所需的方案和制图，即生产所用的方案和制图，而不是备选的方案和制图。

⑤买方给卖方的转售收益（又称回归卖方利润）。我国法律规定，卖方直接或者间接从买方对该货物进口后销售、处置或者使用所得中获得的利益应该计入成交价格之中（《审价办法》第 11 条第 4 款）。譬如，我国音像公司如果从美国进口电影，向海关申报的成交价格除购买电影的合同价格外，还应包括合同规定需要支付给美国电影发行公司的票房收入。

（2）不计入项目（又称减项）。以下进境后产生的几项费用，如果已经包含在国际贸易的发票价格中且单独列出，不计入成交价格。

①厂房、机械、设备等货物进口后进行建设、安装、装配、维修或者技术援助的费用。例如，汽车生产线的进口合同，此类合同按国际惯例都是交钥匙工程合同（交给进口方是马上可以生产汽车的生产线），合同价格中含有厂房基建、设备安装和调试等费用，由于这些费用是在进境后发生的，不计入成交价格。

②货物运抵境内输入地点起卸后的运输及其相关费用、保险费。由于我国采用 CIF（成本加保险费加运费）价申报成交价格，运保费含在成交价格中，但是这里的运保费是以第一口岸或卸货口岸为界，超出这个界限产生运保费不计入成交价格。在运输及其相关费用中有一种码头装卸费（英文名称 Terminal Handling Charge，简称 THC）是指货物从船舷到集装箱堆场间发生的费用，属于货物运抵我国境内输入地点（起卸点）后的费用，所以不计入成交价格。

③进口关税、进口环节代征税及其他国内税。有时进口货物合同价格中含有进口关税等相关税费（如采用 DDP 贸易术语成交的进口货物），但是关税是价外税，计税价格不含关税本身，所以，此类货物要将相关税费扣除后向海关申报成交价格。

④为在境内复制进口货物而支付的费用。此费用其实质是国内生产费用，与进口货物的价格没有必然联系，所以也不应该计入成交价格。

⑤境内外技术培训及境外考察的费用。此种费用应属于项目费用，而不是产品费用，尽管有时企业也将此费用计入产品成本，但是并不是所有同类产品都含有此费用，所以从公平角度来看，报关申报时，应予以剔除。

⑥买方为购买进口货物而融资所产生的利息费用。作为不计入的利息费用，必须同时满足下列条件：有书面融资协议；利息费可以单独列明；融资

没有影响进口商品价格。

综上所述，向海关申报时的成交价格应是，以 CIF 价格为基础经调整（五项计入，六项不计入）后的价格。

2.2.1.3　海关审价的内容

关税纳税人申报后，海关要对申报的成交价格进行审核，这种审核过程称为海关审价，又称成交价格具备的条件，是成交价格法的重要步骤之一。海关审价有以下四项内容（又称成交价格法的四项守则）。

（1）买方对进口货物的使用是否受限制。我国法规规定："买方对进口货物的处置和使用不受限制，但对进口货物价格无实质影响除外。"在实际操作中，限制影响价格的情形归结为以下三种：①只能用于展示或者免费赠送的进口货物；②只能销售给指定第三方的进口货物；③进口货物加工为成品后只能销售给卖方或指定第三方。而对国内法律、法规或规章规定的限制和货物转售地域限制，则认定不影响进口货物价格。

（2）货物出口销售是否受影响。海关认为，货物出口或销售不应受到某些条件或因素的影响，因为这些条件或因素会导致该货物的成交价格无法确定。在实际操作中，两种情形海关重点关注：①进口货物的价格是以买方向卖方购买一定数量的其他货物为条件而确定的，即搭配销售。②进口货物的价格是以买方向卖方销售其他货物为条件而确定的，即互为销售。如果海关认定出现这两种情形之一的，则不能使用成交价格法。

（3）卖方是否获得转售收益。关于转售收益，《中华人民共和国进出口关税条例》是这样规定的："卖方不得从买方直接或间接获得因该货物进口后转售、处置或者使用而产生的任何收益。"（《中华人民共和国进出口关税条例》第 18 条）在实际操作中，买方给卖方的转售收益如果能够合理确认和计算，则可以使用成交价格法，否则就不能使用成交价格法。

（4）买卖双方是否存在特殊关系。

我国《审价办法》第 16 条规定，有下列情形之一的，应该认定买卖双方存在特殊关系：①买卖双方为同一家族成员的；②买卖双方互为商业上的高级职员或者董事的；③一方直接或者间接地受另一方控制的；④买卖双方都直接或者间接地受第三方控制的；⑤买卖双方共同直接或者间接地控制第三方的；⑥一方直接或者间接地拥有、控制或者持有对方 5% 以上（含 5%）公开发行的有表决权的股票或者股份的；⑦一方是另一方的雇员、高级职员或者董事的；⑧买卖双方是同一合伙的成员的。

买卖双方在经营上相互有联系，一方是另一方的独家代理、独家经销或者独家受让人，如果符合前款的规定，也应当视为存在特殊关系。

在法律上存在特殊关系的买卖双方，称为关联企业。对于关联企业申报的成交价格，在国内外法律、法规都有明确的规定，即特殊关联关系并不能成为海关拒绝采用成交价格的理由，当纳税人能证明其成交价格与同时或大约同时发生的以下三种价格相同或相近时，海关认定不影响价格，可以使用成交价格法。这三种价格是：

①向境内无特殊关系的买方出售相同或类似进口货物的成交价格；

②按倒扣价格法确定相同或类似进口货物的成交价格；

③按计算价格法确定相同或类似进口货物的成交价格。

此外，基于 WTO《海关估价协议》第 1 条第 2 款（a）有关于“销售环境测试”的条款，即规定可以通过审查与货物销售有关的情况来确定特殊关系是否对进口货物的成交价格产生影响。同时，在全球企业分工的细化和行业垄断加剧的情况下，增加对销售情况进行审查的规定可以为本国海关和纳税义务人提供更为宏观和全面的审查“特殊关系是否影响成交价格”的方法，保证审价的客观、公平和统一。因此，新修订的《审价办法》第 18 条还规定了：“海关经对与货物销售有关的情况进行审查，认为符合一般商业惯例的，可以确定特殊关系未对进口货物的成交价格产生影响。”

价格质疑程序。虽然国内外法律和法规都对海关拒绝使用成交价格作了严格的规定，但是在海关审价时，如果对申报价格的真实性或准确性有怀疑，或认为买卖双方的特殊关系可能影响成交价格，可以要求纳税人补充申报资料，纳税人应在 5 个工作日内提供补充资料，或向海关声明放弃提供资料，或者申请延期提供资料（延期不超过 10 个工作日）。这一系列工作过程称为价格质疑程序。价格质疑程序是海关审价的重要步骤。

只有经过海关审价后并认可的成交价格才能作为完税价格使用。如果经过海关审价后并不认可纳税人申报的成交价格，那么，纳税人就必须采用其他方法确定完税价格。

2.2.1.4　案例分析

案例一

（1）情况介绍：为取得某国外品牌运动鞋的销售资格，某公司以 10 万美元的价格，购买该运动鞋商标使用权。同时该公司从其品牌运动鞋厂家分别进口：生产运动鞋原料 1 000 千克，每千克售价 200 美元；该品牌运动鞋 10 000 双，每双 20 美元。按我国《审价办法》的规定，该公司如何申报成交价格才能符合价格准则的要求？

（2）分析：此案例要从特许权使用费满足的条件入手。对于购进生产运动鞋原料，该货物进口与商标使用权没有直接关系，进一步来说，商标使用权是品牌运动鞋的销售资格，而不是运动鞋原料的销售资格，不满足特许权使用费作为加项的条件，所以，进口生产运动鞋原料向海关申报成交价格应是：1 000千克 ×200 美元/千克 = 20 万美元。对于购进品牌运动鞋而言，商标使用权就是品牌运动鞋销售条件，向海关进口申报时要加上特许权使用费，其申报的成交价格是：10 000 双 ×20 美元/每双 +10 万美元 =30 万美元。

案例二

（1）情况介绍：境内某公司以 CIF 方式购进 1 台进口砂光机，先预付设备款 25 000 港元，发货后又支付 40 000 港元，另支付给境外某权利所有人专用技术使用费 15 000 港元。此外，提单列明 THC 费 500 港元，确定该货物经海关审定的完税价格。(2007 年报关员考试题)

（2）分析：成交价格法中的成交价格是以 CIF 贸易合同价格为基础经调整后的价格，其中的调整内容包括 5 项计入项目（加项）和 6 项不计入项目（减项）。本案例 15 000 港元专用技术使用费属于特许权使用费，是计入项目，而 500 港元 THC 费（码头装卸费）尽管具有单独列明的运费性质，但它是发生在起卸点后的费用，属于不计入项目。按上述分析，该货物的完税价格是：

预付设备款 25 000 港元 + 货款 40 000 港元 + 专用技术使用费 15 000 港元 =80 000 港元。

案例三

（1）情况介绍：我国某音像公司，从美国哥伦比亚电影公司进口 1 部电影（美国大片）拷贝，成交条件为 CIF 上海，放映期 1 年。该进口合同的发票列示如下：电影拷贝放映权 500 000 美元，卖方佣金 25 000 美元，放映技术境内培训费 2 000 美元。合同同时规定：票房收入 30% 返回美国哥伦比亚公司。经预测，该大片在我国每月平均放映 50 场，每场票房收入人民币 1.5 万元。该进口货物是否可以使用成交价格法确定完税价格？如果可以使用成交价格法，该货物完税价格应是多少人民币？（美元对人民币汇率 1 ∶6.38）

（2）分析：买方给卖方的转售费是使用成交价格法确定完税价格的重点

也是难点。分析从 3 个方面入手。

①按照我国《进出口关税条例》第 18 条第 3 款规定，买方给卖方的转售收益如果能够合理确认和计算，则可以使用成交价格法，否则就不能使用成交价格法。本案例中作为买方给卖方的转售费的票房收入是可以计算的，所以本案例可以使用成交价格法确定完税价格。

②买方给卖方的转售费属于计入项目，要加在发票价格中。本案例转售收益（票房收入） = 人民币 15 000 元/每场 ×50 场 ×12 个月 ×30% = 人民币 2 700 000 元。

③该货物向海关申报的成交价格由两部分组成：拷贝进口价格加票房收入。其中，拷贝进口价格中含有的境内培训费属于不计入项目，不包含在成交价格中。由此可确定该货物完税价格：（电影拷贝放映权 500 000 美元 + 卖方佣金 25 000 美元） ×6. 38 + 买方给卖方的转售费人民币 2 700 000 元 = 人民币3 349 500元 + 人民币 2 700 000 元 = 人民币 6 049 500 元。

2. 2. 2 相同货物和类似货物成交价格法

相同货物或类似货物成交价格法是纳税人在不能使用成交价格法后，按照顺序优先采用完税价格确定方法，是完税价格确定过程中排在第二位和第三位的估价方法。其原理是：寻找一个相同或类似的进口货物，用它的成交价格来确定被估货物的完税价格。

2. 2. 2. 1 “相同货物”和“类似货物”

（1）相同货物是指进口货物在同一国家或者地区生产的，在物理属性和化学性质、质量和信誉等方面都相同的货物，但是表面的微小差异允许存在。

（2）类似货物是指与进口货物在同一国家或者地区生产的，虽然不是在所有的方面都相同，但是却具有相似的特征、组成材料、相同的功能，并且在商业中可以互换的货物。

2. 2. 2. 2 采用相同货物和类似货物成交价格法的约束条件

相同货物与类似货物虽然在性质上略有差异，但是两种完税价格确定方法的约束条件是相同的，包括：

（1）时间要素。采用相同和类似货物成交价格法时，“相同货物”或“类似货物”必须与进口货物同时或大约同时进口，同时或大约同时进口是指海关接受货物申报之日的大约同时，最长不应超过其前后 45 天。

（2）商业水平和数量的使用。采用相同货物和类似货物成交价格法时，应该使用与进口货物处于相同商业水平、大致相同数量的相同或类似货物的成交价格。这里商业水平是指进口时的销售环节，如批发环节或零售环节。

（3）进口国与出口国的规定。采用相同和类似货物成交价格法时，相同和类似货物与被估货物必须是同一出口国（出口国是以关境为界定标准，即同一关境内的不同国家组成的区域联盟，视为同一出口国）或地区生产，并应优先使用同一生产商生产的相同货物和类似货物的成交价格。同时要求相同和类似货物必须与被估货物出口到同一进口国。

（4）其他要求。要考虑贸易术语、运输方式和运输距离的要求，其中贸易术语和运输方式要相同，运输距离要相近。

2.2.2.3　案例分析

（1）情况介绍：我国某机械制造公司从德国批发进口程控机床30台，采用类似货物成交价格法确定完税价格。该设备进口时间为2017年6月1日。合同采用CIF贸易术语。表2-1显示了经海关协助该公司查找的类似货物。

表2-1　经海关协助该公司查找到如下类似货物

类似货物	数量（件）	价格（万美元）	进口时间	产地	商业水平	贸易术语
A	30	600	2017年6月16日	德国	零售	CIF
B	30	650	2017年8月16日	德国	批发	FOB
C	32	620	2017年5月19日	法国	批发	FOB
D	32	690	2017年5月19日	法国	批发	CIF
E	32	550	2017年6月19日	美国	批发	CIF
F	55	520	2017年6月19日	德国	批发	CIF

（2）分析：该公司应如何确定完税价格？按照约束条件来分析。首先，从时间要素同时或大约同时进口的要求，排除类似货物B；其次，从出口国（产地）的规定，排除类似货物E；再次，按照商业水平一致的要求，排除类似货物A；又次，考虑相同贸易术语，排除类似货物C；最后，从大致相同数量可确定该公司的完税价格是类似货物D的成交价格690万美元。

2.2.3　倒扣价格法

倒扣价格法是排在第四位的完税价格确定方法（可以与计算价格法在顺序上互换）。其原理是：以进口货物在国内转售价格为基础价格，减去进境后产生的税、利、费等项目后，确定完税价格，即倒扣价格 = 基础价格 − 扣除费用。

2.2.3.1　倒扣价格法的基础价格

倒扣价格法是以进口货物、相同或类似进口货物在境内第一环节的销售价格为基础，所以，这个境内销售价格称为基础价格，它是倒扣价格法的核心要素。

倒扣价格法的基础价格必须满足以下条件：

（1）作为基础价格的进口货物必须与被估货物进口同时或大约同时在境内销售，即该货物必须在被估货物接受申报之日的前后各 45 天内在境内销售。如果基础价格的进口货物超过 45 天在境内销售，可以向主管海关申请延期到被估货物接受申报之日的前后各 90 天内在境内销售。

（2）按照被估货物进口时的状态销售的价格。此条件强调货物状态在进口与国内销售时要保持一致。

（3）在境内第一商业水平销售的价格。这里第一商业水平就是指国内销售的批发环节，或者说只能使用国内销售的批发价格。

（4）向境内无特殊关系方销售的价格。此条件强调进口方在国内只能销售给无关联关系企业，而销售给关联企业的价格不能作为倒扣价格法的基础价格。

（5）按照该货物合计销售总量最大的价格。

何为销售总量最大？以下例说明。

表 2-2　某进口商品在国内销售情况

销售量（件）	单位价格（人民币：元）	商业水平
400	100	批发
300	90	零售
150	100	批发
500	95	批发
250	105	零售
350	90	零售
50	100	批发

如表 2-2 所示，由于第一商业水平销售条件要求，此例单位价格为人民币 90 元和人民币 105 元的销售量不能使用，单位价格为人民币 95 元和人民币 100 元的销售量可以使用。那么，基础价格是人民币 95 元还是人民币 100 元？如果按一次销售量计算，人民币 95 元销售量最大（500 件），但是按合计销售总量计算人民币 100 元最大（销售 3 次，合计 600 件），所以，基础价格应

是人民币 100 元，而不是人民币 95 元。

2.2.3.2　倒扣价格方法的倒扣项目

倒扣项目包括：（1）在境内第一商业水平销售平均利润和实际销售费用；（2）进口商在国内销售时通常支付给代理人的佣金（必须是在境内第一商业水平销售产生的佣金）；（3）货物运抵境内输入地点之后的运费和保险费在实际操作中，只有单独列明或可以分别计算的境内产生的运费和保险费，才可以作为倒扣项目使用；（4）进口关税及在境内销售前需要缴纳的国内税；（5）货物保持进口形态的加工增值额（由于有进口与国内销售形态一致的要求，所以进口后的加工增值部分应扣除）。

2.2.4　计算价格法

计算价格法是排在第五位的完税价格确定方法（可以与倒扣价格法在顺序上互换）。其原理是：以发生在生产国或地区的生产成本为基础计算完税价格（多数使用生产商提供的资料或到生产国亲自调查后得到的资料来计算）。

2.2.4.1　计算价格的构成项目

（1）出口国的生产成本，包括原材料和加工费。计算生产成本时要求是生产被估货物的实际成本，包括原材料的采购价值，加工成品的人工费用、装配费用及相关间接费用。

（2）向境内销售平均利润和一般费用。确定销售费用和利润，与计算生产成本的要求不同，如果说生产成本要求实际成本的话，销售费用和利润则要求出口国生产商销售该货物的平均利润和费用。

（3）被估货物出口到我国起卸点前的运费和保险费（计算到 CIF 价格）。

2.2.4.2　计算价格法实施的难点

生产商和生产国政府配合是计算价格法实施的前提。无论是使用生产商提供的资料还是用到生产国亲自调查后的资料来计算，没有生产商和生产国政府的配合是办不到的，而在竞争激烈的国际贸易市场，生产商生产成本和销售利润往往都作为商业机密受到各国保护，所以能够得到真实的计算资料并不是一件容易的事情，这也是计算价格很少使用的原因所在。

2.2.5　合理价格法

合理价格法是排在第六位的完税价格确定方法（确定完税价格最后一种方法）。合理价格法其实质是海关确定完税价格，即当上述方法都无法确定完税价格时，根据公平、统一、客观的估计原则，海关以客观量化的数据资料为基础审查确定进出口货物完税价格的估价方法。

2.2.5.1 禁用的价格

虽然合理价格法是海关来确定完税价格，但是为了防止海关滥用权力，各国都在法律上对海关确定完税价格的过程作出限定，其中我国《审价办法》第27条明确规定，海关在使用合理价格法确定进口货物完税价格时，禁用以下六种价格：

（1）境内生产的货物在境内的销售价格；

（2）可供选择的价格中选择较高的价格；

（3）货物在出口地市场的销售价格；

（4）以《审价办法》第25条规定之外的价值或者费用计算的相同或者类似货物的价格；

（5）出口到第三国或者地区的货物的销售价格；

（6）最低限价或者武断、虚构的价格。

2.2.5.2 价格磋商程序

合理价格法是海关不接受纳税人申报的成交价格，而纳税人依次按其他完税价格确定方法也无法进行估价，最后由海关自己来估价的方法。为了使这最后的方法准确和有效，在保守商业机密的前提下，海关要向纳税人了解有关情况，并发出“价格磋商通知书”与其进行价格磋商，以求科学地确定完税价格。纳税人在收到海关发出的“价格磋商通知书”5日（工作日）内，须交换资料进行磋商，在规定期限内不答复，视为弃权，海关直接确定完税价格。这一过程称为价格磋商的程序。纳税人应重视价格磋商的程序，并与海关积极配合提供相关的资料。

（1）出现以下情况，海关可以启动价格磋商程序：

①纳税义务人或者其代理人在海关规定期限内，未能提供进一步说明的；

②纳税义务人或者其代理人提供有关资料、证据后，海关经审核其所提供的资料、证据，仍然有理由怀疑申报价格的真实性、准确性的；

③纳税义务人或者其代理人提供有关资料、证据后，海关经审核其所提供的资料、证据，仍然有理由认为买卖双方之间的特殊关系影响成交价格的。

（2）对符合下列情况之一的，海关可以不启动价格磋商程序：

①同一合同项下分批进口货物，海关对其中一批货物已经实施估价的；

②进口货物的完税价格在人民币10万元或以下，关税税额及进口环节代

征税总额在人民币 2 万元或以下的货物；

③进口属于危险品、鲜活品、易腐品、易失效品、废品、旧品等货物。

2.3 内销保税货物完税价格的确定

内销保税货物，主要指因故转为内销需要征税的加工贸易货物、海关特殊监管区域内货物、保税监管场所内货物和因其他原因需要按照内销征税办理的保税货物。接下来按非海关特殊监管区域企业和海关特殊监管区域企业内销保税货物完税价格的确定进行讲解。

2.3.1 非海关特殊监管区域企业内销保税货物完税价格的确定

非海关特殊监管区域企业涉及的内销保税货物主要来自加工贸易。加工贸易（Processing Trade）主要指对进口料件的加工贸易。从海关监管角度分析，加工贸易进口的料件分为保税加工料件和不保税加工料件，而保税加工料件又分为来料加工和进料加工两种。对加工贸易进口的料件完税价格审定时，海关通常把握住三个核心要点：一是时态，即征税时点是在进口时还是在内销时；二是形态，即是按料件价格，还是按制成品的价格来征税；三是方法，即采用哪种估价方法确定完税价格。

2.3.1.1 审定原则

加工贸易进口料件完税价格的审定原则分为以下四种情况：

（1）进料加工料件或其制成品。进料加工又分为保税进料加工与不保税进料加工，两者的区别在于：保税进料加工是指进料加工的货物是先用于外销后改为内销；不保税进料加工是指进料加工的货物是直接用于内销。审定原则为海关以料件原进口成交价格为基础审查确定完税价格。海关无法确认成交价格时，依次使用其他估价方法确定完税价格。

进料加工完税价格确定的三个核心要点分别是：进口的时态，料件的形态，优先采用成交价格法。其中最需要把握的要点是按料件价格确定完税价格，而不是以制成品价格确定完税价格。

此外，《中华人民共和国海关审定内销保税货物完税价格办法》第 4 条还规定了“属于料件分批进口，并且内销时不能确定料件原进口一一对应批次的，海关可按照同项号、同品名和同税号的原则，以其合同有效期内或电子账册核销周期内已进口料件的成交价格计算所得的加权平均价为基础审查确定完税价格。合同有效期内或电子账册核销周期内已进口料件的成交价格加权平均价难以计算或者难以确定的，海关以客观可量化的当期进口料件成交价格的加权平均价为基础审查确定完税价格。”

（2）保税来料加工料件与制成品。其特点是进口时为保税加工货物后改为内销，但是进口的加工料件没有成交价格。保税来料加工是外商将加工料件免费进境运给境内加工企业，加工成品后再运出境外销售。由于来料加工料件是免费进口的，进境时没有成交价格。当来料料件加工出制成品后改为内销，就要先确定完税价格后缴纳进口税。其审定原则为海关以接受内销申报的同时或者大约同时进口的与料件相同或者类似的保税货物的进口成交价格为基础审查确定完税价格。对保税来料加工料件与制成品估价时要把握的三个核心要点：①时态是内销时而不是进口时；②形态是料件（保税货物）而不是制成品；③方法是相同或类似货物成交价格法而不是成交价格法。

（3）加工货物产生的边角料或副产品内销。其特点是其本身为加工料件的一部分，但是没有成交价格，也很难找到相同或类似的货物。此类货物的审定原则是以其内销价格为基础审查确定完税价格。副产品并非全部使用保税料件生产所得的，海关以保税料件在投入成本核算中所占比重计算结果为基础审查确定完税价格。按照规定需要以残留价值征税的受灾保税货物，海关以其内销价格为基础审查确定完税价格。按照规定应折算成料件征税的，海关以各项保税料件占构成制成品（包括残次品）全部料件的价值比重计算结果为基础审查确定完税价格。边角料、副产品和按照规定需要以残留价值征税的受灾保税货物经海关允许采用拍卖方式内销时，海关以其拍卖价格为基础审查确定完税价格。

（4）深加工结转货物内销。深加工结转是指加工贸易企业将保税进口料件加工的产品转至另一加工贸易企业进一步加工后复出口的经营活动。对转出企业而言，深加工结转视同出口，应办理出口报关手续；对转入企业而言，深加工结转视同进口，应办理进口报关手续。此类货物的审定原则是海关以该结转货物的结转价格为基础审查确定完税价格。海关无法确认成交价格时，依次使用其他估价方法确定完税价格。深加工结转货物完税价格确定的三个核心要点分别是：内销的时态，制成品（半成品）的形态，优先采用成交价格法。

2.3.1.2　案例分析

（1）情形介绍：新西兰奥克兰进出口有限公司向广州白云机场海关申报进口未缝制500张羊皮（单价为CIF 18美元/张），以履行250件羊皮大衣的保税加工贸易合同（两张未缝制羊皮可加工成一件羊皮大衣）。货物进口后，交由东莞伟达服饰有限公司加工，加工后羊皮大衣单价为 89 美元/件。合同执行期间，因新西兰奥克兰进出口有限公司境外销售受阻，在与境内订货商协商并经海关批准后更改合同，将 300 张羊皮加工的皮大衣改为在中国境内销售，但此时与进口时相同的未缝制羊皮单价已经上涨到 CIF 20 美元/张。加工产生边角料（每张羊皮产生边角料 6 千克）交中山华亿玩具有限公司生产内销玩具产品，每件玩具产品耗用 3 千克羊皮产生边角料。海关最近公布计税参考价格中皮革边角料（绵羊皮、羔羊皮、山羊皮）为人民币 7.5 元/千克，内销皮革玩具为人民币 16.8 元/件。(外汇牌价：1 美元 =6.8 元人民币) 海关如何确定来料、进料和副产品的完税价格。

（2）分析：该案例涉及保税进料加工、来料加工的制成品内销，加工产生的边角料生产的副产品内销三个完税价格审定原则。

①对保税进料加工制成品内销确定完税价格时，首先，要了解哪些制成品需要确定完税价格？是内销制成品。本案例是 150 件羊皮大衣，而不是 250 件羊皮大衣。其次，要掌握其审定原则，海关是以进口时料件申报的成交价格为完税价格，而不是制成品的成交价格为完税价格。本案例中成交价格是羊皮价格，而不是羊皮大衣的价格。本案例保税进料加工制成品完税价格是：150 件羊皮大衣使用 300 张羊皮，每张羊皮单价为 18 美元（进口时料件价格），共 5 400 美元，折合人民币 36 720 元。

②对保税来料加工制成品内销确定完税价格，与上述进料加工制成品内销确定完税价格相比有两点不同：时态是内销时而不是进口时；方法是相同货物成交价格法（来料加工料件没有成交价格，不能用成交价格法）。所以，本案例进料加工制成品内销时的完税价格是 150 件羊皮大衣使用 300 张羊皮，每张羊皮单价为 20 美元（内销时料件价格），共 6 000 美元，折合人民币 40 800 元。

③加工产生的边角料生产的副产品内销确定完税价格时，第一，要明确谁是纳税申报人？加工产生的边角料生产的副产品内销申报人是产生边角料的企业，而不是进料人。本案例中申报人是东莞伟达服饰有限公司，而不是新西兰奥克兰进出口有限公司。第二，要掌握其审定原则，海关是以合理价格确定完税价格。本案例中内销是玩具产品，应使用海关公布玩具产品（内销时的形态）计税参考价格。加工产生的边角料生产的内销玩具的完税价格是：

300 张 ×6 千克/3 ×16. 80 元/千克 = 人民币 10 080 元

2.3.2 海关特殊监管区域企业内销保税货物完税价格的确定

2.3.2.1 审定原则

（1）保税区内企业内销的保税加工进口料件或其制成品，海关以其内销价格为基础审查确定完税价格。保税区内企业内销的保税加工制成品，如果含有从境内采购的料件，海关以制成品所含从境外购入料件的原进口成交价格为基础审查确定完税价格。保税区内企业内销的保税加工进口料件或者其制成品的完税价格依据本条前两款规定不能确定的，海关以接受内销申报的同时或者大约同时内销的相同或者类似的保税货物的内销价格为基础审查确定完税价格。

（2）除保税区以外的海关特殊监管区域内企业内销的保税加工料件或者其制成品，以其内销价格为基础审查确定完税价格。但当除保税区以外的海关特殊监管区域内企业内销的保税加工料件或者其制成品的内销价格不能确定的，海关以接受内销申报的同时或者大约同时内销的相同或者类似的保税货物的内销价格为基础审查确定完税价格。除保税区以外的海关特殊监管区域内企业内销的保税加工制成品、相同或者类似的保税货物的内销价格不能确定的，海关以生产该货物的成本、利润和一般费用计算所得的价格为基础审查确定完税价格。

（3）海关特殊监管区域内企业内销的保税加工过程中产生的边角料、废品、残次品和副产品，以其内销价格为基础审查确定完税价格。海关特殊监管区域内企业经海关允许采用拍卖方式内销的边角料、废品、残次品和副产品，海关以其拍卖价格为基础审查确定完税价格。

（4）海关特殊监管区域、保税监管场所内企业内销的保税物流货物，海关以该货物运出海关特殊监管区域、保税监管场所时的内销价格为基础审查确定完税价格；该内销价格包含的能够单独列明的海关特殊监管区域、保税监管场所内发生的保险费、仓储费和运输及其相关费用，不计入完税价格。

（5）海关特殊监管区域内企业内销的研发货物，按内销料件、成品、边角料、废品、残次品和副产品规定执行。

（6）海关特殊监管区域内企业内销的检测、展示货物，按内销保税物流货物规定执行。

如果内销保税货物的完税价格不能依据上述规定确定的，海关依次以下列价格估定该货物的完税价格：

（1）与该货物同时或者大约同时向中华人民共和国境内销售的相同货物

的成交价格；

（2）与该货物同时或者大约同时向中华人民共和国境内销售的类似货物的成交价格；

（3）与该货物进口的同时或者大约同时，将该进口货物、相同或者类似进口货物在第一级销售环节销售给无特殊关系买方最大销售总量的单位价格，但应当扣除以下项目：

①同等级或者同种类货物在中华人民共和国境内第一级销售环节销售时通常的利润和一般费用以及通常支付的佣金；

②进口货物运抵境内输入地点起卸后的运输及其相关费用、保险费；

③进口关税及国内税收。

（4）按照下列各项总和计算的价格：生产该货物所使用的料件成本和加工费用，向中华人民共和国境内销售同等级或者同种类货物通常的利润和一般费用，该货物运抵境内输入地点起卸前的运输及其相关费用、保险费。

（5）以合理方法估定的价格。

纳税义务人向海关提供有关资料后，可以提出申请，颠倒上述第（3）项和第（4）项的适用次序。

2.3.2.2　案例分析

日本TNT公司，将价值5 000万日元电子器件向北京空港保税物流园区海关报关，海关按保税物流货物处理，保税入库，进行监管。一个月后该批电子器件在国内市场价格大幅度上涨20%，日本TNT公司趁机发往我国境内销售，此时海关如何确定该批货物的完税价格？是以5 000万日元，还是6 000万日元确定完税价格？（希望读者自己给出正确答案）

2.4　特殊进口货物完税价格的确定

特殊进口货物是指海关每次征税时都只针对货物价值的一部分的进口货物，如在进口时享受减免税待遇并接受海关监管的货物，当这些货物进境后改变状态或用途后，海关要依法进行重新审定，确定完税价格，缴纳相应税款。下面介绍了六种特殊进口货物完税价格审定原则。

2.4.1　出境修理、出境加工的货物完税价格确定

2.4.1.1　审定原则和条件

出境修理货物是指运出境外进行维护修理后复运进境的机械设备、运输

工具以及为维护这些货物需要出口的原材料、零部件。出境加工货物是指我国境内企业运到境外进行技术加工后复运进境货物。《中华人民共和国海关审定进出口货物完税价格办法》第28条规定："运往境外修理的机械器具、运输工具或其他货物，出境时已向海关报明，并且在海关规定的期限内复运进境的，应当以境外修理费和料件费为基础审查确定完税价格。出境修理货物复运进境超过海关规定期限的，由海关按照本办法第二章的规定审查确立完税价格。"第29条规定："运往境外加工的货物，出境时已向海关报明，并且在海关规定期限内复运进境的，应当以境外加工费和料件费以及该货物复运进境的运输及其相关费用、保险费为基础审查确定完税价格。"这些货物的特点是在境外修好或加工后，货物增值，对其增值的部分应予征税。

按上述规定出境修理、出境加工的货物完税价格的审定原则：①应当以加工后货物进境时的CIF价格与原出境货物或者相同、类似货物在进境时的CIF价格之间的差额，作为完税价格。②如上述原出境货物在进境时的CIF价格无法得到时，可用原出境货物申报出境时的FOB价格替代。③如以上两种方法的价格都无法得到时，海关按照在境外的修理费和料件费（简称工、料费）以及复运进境的相关运、保、杂费，计算确定完税价格。

出境修理、出境加工的货物在审定时要满足以下两个条件：①在规定时间内复运进境。其中，出境修理货物规定时间是6个月，延期不超过6个月；出境加工货物规定时间是6个月，延期不超过3个月。②不能改变原出境货物的物理形态，如果改变形态按一般货物处理。

2.4.1.2　案例分析

（1）情形介绍：某进口汽车销售行，2016年3月将进口3辆面包车（2.6万美元/辆）运往境外进行加工改造。其中，一辆改为救护车，工、料费3 000美元，相关运、保、杂费800美元；另外两辆进行豪华装饰后，每辆车进境CIF价格升值到2.9万美元。3辆车分两批复运进境，一辆豪华装饰面包车和改造救护车2016年8月复运进境，而另一辆车则在2017年1月复运进境。海关应如何确定3辆车的完税价格。

（2）分析：①出境加工货物，不能改变原出境货物的物理形态，如果改变形态按一般货物处理，这是出境加工货物审定条件之一。改为救护车那辆车由于改变物理形态，所以海关按一般进口货物处理，其完税价格为2.6万美元+0.3万美元+0.08万美元=2.98万美元。②豪华装饰后另外两辆车虽然没有改变物理形态。但是其中一辆在2017年1月才复运进境，超过在规定时间内复运进境条件（6 个月 +3 个月），所以仍按一般进口货物处理，其完税价格为进境 CIF 价格 2.9 万美元。③只有最后一辆满足审定的两个条件，其完税价格为进境时的 CIF 价格与原出境货物的 CIF 价格之间的差额 2.9 万美元 -2.6 万美元 =0.3 万美元。

2.4.2 租赁进口货物完税价格确定

租赁进口货物分为融资性租赁和经营性租赁两种，其中融资性租赁带有融资性质，租赁期满后，货物并不出境，而是按折旧后剩余价值，转让给租赁者，承租人按合同规定支付租金，租金总额一般都大于货价，所以又称为留购租赁。经营性租赁带有服务性质，进口是暂时的，按合同规定期限要复运出境，承租人按合同规定分期支付租金，租金总额一般都小于货价。租赁进口货物的性质不同，完税价格审定原则也略有不同。

2.4.2.1 经营性租赁进口货物完税价格审定原则

以租金方式对外支付租金，在租赁期间以海关审定的租金作为完税价格，利息应当予以计入。

2.4.2.2 融资性租赁进口货物（留购的租赁货物）完税价格审定原则

分为两种情形：第一种是按月支付租金，按月缴纳税款，则以海关审定的租金作为完税价格（利息应予计入）。租赁期满，承租人还要象征性地支付一些费用，作为留购价格，海关对该部分的留购价格，经审定后作为完税价格，继续征收关税。第二种是承租人一次性缴纳税款，则视同一般进口货物，按成交价格审查确定，也就是按其 CIF 价格作为完税价格。审价办法中规定，一次性缴纳税款的，也可以以租金总额作为完税价格。融资租赁的货物，租金总额往往要高于货物本身的成交价格，所以一次性缴纳税款的，在成交价格和租金总额之间，往往是选择以成交价格来作为关税完税价格。

2.4.2.3 案例分析

（1）情形介绍：某航空公司以融资租赁方式从美国进口一架价值 1 800 000 美元的小型飞机，租期 6 年，月租金为 30 000 美元，留购价格 50 000 美元，纳税人准备一次性缴纳税款，此情形经海关审查属实。在这种情形下，纳税人确定该飞机的完税价格多少为宜？

（2）按融资性租赁进口货物（留购的租赁货物）完税价格审定原则，纳税人可以有两种价格作为完税价格，一种是成交价格 1 800 000 美元；一种是租金价格：30 000 美元 ×12 ×6 +50 000 美元 =2 210 000 美元。明显选择成交价格 1 800 000 美元为宜。

2.4.3　暂准进境留购货物完税价格确定

2.4.3.1. 审定原则

暂准进境货物是按照我国法律和国际公约的规定，准许暂时免纳关税及其他税费进口，并保证在限期内复运出境的特定货物。其特点是货物进口须向海关申报，经海关批准，暂予免纳进口关税及其他税费。进境后货物所有权不能发生转移，期满后要按原状复运出境。暂准进出口货物应当自进境或出境之日起 6 个月内复运出境或者复运进境，如果因特殊情形不能在规定期限内复运出境或者复运进境的，应当向海关申请延期，经批准可以适当延期 3 次，每次延长期最长不超过 6 个月。但是，这类货物有时期满后没有复运出境，而是留在境内消费或使用，称之为暂准进境留购货物。最常见留购货物是进口货样、展览品和广告陈列品。

暂准进境留购货物是按暂准进境货物申报，没有成交价格，提交担保后暂不缴税进境。留购后其审定原则分为：

（1）进境后要求在境内销售，经海关批准同意留购。以海关审定的留购价格作为完税价格。

（2）未经海关批准同意擅自留购，以海关稽征价格作为完税价格。

2.4.3.2　案例分析

（1）情形介绍：在东莞名家具博览会展出的德国产家具以暂准进境货物形式进境参展，参展期间该家具被参观商看中欲购买，参展商经与海关协商批准留购。参展商给海关以下五个价格：

①国内市场相同款式家具的销售价格；

②德国产相同款式家具出口到中国市场销售价格；

③德国产相同款式家具出口到韩国市场销售价格；

④德国厂家在中国加工厂生产的相同款式家具在国内市场的销售价格；

⑤德国产相同款式家具出口在德国市场的销售价格。

海关应选择以上哪种价格作为完税价格?

（2）分析：按暂准进境留购货物完税价格审定原则规定，经海关批准同意留购，以海关审定的留购价格作为完税价格。为防止海关滥用权力，我国《审价办法》第 27 条，就明确规定，由海关决定的价格时禁用六种价格。其中，进口国生产同类货物在进口国销售的价格；可供选择的价格中较高的价格；货物在出口国市场的销售价格；货物在第三国市场的销售价格。所以上述①、③、④、⑤是法律禁止使用的价格，海关应选择②德国产相同款式家具出口到中国市场销售价格作为完税价格。

2.4.4 减免税货物移作他用的完税价格确定

2.4.4.1 减免税货物移作他用

减免税是指海关根据国家规定，对特定地区、特定用途和特定企业给予的减免关税的优惠，也称政策性减免税。减免税货物必须按规定范围和用途使用。在海关监管年限内，减免税申请人应当按照海关规定保管、使用进口减免税货物，并依法接受海关监管。特定减免税货物，海关监管年限分别为船舶、飞机 8 年，机动车辆 6 年，其他货物 3 年。如果，在海关监管年限内，减免税申请人需要将减免税货物移作他用的，应当事先向主管海关提出申请。经海关批准，减免税申请人可以按照海关批准的使用地区、用途、企业将减免税货物移作他用。以下情形称移作他用：

（1）将减免税货物交给减免税申请人以外的其他单位使用；

（2）未按照原定用途、地区使用减免税货物；

（3）未按照特定地区、特定企业或者特定用途使用减免税货物的其他情形。

减免税货物移作他用的，减免税申请人还应当按照移作他用的时间补缴相应税款；移作他用时间不能确定的，应当提交相应的税款担保，税款担保不得低于剩余监管年限应补缴税款总额。在此基础上确定完税价格，补缴税款。

2.4.4.2 完税价格确定

补税中的完税价格审定原则是以海关审定的该货物原进口时的价格，扣除折旧部分价值作为完税价格。其计算公式如下：

$$\text{完税价格} = \text{海关审定的该货物原进口时的价格} \times \left[1 - \frac{\text{补税时实际已进口的时间（月）}}{\text{监管年限} \times 12}\right] \qquad \text{［公式 2.4.4］}$$

上述公式中的实际已进口的时间按月计算，超过 15 天的，按 1 个月计算，不足 15 天的，不予计算。

2.4.4.3 案例分析

某市红十字会一直属单位进口一辆 CIF 价值 6 万美元的残疾人专用车辆，

经海关审批后，该批货物获免税进口。2013 年 6 月 2 日，载运该货物的运输工具抵达青岛港，收货人持“进出口货物征免税证明”向青岛海关进行了申报，青岛海关在审核申报后免税放行。2016 年 5 月 20 日，该车辆经海关批准，改为红十字会商务用车。

根据上述案例，回答下列问题。

（1）该车辆进口后，在（　）内将受到海关监管。

A. 3 年　　B. 6 年　　C. 8 年　　D. 10 年　　答案：B

（2）该车辆改为商务用车后以下哪种情形符合海关规定？

A. 经海关批准补缴进口税后可以使用

B. 不准改为公务用车应退运出境

C. 可免费结转给一家养老院使用

D. 将车辆改为商务用车仍然享受免税待遇　　答案：A C

（3）如果需要补缴税款，其完税价格是（　）。

A. 20 000 美元　B. 30 000 美元　C. 40 000 美元　D. 50 000 美元　答案：B

2.4.5　无成交价格进口货物完税价格确定

以易货贸易、寄售、捐赠、赠送等方式进口的货物是不存在成交价格的，统称无成交价格进口货物。没有成交价格当然不能使用成交价格法，海关经审查认为进口货物无成交价格的可以不进行价格质疑，经与纳税义务人进行价格磋商后，依次使用相同、类似、倒扣、计算、合理估价方法确定完税价格。所以对无成交价格进口货物的完税价格审定原则是：依次使用除成交价格法外其他 5 种估价方法来确定完税价格。虽然无成交价格进口货物当作特殊进口货物来确定完税价格，其实它与一般进口货物完税价格确定没有本质上的区别，只是不能使用成交价格法而已。

2.4.6　软件介质进口完税价格确定

2.4.6.1　审定原则

软件介质是指进口供数据处理设备用载有软件的载体，比如磁带、磁盘、光盘等。具体报关时，含有软件、文字、乐曲、图片、图像或者其他类似内容的进口货物，包括磁带、磁盘、光盘或者其他类似载体的形式都算在内。按《中华人民共和国海关进出口货物征税管理办法》规定，软件介质要单独确定完税价格并缴纳关税。软件介质如果满足以下 3 个条件之一，进口供数据处理设备所载软件的价值不计入设备本身的完税价格，而单独确定完税价格。

（1）介质本身的价值或成本与所载软件的价值分列；

（2）介质本身的价值或成本与所载软件的价值虽未分列，但进口人能够提供介质本身的价格或成本的证明文件；

（3）能提供所载软件价值的证明文件。

其完税价格审定原则是：以介质本身的价值或成本为基础确定完税价格。

2.4.6.2　练习

下列对载有专供数据处理设备用的软件介质进口，海关确定其完税价格表述正确的是（　）。

A. 报关时介质本身的价格或成本与所载软件的价值向海关分别列明的，海关将以该介质本身的价值或成本为基础审查确定完税价格

B. 报关时介质本身的价格或成本与所载软件的价值虽未向海关分别列明，但能够提供所载软件或介质价格证明文件的，海关将以该介质本身的价值或成本为基础审查确定完税价格

C. 进口所载介质内容为游戏的，海关将以该介质本身的价值或成本为基础审查确定完税价格

D. 进口所载介质内容为影片的，海关将以该影片放映权进口价格为基础审查确定完税价格

2.5　出口货物完税价格的确定

出口货物完税价格与进口货物完税价格的确定略有差异，为避免出现执行差错，以下单独介绍出口货物完税价格的确定。我国《审价办法》第38条规定：出口货物的完税价格由海关以该货物的成交价格为基础审查确定，并且应当包括货物运至中华人民共和国境内输出地点装载前的运输及其相关费用、保险费。《审价办法》第39条规定：出口货物的成交价格，是指该货物出口销售时，卖方为出口该货物应当向买方直接收取和间接收取的价款总额。出口货物以售予境外的离岸价格（FOB）为基础，扣除出口关税后作为完税价格。出口货物的离岸价，应以该项货物运离关境前的最后一个口岸的离岸价格为实际离岸价格。出口货物成交价格如为境外口岸的到岸价格或货价加运费价格时，应先扣除运费、保险费后，再按规定公式计算完税价格。出口货物在离岸价格以外，买方另行支付货物包装费的，应将其计入完税价格。

按此规定在确定出口货物完税价格时应把握如下要点。

2.5.1　成交价格法

下列税收、费用不计入出口货物完税价格中。

（1）出口关税。

（2）在货物价款中单独列明的货物运至中华人民共和国境内输出地点装载后的运输及其相关费用、保险费。

出口关税为什么扣除？关税属于流转税的范畴，是对出口货物离开关境时的流转额（价值额）征税。如果出口货物需要纳税，多数是缴完税后离开关境时纳税，所以出口货物的价格构成要素中是包含出口关税的。但是关税是价外税，即作为计税价格的完税价格是不应包含所征的出口关税，如果成交价格中含有出口关税，应当从成交价格中扣除，不能计入完税价格。至于境外产生运费和保险费需扣除的原因是，出口货物只对境内产生的费用征税，离境口岸至境外口岸之间的运费、保险费都属于境外产生的费用，所以要扣除。

2.5.2　确定完税价格的其他方法

以上确定出口货物完税价格的方法称为出口货物成交价格法。如果上述方法不能确定完税价格，则可以依次使用下列方法：

（1）相同货物成交价格法。条件是同时或大约同时（前后各45天）向同一国家或地区出口。

（2）类似货物成交价格法。条件是同时或大约同时（前后各45天）向同一国家或地区出口。

（3）计算价格法。根据境内生产的相同或类似货物的成本、利润和一般费用（包括直接费用和间接费用）、境内发生的运费及其相关费用、保险费计算所得的价格确定完税价格。

（4）合理价格法。最后由海关放宽条件估定完税价格。

与进口货物完税价格的确定方法相比，出口货物完税价格的确定方法中没有倒扣价格法。

2.5.3　出口货物完税价格的计算公式

2.5.3.1　计算公式

计算公式如下：出口货物的完税价格 = 离岸价格（FOB 中国境内口岸）- 出

口关税 = 离岸价格/（1 + 出口税率）（其中，出口关税 = 完税价格 × 出口税率）

［公式 2.5.3（1）］

由于国际贸易中可能采用不同国际贸易术语成交，所以其计算公式也略有差异。

（1）以 FOB 境内口岸成交的：

完税价格 = FOB/（1 + 出口税率）　　［公式 2.5.3（2）］

（2）CFR 境外口岸成交的：

完税价格 =（CFR – 运费）/（1 + 出口税率）　　［公式 2.5.3（3）］

（3）以 CIF 境外口岸成交的：

完税价格 =（CIF – 保险费 – 运费）/（1 + 出口税率）

［公式 2.5.3（4）］

以上出口货物完税价格的计算公式，简略概括为：

$$出口货物完税价格 = \frac{FOB}{1+出口税率} = \frac{CFR-运费}{1+出口税率} = \frac{CIF-运费-保险费}{1+出口税率}$$

［公式 2.5.3（5）］

5.5.3.2　计算案例

某丝绸进出口公司出口生丝一批，FOB 价格为人民币 550 万元。出口税率为 10%。纳税人计算应纳税额为：人民币 550（万元）×10% = 人民币 55（万元）

本案例中的纳税人以 FOB 价格作为出口货物的完税价格计算税额是错误的。出口货物应以海关审定的离岸价格扣除出口关税后作为完税价格。完税价格 = 人民币 550（万元）/（1 + 10%）= 人民币 500（万元），应纳税额 = 人民币 500（万元）×10% = 人民币 50（万元）。

本章小结

确定完税价格是关税实务第一要素，而提高完税价格整体估价水平是关税实务首先要解决的问题。本章的知识点如下：

（1）发票价格、成交价格、完税价格的区别。

（2）6 种完税价格确定方法的使用顺序。

（3）确定成交价格时，计入项目（加项）、不计入项目（减项）的使用。

（4）成交价格使用何种贸易术语（进口货物成交价格与出口货物成交价

格的不同）。

（5）海关审价的要点（重点掌握海关对买卖双方存在特殊关系的处理）。

（6）内销保税货物完税价格审定原则。

（7）特殊进口货物完税价格审定原则。

如何科学确定完税价格在各国海关都被视为难题，尽管现已在世界范围内建立了完税价格统一估价标准，但是实施者的估价水平仍有待提高。本章正是以国际统一标准为基础，完整介绍了完税价格确定的 6 种方法和实施技巧，力求对学习者提高完税价格估价水平有所帮助。

课后练习

（一）概念辨析

1. 成交价格与完税价格。
2. 相同货物与类似货物。
3. 倒扣价格方法与计算价格法。
4. 保税来料加工的完税价格和保税进料加工的完税价格。

（二）单选题

1. 广州某工厂从无关联关系的美国某公司购买一批机器设备，成交条件为 CIF 广州。该货物的发票总价为 500 000 美元。发票还显示其中含国内运保费 5 000 美元，上门培训费 2 000 美元，设备调试费 20 000 美元。另支付卖方佣金 25 000 美元。该批货物的关税完税价格应为（　）。

A. 530 000 美元　　B. 552 000 美元

C. 527 000 美元　　D. 498 000 美元

2. 某家企业从法国进口机床，发票表明：设备价款 CIF 上海 600 000 美元，卖方佣金 2 000 美元，机器操作系统使用费 80 000 美元，设备进口安装调试费 20 000 美元。该批货物海关审定的关税完税价格应为（　）。

A. 702 000 美元　　B. 682 000 美元

C. 680 000 美元　　D. 662 000 美元

3. 某公司以 10 万美元购买进口图书（外文版）在国内的出版发行权，在国外翻译后印刷，每本合同价 2 美元购买 100 000 本，该图书的申报的成交价格为（　）。

A. 30 万美元　　　　B. 10 万美元

C. 20 万美元　　　　D. 无成交价格

4. 对于进入我国境内的进口玩具，以下哪个项目的价值应该计入成交价格？（　）

A. 我国玩具进口商向出口商提供的生产玩具的模具

B. 进口商自己在国内设计的玩具图纸

C. 支付给我国进口商代理人的佣金

D. 卸货后转关时的运输费用

5. 某企业从德国进口医疗设备一台，发票分别列明 CIF 上海 50 000 美元/台，境外培训费 3 000 美元，此外，该设备投入使用后买方从收益中另行支付给卖方 20 000 美元，此批货物海关审定完税价格是（　）。

A. 73 000 美元　　　　B. 50 000 美元

C. 70 000 美元　　　　D. 53 000 美元

6. 当进口货物的完税价格不能按照成交价格确定时，海关应当依次使用相应的方法估定完税价格，依次使用的正确顺序是（　）。

A. 相同货物成交价格方法—类似货物成交价格方法—倒扣价格方法—计算价格方法—合理价格方法

B. 类似货物成交价格方法—相同货物成交价格方法—倒扣价格方法—计算价格方法—合理价格方法

C. 相同货物成交价格方法—类似货物成交价格方法—合理价格方法—倒扣价格方法—计算价格方法

D. 倒扣价格方法—计算价格方法—相同货物成交价格方法—类似货物成交价格方法—合理价格方法

（三）多选题

1. 进口时在货物的合同价款中列明的下列税收、费用，不计入货物关税完税价格的有（　）。

A. 厂房、机械、设备等货物进口后进行建设、安装、装配、维修和技术服务的费用

B. 进口货物运抵境内输入地点起卸后的运输及相关费用、保险费

C. 进口关税及国内税收

D. 作为该货物向我国境内销售条件，买方必须支付的与该货物有关的特许权使用费

2. 以下哪些情形不符合海关估价的规定？（　）

A. 保税进料加工制成品内销以相同或类似货物的成交价格确定完税价格

B. 捐赠、易货贸易项下的货物不能用成交价格确定完税价格

C. 买卖双方存在特殊关系不能用成交价格确定完税价格

D. 对无成交价格的货物海关不需要启动价格磋商程序

3. 关于特殊贸易方式进口货物的完税价格审定原则，下列表述中正确的是（　）。

A. 内销的进料加工进口料件或其制成品，以料件申报内销时的价格估定

B. 加工贸易加工过程中产生的边角余料，以申报内销时的价格估定

C. 减税或免税的进口货物需予补税时，应当以海关审定的该货物原进口时的价格，扣除折旧部分价值作为完税

D. 以租金方式对外租赁的进口货物，在租赁期间，以海关审定的租金作为完税价格

4. 进口货物完税价格，除包括正常的货价外，还应包括下列费用（　）。

A. 与进口货物视为一体的容器费用

B. 出口商从进口货物销售中获取的利润

C. 进口关税、进口环节增值税

D. 进口商委托境外设计公司向出口商提供的落选设计方案

5. 以下哪些进口货物不能采用成交价格方法确定完税价格？（　）

A. 转内销的保税来料加工进口料件

B. 从家族企业进口但能证明与其他进口企业相同或类似货物在成交价格上相近的货物

C. 只能用于展示的进口货物

D. 留购进口租赁货物

（四）判断分析题

1. 以CIF纽约成交的出口货物，从上海口岸申报出口，其完税价格为海关审定的CIF纽约价格扣除上海至纽约的运保费并扣除关税。

2. 某公司从境外进口清凉饮料2 000箱（24×300毫升/箱），申报价格CIF广州45港元/箱，境内按申报价格销售，利润率10%。海关审核单证发现合同规定：货售完后，买方须将销售利润的20%返还卖方。海关认定该成交价格受到影响，不予接受其申报价格。

3. 在海关估价过程中，海关要启动价格质疑和价格磋商两大程序，其中，

价格磋商程序适用于成交价格法，而价格质疑程序适用于非成交价格法。

（五）案例解析题

进口商为A有限公司，供货商为S跨国股份有限公司。A有限公司为S跨国股份有限公司在我国的子公司。

进口商A有限公司于2015年1月20日首次向某海关申报进口氯乙烯（以下简称VCM）2 700吨，申报单价为CIF 680美元/吨，进口商提供了合同、发票、提单等单证。合同为2014年9月1日到2017年12月31日的长期合约，根据合约的规定，进口商每月购进2 000～5 000吨VCM。买卖双方约定价格：CIF VCM＝300美元/吨（乙烯）＋285美元/吨（二氯乙烷）＋95美元/吨（运费及保险费）。乙烯采用的是某石油股份有限公司出售给S跨国股份有限公司的价格减去8美元。二氯乙烷由“HARRIMAN”杂志中CIF亚洲的平均价格计算。加工费与运费的和为固定值115美元/吨。对于计价期，合同中规定为“以前一个月的价格为计算基础”。从其作价公式分析，其价格为典型的跨国公司内部转移定价。

海关审价人员对比申报时期国际行情进口我国VCM均价：FOB 710美元/吨，平均运费60美元/吨，保险费无法确定。进口韩国或东南亚VCM的价格为CIF 750～775美元/吨，认为其申报价格偏低。海关制发“价格质疑通知书”，质疑理由：买卖双方存在特殊关系，且可能对成交价格有影响。企业填写“价格申报单”证明买卖双方之间为子母公司。企业说明，该VCM报价仅适用于S有限公司，而其他公司与母公司订货时，价格另议。（美元对人民币汇率1∶6.8）

请用本章学到的海关估价知识分析，该批VCM完税价格应为多少人民币？

第 3 章　关税征纳的第二个工作过程（一）：原产地规则

学习目标

了解原产地规则的起源，理解制定国际统一原产地规则的作用和意义，掌握原产地规则内容和确定货物原产地的标准，掌握非优惠原产地规则与优惠原产地规则的相同点与不同点。

关税税则又称海关税则、关税税率表，是指一国制定和公布的对进出其关境的货物征收关税的条例和税率的分类表。关税税则分为单式税则和复式税则两种，目前，国际上多数国家（包括我国）均采用复式的关税税则，即同一税则号列（商品编码）存在不同的关税税率。如表 3-1 所示。

表 3-1　复式税则税率表

税目		税栏		
税则号列	商品名称和规格	普通税率（%）	最惠国税率（%）	特惠税率（%）
3301	天然的植物香料	15	12	8
6402. 19	橡胶运动鞋	20	15	6
4106. 40	鳄鱼皮革	18	14	9

复式税则中的复式税率栏目，主要是针对产地而设计的，同一个编码下的进出口货物，其产地不同税率可能不同。在 WTO 的允许下，享受双边或区域合作成果，执行优惠关税税率，已经被各国海关广泛使用。所以，确定进出口货物的原产地，进而选择合适的关税税率，是关税征纳的第二个工作过程，而掌握进出口货物的原产地规则是此工作过程的首要环节。

原产地规则（Rules of Origin），系指任一国家或地区为确定货物原产地而实施的法律、规章和普遍适用的行政命令。简而言之，是确定货物原产地的法规。货物的原产地被形象地称为商品的“经济国籍”。

3.1 原产地规则的起源

原产地规则是确定进出口货物原产国的标准和方法，是确定货物适用关税税率的重要依据。货物的原产地规则起源于 20 世纪 70 年代初期，发达国家对发展中国家的出口货物给予普遍的关税优惠待遇，即在普惠制广泛实施下产生的，进一步说，原产地规则是在普惠制的基础上确立的。

相关链接

普惠制（Generalized System of Preferences，缩写为 GSP）

普惠制又称普遍优惠制，是发达国家给予发展中国家出口制成品和半制成品的一种普遍的、非歧视的、非互惠的关税优惠制度。这项制度从 1968 年联合国第二届贸易与发展会议上通过普惠制决议起宣告建立，至今已在世界范围内实施了 40 余年。目前，世界上已有 100 多个发展中国家和地区享受普惠制待遇，给惠国或地区也已达到 30 多个国家或地区，包括美国、欧盟、日本、加拿大、澳大利亚、新西兰等发达国家或地区。随着中国经济发展和在加入 WTO 时的承诺，我国也加入给惠国行列，目前，在关税税率方面已经给予了 40 多个发展中国家或地区特惠税率待遇。

普惠制具体实施方案由各给惠国分别制定，给惠商品的范围是列入给惠商品清单的，包括工业制成品、半制成品和部分的农产品。优惠关税幅度一般为最惠国税率与普惠制税率之间的差额。由于普惠制优惠幅度较大，范围较广，为了确保普惠制待遇只给予发展中国家和地区生产和制造的产品，各给惠国都把确定进口货物的原产国作为海关监管的一项重要内容。

关于货物的原产地确定问题，对于各国生产初级产品或者开采的原料而言，其实并不复杂，但是随着国际经济技术合作的领域不断拓展、程度不断加深，各国生产分工也越来越细，跨国生产制造产品的越来越多，有的产品甚至经过多个国家的生产加工才最终完成，这就使得确定货物原产地的依据变得复杂起来。譬如，中国香港地区企业用中国台湾地区的原料纺成纱线，运到日本织成棉织布，再运到越南做成睡衣，睡衣在中国香港地区包装、挂牌后进口到中国内地销售，此时如何确定原产地？对那些跨国和跨地区生产或加工的进口货物，不能简单判定原产地，需要制定出明确的、能够普遍适用的原产地规则和判别标准。

为了建立一个公正、透明、简化、一致的原产地规则，《关税与贸易总协定》（General Agreement on Tariffs and Trade，简称 GATT）与海关合作理事会（Customs Co-operation Council）曾做过长期不懈的努力。海关合作理事会于 1973 年在日本京都制定了《1973 年简化和协调海关手续的国际公约》（又称《京都公约》），其主要内容是海关手续问题，也包括了原产地规则。但是，当时加入公约的国家只有 40 多个，而且公约没有建立起统一的原产地规则，只规定了供成员国自由选择或参照的标准条款和建议条款，各成员国仍分别制定本国的原产地规则。1986 年在《关税与贸易总协定》（GATT）“乌拉圭回合”的多边贸易谈判中，非关税措施谈判组又将原产地规则问题列入重要议题。经各有关方面的共同努力，终于在乌拉圭回合结束的 1993 年通过了《原产地规则协议》（Agreement on Rules of Origin）。该协议是《关税与贸易总协定》（GATT）多边贸易体制内第一个关于原产地规则的国际协议，对简化、协调、统一国际的原产地规则起到了积极的推动作用。1994 年，世界贸易组织（WTO）取代了《关税与贸易总协定》（GATT）正式宣告成立，随后在其下属组织货物贸易理事会（The Council for Trade in Goods）中专门下设了原产地规则委员会，旨在加强原产地规则的国际协调和趋同。

相关链接

原产地规则应用范围

原产地规则已被广泛应用于国际贸易的许多范畴，诸如：

（1）贸易统计：便于联合国、世界贸易组织等国际机构及各国的国别贸易统计和分析，便于区分货物的原产国、转口流通及最终进口消费等。

（2）差别关税的计征：各国为了政治、经济权益的需要，都对外实施“多栏制”的差别关税待遇。各国海关依据进口货物的原产地计征不同税

相关链接

率的关税。

(3) 地区经济一体化的互惠措施：20 世纪 80 年代以来，国际经济的一体化进程加快，以关税同盟（如欧盟 EU）与自由贸易区（如北美自由贸易区 NAFTA）为主要表现形式。在成员国之间享受减免关税待遇，并减少非关税壁垒。为了区分货物是否原产于成员国，由此产生了关税同盟与自由贸易区内部通行的原产地规则。

(4) 进口配额的管理：根据双边协议或多边协议的安排，不少国家，尤其是发达国家对敏感性产品（如纺织品、服装、汽车、机电产品），实施进口配额限制，并制定了相应的原产地规则，以确定进口货物的来源。

(5) 反倾销（反补贴）诉案的审理：如何确定货物的国内市场价格，货物究竟原产于何国，则是"反倾销"诉案调查审理的关键，势必要涉及原产地规则的运用，以防止原产国通过第三国向进口国倾销或通过在进口国"就地设厂、就地倾销"等规避行为的发生。

(6) 原产地标记的监管：有的国家（如美国）为了保护消费者的权益，规定每件原产于外国的货物及其包装必须附有原产地标记，以利于海关的监管和消费者的识别和选购。原产地标记的真实性、合法性则与原产地规则密切相关。

(7) 政府采购中货物的原产地判定：为了保护民族工业，维护国家经济利益，一些国家专门制定了原产地规则，旨在鼓励政府部门采购"国货"，抵制"舶来品"的冲击。

(8) 涉及濒危动植物的保护：根据《华盛顿公约》的规定，为了保护濒危动植物，对某些特定的货物，使用原料涉及濒危动植物的，做了原产地、品种和数量的限制。

3.2 原产地规则的主要内容

3.2.1 原产地规则的种类

从适用范围角度来看，世界贸易组织（WTO）将原产地规则划分为优惠原产地规则和非优惠原产地规则两种。

3.2.1.1　非优惠原产地规则

非优惠原产地规则是根据各国海关税则和贸易发展需要，由各国立法自主制定的，因此也称为自主性原产地规则。按照世界贸易组织（WTO）的规定，各国制定的非优惠原产地规则必须遵守最惠国待遇原则，即原产地标准要体现无差别地、普遍地、平等地对待所有 WTO 成员方的进口货物，适用的都是最惠国税率。随着世界贸易组织（WTO）对非优惠原产地规则协调工作的展开，在不久的将来，一个在 WTO 框架下统一的非优惠原产地规则将取代各国自主制定的非优惠原产地规则。

3.2.1.2　优惠原产地规则

优惠原产地规则是指一国为了实施国别优惠政策而制定的法律、法规，以优惠贸易协定为基础，通过双边或多边协议制定的特殊原产地认定标准，因此也称为协定原产地规则。优惠原产地规则具有很强的排他性，优惠范围仅限签署优惠贸易协定各签约国，其目的是促进签约国之间的贸易发展。优惠原产地规则有两种实施方式：一是通过自主方式授予（又称单边协议），如在普惠制（GSP）下对最不发达国家最优惠关税待遇；二是通过双边或多边贸易协议以互惠方式授予，如中国与东盟的框架协议，中国与北美的自由贸易协定，中国和巴基斯坦的自由贸易协定，等等。我国现已签署多个单边、双边和多边协议，所以其优惠原产地规则包括：

（1）《亚太贸易协定》。《亚太贸易协定》的全称为《亚洲及太平洋经济和社会理事会发展中国家成员国关于贸易谈判的第一协定》，其前身是 1975 年在联合国亚太经合组织主持下在泰国曼谷达成的协定（故简称《曼谷协定》）。适用的国家有韩国、斯里兰卡、印度、老挝、孟加拉国。相互享受协定关税待遇，其中从孟加拉国进口的商品，还享受我国给予的特殊优惠关税待遇。

相关链接

《亚太贸易协定》与《曼谷协定》

《亚太贸易协定》的前身为《曼谷协定》，我国于 2001 年 5 月加入《曼谷协定》。2005 年年底，在北京召开的《亚太贸易协定》第一届部长级理事会上，《曼谷协定》正式更名为《亚太贸易协定》。目前，协定成员国包括中国、韩国、印度、斯里兰卡、孟加拉国和老挝 6 国。《亚太贸易协定》并不是《曼谷协定》的简单更名。虽然成员国数量没有增加，但和《曼谷协定》相比，各成员国降税清单均有大幅度增加，如印度、韩国、斯里兰卡的降税产

相关链接

品分别比原清单增加了2倍、5倍和0.5倍。此前，由于孟加拉国为最不发达国家，一直未向我国提供关税减让表，故我国未对其签发《曼谷协定》原产地证明书。而在《亚太贸易协定》中增加了孟加拉国的关税减让清单。目前，我国对成员国出口量较大而又具备签证潜力的产品有：羊毛或细毛动物制的针织或编织手套（HS编码61169100），化纤制男士或男童大衣、短风衣、防风夹克（HS编码68042100），电动机、发电机（HS编码85021100），扬声器（HS编码85181000、85182100、85182200），白炽灯，荧光灯（HS编码85392290），等等。自2006年9月1日起，各地原出入境检验检疫局对出口至《亚太贸易协定》成员国的降税清单内的货物签发《亚太贸易协定》优惠原产地证明书。该协定为我国出口企业提供了新的商机。

（2）《中国—东盟全面经济合作框架协议》。《中国—东盟全面经济合作框架协议》的全称为《中华人民共和国与东南亚国家联盟全面经济合作框架协议》，适用的是东盟10国：泰国、新加坡、马来西亚、印度尼西亚、文莱、菲律宾、越南、缅甸、老挝、柬埔寨。按协议规定我国与东盟10国相互给予协定关税待遇。其中柬埔寨、缅甸、老挝另有三个《换文》，这三个《换文》是指《中国向柬埔寨提供特殊优惠关税待遇的换文》《中国向缅甸提供特殊优惠关税待遇的换文》《中国向老挝提供特殊优惠关税待遇的换文》，按这三个《换文》规定，柬埔寨、缅甸和老挝三国还享受我国给予特殊优惠关税待遇。此外，根据《中国—东盟全面经济合作框架协议》对原产于东盟10个国家的若干商品可执行中国—东盟自由贸易区“早期收获”条款，即各缔约国之间可以在该协议基础上进行双边协商，提前实现该协议规定的内容。

相关链接

《中泰蔬菜水果协议》

按照《中国—东盟全面经济合作框架协议》“早期收获”条款规定，中国与泰国于2003年6月18日正式签署《中华人民共和国政府与泰王国政府关于在〈中国—东盟全面经济合作框架协议〉“早期收获”方案下加速取消关税的协议》（以下简称《中泰蔬菜水果协议》），此协议规定2003年10月1日开始实施中泰蔬菜水果零关税安排。对于国内消费者而言，《中泰蔬菜水果协议》的直接感受是产自泰国的水果多了，价格便宜了。

（3）CEPA。CEPA是《内地与香港关于建立更紧密经贸关系的安排》和《内地与澳门关于建立更紧密经贸关系的安排》（以下统称《安排》）的简称，CEPA的英文表述为：Closer Economic Partnership Arrangement，其含义是紧密经贸安排协定。《安排》分别于2003年6月29日和2003年10月17日由中华人民共和国商务部与香港特别行政区和澳门特别行政区的财政司签署。《安排》规定：对原产于香港和澳门的一定税目下商品实行零税率待遇。CEPA的实施是渐进的，并通过补充协议不断加以完善。目前，CEPA补充协议十已经由双方签署完成。

（4）中华人民共和国海关关于最不发达国家特别优惠关税待遇。我国最早的特别优惠关税原产地规则起源于对非洲最不发达国家的特惠规定。2003年，在中非合作论坛第二届部长级会议上，我国政府作出将“进一步开放市场，对非洲最不发达国家部分商品进入中国市场给予免关税待遇”的重要承诺。为了配合落实这一优惠政策，海关总署拟定了对非洲受惠国适用的原产地规则，并经与非洲25个最不发达国家实现双边换文确认。在此基础上，海关总署也以海关总署令的形式对外公布了《中华人民共和国海关关于执行〈中华人民共和国给予非洲最不发达国家特别优惠关税待遇的货物原产地规则〉的规定》（以下简称《对非洲特惠规定》），并于2005年1月1日起实施。2005年9月，我国政府再次对外宣布，中国决定给予所有与我国建交的最不发达国家部分商品零关税待遇。上述决定表明我国将进一步落实联合国普惠制的规定，履行其责任，承担其义务。根据上述决定，海关总署在《对非洲特惠规定》基础上作了大幅修改，范围扩大到包括亚洲和非洲的33个国家，并与新增受惠国换文确认了适用的原产地规则。2008年继续扩展到老挝、埃塞俄比亚、阿富汗等亚洲和非洲的41个联合国认定的最不发达国家。按照国内立法要求，海关总署公布《中华人民共和国海关特别优惠关税待遇进口货物原产地管理办法》（海关总署令第149号），自2006年7月1日起施行，从而形成新的特别优惠关税项下的原产地认定标准，并取代原有中非特别优惠原产地认定标准。

2017年3月1日，海关总署公布《中华人民共和国海关关于最不发达国家特别优惠关税待遇进口货物原产地管理办法》（海关总署令第231号），自2017年4月1日起施行，从而形成新的特别优惠关税项下的原产地认定标准，原有的原产地认定标准同时废止。

相关链接

中国给予特惠关税税率国家名单：（截至 2017 年 3 月）

苏丹、安哥拉、赤道几内亚、利比里亚、赞比亚、莫桑比克、贝宁、刚果（金）、几内亚、马达加斯加、毛里塔尼亚、坦桑尼亚、乌干达、多哥、卢旺达、埃塞俄比亚、马里、中非、布隆迪、塞拉利昂、吉布提、厄立特里亚、莫桑比克、苏丹、佛得角、尼日尔、莱索托、科摩罗、几内亚比绍、塞内加尔、马拉维、阿富汗、马尔代夫、也门、萨摩亚、瓦努阿图、柬埔寨、缅甸、斯里兰卡、孟加拉国。（共 40 个国家）

（5）《中巴优惠贸易安排》。《中华人民共和国政府与巴基斯坦伊斯兰共和国政府优惠贸易安排》（以下简称《中巴优惠贸易安排》）。中华人民共和国和巴基斯坦伊斯兰共和国于 2003 年 11 月 3 日在北京签订的优惠贸易安排框架下的双边贸易关税减让，简称《中巴优惠贸易安排》。根据《中巴优惠贸易安排》中相关条款的规定，自 2004 年 1 月 1 日起，海关对原产于巴基斯坦的进口货物，将按照《中华人民共和国进出口税则》（以下简称《税则》）中列明的税目所对应的《亚太贸易协定》税率征收关税。为了贯彻《中巴优惠贸易安排》中的相关规定，2007 年 5 月 29 日经海关总署署务会议审议通过了《中华人民共和国海关〈中华人民共和国政府与巴基斯坦伊斯兰共和国政府自由贸易协定〉项下进口货物原产地管理办法》（海关总署令第 162 号），自 2007 年 7 月 1 日起施行。此办法规定，从巴基斯坦直接运输进口的货物，符合认定标准的，其原产地为巴基斯坦，适用《税则》中的《中巴优惠贸易安排》税率。

（6）《中国—智利自由贸易协定》。《中华人民共和国政府与智利共和国政府自由贸易协定》（以下简称《中国—智利自由贸易协定》）。中国与智利于 2005 年 11 月正式签署《中国—智利自由贸易协定》，并于 2006 年 10 月 1 日开始实施。智利作为与中国第一个签署自由贸易区协定的南美国家，在关税方面我国给予多方面的优惠待遇。我国从智利进口及我国出口到智利的《中国—智利自由贸易协定》项下货物，将按照海关总署公告 2006 年第 55 号（《关于〈中华人民共和国与智利共和国政府自由贸易协定〉原产地规则及相关程序》）和海关总署令第 224 号（《海关总署关于修改〈中华人民共和国海关《中华人民共和国与智利共和国政府自由贸易协定》项下进口货物原产地管理办法〉的决定》）确定原产地，并适用《中国—智利自由贸易协定》规定的优惠关税。

（7）《中国—新西兰自由贸易协定》。《中国—新西兰自由贸易协定》的全称是《中华人民共和国政府和新西兰政府自由贸易协定》。2008年4月7日，中国与新西兰在北京正式签署《中国—新西兰自由贸易协定》，协定要实现的目标是：新西兰在2016年1月1日前取消全部来自中华人民共和国进口产品的关税，中华人民共和国在2019年1月1日前取消绝大部分来自新西兰进口产品关税。这是我国与发达国家签署的第一个自由贸易协定，为我国同其他国家，包括发达国家谈判自由贸易区积累了经验。按照《中华人民共和国海关〈中华人民共和国政府和新西兰政府自由贸易协定〉项下进出口货物原产地管理办法》（海关总署令第175号），规定《中国—新西兰自由贸易协定》项下的原产地认定标准。

（8）《中国—新加坡自由贸易协定》。2008年10月23日，中国和新加坡正式签订该协定，其全称为《中华人民共和国政府和新加坡共和国政府自由贸易协定》。该协定涵盖了货物贸易、服务贸易、人员流动、海关程序等诸多领域，是一份内容全面的自由贸易协定。双方在中国—东盟自贸区的基础上，进一步加快了贸易自由化进程，拓展了双边自由贸易关系与经贸合作的深度与广度。根据该协定，新加坡承诺在2009年1月1日取消全部自华进口产品关税；中国承诺在2012年1月1日前对97.1%的自新加坡进口产品实现零关税。双方还在医疗、教育、会计等服务贸易领域做出了优惠于WTO的承诺。

（9）《中国—秘鲁自由贸易协定》。《中国—秘鲁自由贸易协定》于2009年4月由中国和秘鲁两国政府正式签署，并经国务院批准自2010年3月1日起实施。协定项下的《中华人民共和国政府和秘鲁共和国政府自由贸易协定原产地规则及与原产地相关的操作程序》（海关总署公告〔2010〕13号）同期执行。

（10）《海峡两岸经济合作框架协议》。《海峡两岸经济合作框架协议》的英文为Economic Cooperation Framework Agreement，简称ECFA。2010年9月11日，海峡两岸关系协会和财团法人海峡交流基金会完成换文程序，同意于2010年9月12日起实施。其基本内容涵盖海峡两岸之间的主要经济活动，包括货物贸易和服务贸易的市场开放、原产地规则、早期收获计划、贸易救济、争端解决、投资和经济合作等。今后按业务议题进行协商，海峡两岸还交换了税则和有关经济管理规定与统计数据等。

（11）《中国—哥斯达黎加自由贸易协定》。《中华人民共和国政府和哥斯达黎加共和国政府自由贸易协定》（简称《中国—哥斯达黎加自由贸易协定》）自2011年8月1日起正式实施。《中国—哥斯达黎加自由贸易协定》是中国与中美洲国家签署的第一个一揽子自由贸易协定，一定程度上对中国撬动北美和南美市场具有杠杆作用。在货物贸易方面，中哥双方将对各自90%以上的产品分阶段实施零关税，中国的纺织原料及制品、轻工、机械、电器设备、蔬菜、水果、汽车、化工、生毛皮及皮革等产品和哥斯达黎加的咖啡、牛肉、猪肉、菠萝汁、冷冻橙汁、果酱、鱼粉、矿产品、生皮等产品将从降税安排中获益。在服务贸易方面，在各自对世贸组织承诺的基础上，哥斯达黎加有45个服务部门进一步对中国开放，中国则在7个部门对哥斯达黎加进一步开放。与此同时，双方还在原产地规则、海关程序、技术性贸易壁垒、卫生和植物卫生措施、贸易救济、知识产权、合作等众多领域达成广泛共识。

（12）《中国—冰岛自由贸易协定》。《中华人民共和国政府和冰岛政府自由贸易协定》（简称《中国—冰岛自由贸易协定》），自2014年7月1日起正式实施，该协定涵盖领域较广。其中，在货物贸易方面，双方最终实现零关税的产品，按税目数衡量均接近96%，按贸易量衡量均接近100%。特别值得注意的是，双方还就服务贸易作出了高于WTO的承诺，并对投资、自然人移动、卫生与植物卫生措施、技术性贸易壁垒、原产地规则、海关程序、竞争政策、知识产权等问题作出了具体规定。作为中国与欧洲国家签署的第一个自由贸易协定，《中国—冰岛自由贸易协定》不仅能有力推动双边经贸关系的持续健康发展，也为中冰关系的长远发展注入了巨大活力，对深化中欧经贸合作具有重要意义。

（13）《中国—瑞士自由贸易协定》。2013年7月6日，中瑞双方签署了《中华人民共和国和瑞士联邦自由贸易协定》（简称《中国—瑞士自由贸易协定》），该协定自2014年7月1日起正式实施，这是中国与欧洲大陆和世界经济20强国家达成的首个自由贸易协定。该协定不仅涵盖货物贸易、服务贸易，而且包含环境保护、劳工就业、知识产权、市场竞争等新时期的新议题。双方同意给予对方绝大多数产品零关税或低关税待遇，并推进服务贸易自由化和便利化进程。

（14）《中国—韩国自由贸易协定》。《中华人民共和国政府和大韩民国政府自由贸易协定》（简称《中国—韩国自由贸易协定》），自2015年12月20日起正式实施。《中国—韩国自由贸易协定》范围涵盖货物贸易、服务贸易、投资和规则等17个领域，包含电子商务、竞争政策、政府采购、环境等“21世纪经贸议题”。在关税减让方面，《中国—韩国自由贸易协定》达成后，经过最长20年的过渡期，中方实现零关税的产品将达到税目的91%、进口额的

85%，韩方实现零关税的产品将达到税目的92%、进口额的91%。另外，包括产自朝鲜开城工业园区的产品在内的共310项品目获得韩国原产地资格，在《中国—韩国自由贸易协定》生效后可立刻享受关税优惠。

（15）《中国—澳大利亚自由贸易协定》。2015年6月17日，中国和澳大利亚正式签署了《中华人民共和国政府和澳大利亚政府自由贸易协定》（简称《中国—澳大利亚自由贸易协定》），该协定于2015年12月20日起正式实施并第一次降税，2016年1月1日第二次降税。《中国—澳大利亚自由贸易协定》在内容上涵盖货物、服务、投资等十几个领域，实现了“全面、高质量和利益平衡”的目标，是我国与其他国家迄今已商签的贸易投资自由化整体水平最高的自由贸易协定之一。

（16）《中国—格鲁吉亚自由贸易协定》。2017年5月13日，中国与格鲁吉亚签署了《中华人民共和国政府和格鲁吉亚政府自由贸易协定》（简称《中国—格鲁吉亚自由贸易协定》），是我国在欧亚地区完成的第一个自由贸易协定谈判。该协定涵盖货物贸易、服务贸易、原产地规则、海关程序和贸易便利化、卫生与植物卫生措施、技术性贸易壁垒、贸易救济、知识产权和合作领域等17个章节。在开放水平方面，格鲁吉亚对中国96.5%的产品立即实施零关税，覆盖格鲁吉亚自中国进口总额的99.6%；中国对格鲁吉亚93.9%的产品实施零关税，覆盖中国自格鲁吉亚进口总额的93.8%，其中90.9%的产品（42.7%的进口总额）立即实施零关税，其余3%的产品（51.1%的进口总额）降税过渡期为5年。

3.2.1.3 认定标准

从认定进口货物的原产地角度，有两个认定标准：其一，认定进口货物是否完全在一个国家（地区）获得或生产制造，称为完全获得标准（Wholly Obtained Standard）；其二，认定进口货物经过几个国家（地区）加工和制造后的原产地，称为实质性改变标准（Substantial Transformation Standard）。无论是优惠原产地规则还是非优惠原产地规则，其原产地都是通过这两大标准最终加以确定。由于优惠原产地规则是用于认定进口货物是否享有比最惠国税率更优惠税率的依据，所以，各国（地区）往往制定比非优惠原产地规则更为严格的标准。此外，各国（地区）为了防止此类规则被滥用或规避，优惠原产地规则都包含货物直接运输条款。

3.2.2 完全获得标准

完全获得标准（Wholly Obtained Standard）是指完全在该国（地区）获得

或使用该国（地区）原料、零部件生产制造的产品。WTO 的《原产地规则协议》对完全获得标准作了较明确的规定，以适用所有世界贸易组织成员方或地区，称为非优惠原产地规则的完全获得标准。而对于优惠原产地规则而言，虽然完全获得标准是由双边或多边协议而定，但仍然是以 WTO 的《原产地规则协议》为依据而制定的。

3.2.2.1　非优惠原产地规则的完全获得标准

包括：

（1）该国（地区）出生或饲养的活动物；

（2）该国（地区）邻地狩猎或捕捞的动物；

（3）该国（地区）的活动物获得未经加工的物品；

（4）该国（地区）收获的植物和植物产品；

（5）该国（地区）采掘的矿物；

（6）该国（地区）获得的除上述第（1）至第（5）项范围之外的其他天然生成的物品；

（7）在该国（地区）生产过程中产生的只能变弃置或者回收用作材料的废碎料；

（8）在该国（地区）收集的不能修复或者修理的物品，或者从该物品中回收的零件或者材料；

（9）由合法悬挂该国（地区）旗帜的船舶从其领海以外海域获得的海洋捕捞物和其他物品；

（10）在合法悬挂该国（地区）旗帜的加工船上加工上述第（9）项所列物品获得的产品；

（11）从该国（地区）领海以外享有专有开采权的海床或者海床底土获得的物品；

（12）在该国（地区）完全从上述第（1）至第（11）项所列物品中生产的产品。

关于动物的完全获得标准应注意把握如下两个要点：

（1）人工饲养动物和野生动物有不同要求。人工饲养的动物要求是在该国（地区）出生的，且还必须是活动物；野生的动物则只要求是在该国（地区）狩猎或捕捞的动物即可，至于是否是在该国（地区）出生的，是否是活动物并不在标准之内。

（2）从动物中获得物品有两个条件：其一，必须是从活动物中获得的，如鸡蛋、牛奶、羊毛等，而猪肉或牛肉就不符合标准；其二，必须是未经加工的物品，如鸡蛋和羊毛是符合未经过加工的要求，而蛋糕和羊毛衫就不符合要求。

关于合法悬挂该国（地区）国旗的船舶是指在该国（地区）公司注册并为该国（地区）公司服务的外国船舶。按国际惯例，凡是在某一国（地区）公司注册并为该国（地区）公司服务的海洋作业船，相当于取得该国（地区）船籍，取得该国（地区）船籍必须悬挂该国（地区）国旗。

完全获得标准是不能经过加工的物品，但是为包装和运输而进行加工是允许的。

3.2.2.2　《亚太贸易协定》下的完全获得标准

作为优惠原产地规则的《亚太贸易协定》下的完全获得标准是指完全在某一个受惠国获得或生产的货物，获得或生产该货物的受惠国为该货物的原产国。“完全在某一受惠国获得或生产的货物”包括：

（1）该国领土或领海开采的矿产品；

（2）该国领土或领海收获或采集的植物产品；

（3）该国领土出生和饲养的活动物及从其所得产品；

（4）该国领土或领海狩猎或捕捞所得的产品；

（5）由该国船只在公海捕捞的水产品和其他海洋产品；

（6）该国加工船加工的前述第（5）项所列物品所得的产品；

（7）在该国收集的仅适于原材料回收的废旧物品；

（8）该国加工制造过程中产生的废碎料；

（9）该国利用上述第（1）至第（8）项所列产品加工所得的产品。

《亚太贸易协定》原产地的完全获得标准与非优惠原产地的完全获得标准相比，有两点不同：其一，在数量上，《亚太贸易协定》的原产地完全获得标准只有8项，比非优惠原产地的完全获得标准的实施范围要小；其二，在共同拥有标准中，《亚太贸易协定》原产地的完全获得执行标准相对较为严格，如船只捕捞的海洋产品标准，非优惠原产地规定只要是悬挂国旗，在其领海以外捕捞就可以认定，但是《亚太贸易协定》原产地规定必须本国船只在公海捕捞的海洋产品。

3.2.2.3　《中国—东盟全面经济合作框架协议》下的完全获得标准

同样作为优惠原产地规则的《中国—东盟全面经济合作框架协议》下的完全获得标准是指“完全在一成员方获得或生产”的产品。其具体标准如下：

（1）在该成员国收获、采摘或收集的植物及植物产品；

（2）在该成员国出生及饲养的活动物；

（3）在该成员国从上述第（2）项活动物中获得的产品；

（4）在该成员国狩猎、诱捕、捕捞、水生养殖、收集或捕获所得的产品；

（5）从该成员国领土、领水、海床或海床底土开采或提取的除上述第（1）至第（4）项以外的矿物质或其他天然生成的物质；

（6）在该成员国领水以外的水域、海床或海床底土获得的产品，但该成员国须按照国际法规定有权开采上述水域、海床及海床底土；

（7）在该成员国注册并悬挂该成员国国旗的船只在公海捕捞获得的鱼类及其他海产品；

（8）在该成员国注册或悬挂该成员国国旗的加工船上仅加工及/或制造上述第（7）项产品所得的产品；

（9）在该成员国收集的既不能用于原用途，也不能恢复或修理，仅适用于用作弃置或原材料部分品的回收，或者仅适用于作再生用途的物品；

（10）仅用上述第（1）至第（9）项所列产品在一成员国加工获得的产品。

对于原产地的完全获得标准，《中国—东盟全面经济合作框架协议》《亚太贸易协定》、非优惠原产地规则三者相比，条件依次有所放宽。譬如，船只捕捞的海洋产品标准，《亚太贸易协定》原产地规定必须本国船只在公海捕捞的海洋产品，《中国—东盟全面经济合作框架协议》放宽到悬挂该成员国国旗的船只但必须在公海捕捞的海洋产品，非优惠原产地规则进一步放宽到悬挂该成员国国旗的船只在其领海以外捕捞的海洋产品。

3.2.2.4 CEPA 项下的完全获得标准

CEPA 项下的完全获得标准是针对完全在一方获得的货物，其原产地为该方，这里所称“完全在一方获得的货物”是指：

（1）在该方开采或提取的矿产品；

（2）在该方收获或采集的植物或植物产品；

（3）在该方出生并饲养的活动物；

（4）在该方从本条第（3）项所指的活动物中获得的产品；

（5）在该方狩猎或捕捞所获得的产品；

（6）持该方牌照并悬挂国旗（就内地船只而言）或香港特别行政区区旗（就香港特别行政区船只而言）的船只在公海捕捞获得的鱼类和其

他海产品；

（7）在持该方牌照并悬挂国旗（就内地船只而言）或香港特别行政区区旗（就香港特别行政区船只而言）的船只上加工本条第（6）项所列产品中获得的产品；

（8）在该方收集的该方消费过程中产生的仅适于原材料回收的废旧物品；

（9）在该方加工制造过程中产生的仅适于原材料回收的废碎料；

（10）利用本条第（1）至第（9）项所列产品在该方加工所得的产品。

CEPA的完全获得标准参照并接近非优惠原产地规则的完全获得标准。

3.2.2.5 《中华人民共和国海关特别优惠关税待遇进口货物原产地管理办法》项下的完全获得标准

完全在受惠国获得或者生产的进口货物，其原产地为该受惠国，这里所称“完全在受惠国获得或者生产的进口货物”是指：

（1）在该受惠国采掘的矿产品；

（2）在该受惠国收获的植物和植物产品；

（3）在该受惠国出生并饲养的活动物；

（4）在该受惠国从本条第（3）项所指的动物中获得的产品；

（5）在该受惠国狩猎或者捕捞所获得的产品；

（6）在该受惠国注册或者合法悬挂该受惠国国旗的船只在其领海捕捞获得的鱼类和其他海产品；

（7）在该受惠国注册或者合法悬挂该受惠国国旗的加工船上加工本条第（6）项所列产品获得的产品；

（8）在该受惠国收集的该受惠国消费过程中产生的仅适于原材料回收的废旧物品；

（9）在该受惠国加工制造过程中产生的仅适于回收原材料的废碎料；

（10）利用本条第（1）至第（9）项所列产品在该受惠国加工所得的产品。

3.2.2.6 《中巴优惠贸易安排》完全获得标准

在巴基斯坦完全获得或者生产进口货物符合此标准。“在巴基斯坦完全获得或者生产”的货物是指：

（1）在巴基斯坦收获、采摘或者收集的植物及植物产品；

（2）在巴基斯坦出生和饲养的活动物；

（3）在巴基斯坦从本条第（2）项活动物获得的产品；

（4）在巴基斯坦狩猎、诱捕、捕捞、水生养殖、收集或者捕获所得的产品；

（5）从巴基斯坦领土、领水、海床或者海床底土开采、提取的除本条第（1）至第（4）项以外的矿物质或者其他天然生成的物质；

（6）从巴基斯坦按照国际法规定有权开发的该国领水以外的水域、海床或者海床底土获得的产品；

（7）在巴基斯坦注册的船只或者合法悬挂该国国旗的船只在公海捕捞获得的鱼类及其他海产品；

（8）在巴基斯坦注册的加工船或者合法悬挂该国国旗的加工船上仅使用本条第（7）项产品加工、制造的产品；

（9）在巴基斯坦从既不能用于原用途，也不能恢复或者修理的物品上回收的零件或者原材料；

（10）在巴基斯坦收集的既不能用于原用途，也不能恢复或者修理，仅适合弃置或者用作部分原材料的回收，或者仅适合做再生用途的物品；

（11）在巴基斯坦境内生产加工过程中产生的废碎料；

（12）仅用本条第（1）至第（11）项所列产品在巴基斯坦加工获得的产品。

3.2.2.7　《中国—智利自由贸易协定》项下的完全获得标准

下列货物应当视为在一缔约方的境内完全获得或生产：

（1）在中国或智利境内的土地或海床提取的矿产品；

（2）在中国或智利收获的植物和植物产品；

（3）在中国或智利出生并饲养的活动物；

（4）在中国或智利饲养的活动物中获得的产品；

（5）在中国或智利狩猎、诱捕或在内陆水域捕捞所获得的产品；

（6）在中国或智利的领海或专属经济区捕捞获得的鱼类和其他产品；

（7）悬挂中国或智利国旗的船只在专属经济区以外的海域捕捞获得的鱼类及其他产品；

（8）在悬挂中国或智利国旗的加工船上仅由第（6）项和第（7）项的产品加工所得的产品；

（9）在中国或智利收集的仅适用于原材料回收的旧物品；

（10）在中国或智利生产加工过程中产生且仅适用于原材料回收的废碎料；

（11）在中国或智利领海以外，该方独享开发权的海床或海床底土提取的产品；

（12）在中国或智利由上述第（1）至第（11）项所列产品加工获得的产品。

3.2.2.8　《中国—新西兰自由贸易协定》项下的完全获得标准

下列货物应当视为在新西兰境内完全获得或生产：

（1）在新西兰境内收获、采摘或者采集的植物产品；

（2）在新西兰境内出生并饲养的活动物；

（3）从新西兰境内饲养的活动物获得的货物；

（4）在新西兰境内狩猎、诱捕、捕捞、耕种、采集或者捕获获得的货物；

（5）从新西兰领土、领水、海床或者海床底土提取或者得到的，未包括上述第（1）至第（4）项的矿物质及其他天然生成物质；

（6）新西兰的自然人或者法人从其领水以外的水域、海床或者海床底土提取或者得到的货物，提取或者得到该货物的水域、海床或者海床底土应当是新西兰根据符合其缔结的相关国际协定可适用的国内法，有权开发的水域、海床或者海床底土；

（7）在新西兰注册或者登记，并悬挂或者有权悬挂其国旗的船只，在新西兰根据符合其缔结的相关国际协定可适用的国内法确定的领水、领海外的专属经济区或者公海得到的货物（鱼类、甲壳类动物、植物及其他海洋生物）；

（8）在新西兰注册或者登记，并悬挂或者有权悬挂其国旗的加工船上，完全用上述第（7）项所述货物加工或者制造的货物；

（9）在新西兰境内加工过程中产生的，仅适用于原材料回收的废碎料，或者在新西兰境内收集的仅适用于原材料回收的旧货；

（10）在新西兰境内完全从上述第（1）至第（9）项所指货物获得或者生产的货物。

3.2.2.9　《中国—新加坡自由贸易协定》项下的完全获得标准

下列货物应当视为在新加坡境内完全获得或生产：

（1）在其境内收获、采摘或收集的植物及植物产品；

（2）在其境内出生并饲养的活动物；

（3）在其境内从上述第（2）项活动物中获得的产品；

（4）在其境内狩猎、诱捕、捕捞、水产养殖、收集或捕获所得的产品；

（5）从其领陆、领水、海床或海床底土开采或提取的除上述第（1）至第（4）项以外的矿物或其他天然生成物质；

（6）在该方领水以外的水域、海床或海床底土获得的产品，只要按照国际法的规定，该方有权开发上述水域、海床及海床底土；

（7）在该方注册或有权悬挂该方国旗的船只在公海捕捞获得的鱼类及其他海产品；

（8）在该方注册或有权悬挂该方国旗的加工船上完全采用上述第（7）项的产品进行加工及/或生产所得的产品；

（9）在该方收集的既不能用于原用途，也不能恢复或修复，仅适于弃置或回收部分原材料，或者仅适于再生用途的物品；

（10）完全采用上述第（1）至第（9）项所列产品在该方生产或获得的产品。

3.2.2.10　《中国—秘鲁自由贸易协定》项下的完全获得标准

下列货物应当视为在一缔约方境内完全获得或生产：

（1）在中国或秘鲁出生并饲养的活动物；

（2）从中国或秘鲁饲养的活动物中获得的货物；

（3）在中国或秘鲁通过狩猎、诱捕、捕捞或水产养殖获得的货物；

（4）在中国或秘鲁注册或者登记，并依法悬挂中国或秘鲁国旗的船只，在一缔约方境外的海域获得的鱼类、甲壳类动物及其他海洋生物；

（5）在中国或秘鲁注册或者登记，并依法悬挂中国或秘鲁国旗的加工船上，完全用上述第（4）项所述货物加工所得的货物；

（6）在中国或秘鲁收获、采摘或收集的植物及植物产品；

（7）从中国或秘鲁的土地、水域、海床或海床底土提取的矿物质及其他天然生成物质；

（8）从中国或秘鲁境外的水域、海床或海床底土得到或提取的除鱼类、甲壳类动物及其他海洋生物以外的货物，只要缔约方有权对上述水域、海床或海床底土进行开采；

（9）从以下方面得到的废碎料：

①在中国或秘鲁的制造过程中得到，或者

②在中国或秘鲁收集的旧货，只要该废碎料仅适用于原材料回收；

（10）在中国或秘鲁完全从上述第（1）项至第（9）项所列货物生产的货物。

3.2.2.11　《海峡两岸经济合作框架协议》项下的完全获得标准

下列货物应认定为在一方完全获得：

（1）在一方出生并饲养的活动物；

（2）在一方从上述第（1）项所述活动物中获得的产品；

（3）在一方收获、采摘或采集的植物或植物产品；

（4）在一方狩猎、诱捕、捕捞、耕种、采集或捕获获得的货物；

（5）在一方采掘的矿物；

（6）一方在相关的水域、海床或底土获得的产品；

（7）在一方注册的加工船上，完全用上述第（6）项所述货物加工、制造的货物；

（8）在一方加工过程中产生且仅用于原材料回收的废碎料，或在一方消费后所收集且仅用于原材料回收的废品；

（9）在一方完全从上述第（1）项至第（8）项所述货物获得的货物。

3.2.2.12　《中国—哥斯达黎加自由贸易协定》项下的完全获得标准

下列货物应当视为在缔约一方或双方境内完全获得或生产：

（1）在缔约一方或双方境内出生并饲养的活动物；

（2）在缔约一方或双方境内从活动物中获得的产品；

（3）在缔约一方或双方境内收获、采摘或采集的植物及植物产品；

（4）在缔约一方或双方境内狩猎、诱捕、捕捞、水产养殖、耕种或捕获获得的货物；

（5）从缔约一方领土、水域、海床或底土提取或得到的矿物质及不包括在上述第（1）项至第（4）项内的其他天然资源；

（6）在缔约一方领海以外的水域、海床或底土提取的产品，只要该方根据符合其缔结的相关国际协定可适用的国内法，有权开发上述水域、海床或底土；

（7）在缔约一方的领海或专属经济区捕捞获得的鱼类及其他产品；

（8）在缔约一方注册或登记并悬挂或有权悬挂其国旗的船舶在公海捕捞获得的鱼类及其他产品；

（9）在缔约一方注册或登记并悬挂或有权悬挂其国旗的加工船上，完全用上述第（7）项、第（8）项所述货物加工及/或制造的货物；

（10）在中国或哥斯达黎加境内加工过程中产生的，仅适用于原材料回收的废碎料；或者在中国或哥斯达黎加境内收集的仅适用于原材料回收的旧货；

（11）在缔约一方或双方境内完全从上述第（1）项至第（10）项所述货物获得或生产的货物。

3.2.2.13 《中国—冰岛自由贸易协定》项下的完全获得标准

下列货物应当视为在一方境内完全获得：

（1）在一方境内的领土或者海床提取的矿产品；

（2）在一方收获的植物和植物产品；

（3）在一方出生并饲养的活动物；

（4）从上述第（3）项所述活动物中获得的产品；

（5）在一方狩猎、诱捕或者在内陆水域捕捞所获得的产品；

（6）在一方的领海捕捞获得的鱼类和其他产品；

（7）在一方登记注册且悬挂该方国旗的船只在一方的领海以外，包括在该方的专属经济区内，捕捞获得的鱼类及其他产品；

（8）在一方登记注册且悬挂该方国旗的加工船上仅由第（6）项和第（7）项的产品加工所得的产品；

（9）在一方的领海以外，该方独享开发权的海床或海床底土提取的产品；

（10）在一方收集的仅适用于原材料回收的旧货；

（11）在一方生产加工过程中产生且仅适用于原材料回收的废碎料；

（12）在一方由第（1）项至第（11）项所列产品加工获得的产品。

3.2.2.14 《中国—瑞士自由贸易协定》项下的完全获得标准

下列产品应当视为在缔约一方境内完全获得：

（1）从缔约一方领土、内水、领海、海床或底土提取或得到的矿物产品或其他无生命的天然生成物质；

（2）在缔约一方境内收获、采摘或采集的植物产品；

（3）在缔约一方出生并饲养的活动物及其产品；

（4）在缔约一方狩猎、诱捕、捕捞、采集、捕获或水产养殖获得的产品；

（5）在缔约一方的领海或专属经济区内由在该方注册并悬挂其国旗的船舶捕捞获得的鱼类和其他产品；

（6）在缔约一方注册并悬挂其国旗的船舶在公海捕捞获得的鱼类及其他产品；

（7）在缔约一方注册并悬挂其国旗的加工船上，完全用上述第（5）项及第（6）项所述产品加工、制造的产品；

（8）在缔约一方领海以外根据该方依照国际法制定的国内法拥有开发权的海床或底土提取的产品；

（9）在缔约一方制造过程中产生的仅适用于原材料回收的废碎料；

（10）在缔约一方收集的仅适于原材料回收的旧货；

（11）完全用上述第（1）至第（10）项所列产品在缔约一方加工获得的产品。

3.2.2.15　《中国—韩国自由贸易协定》项下的完全获得标准

下列货物应当视为在一缔约方完全获得或生产：

（1）在一缔约方出生并饲养的活动物；

（2）从上述第（1）项所述活动物中获得的产品；

（3）在一缔约方种植，并收获、采摘或采集的植物及植物产品；

（4）在一缔约方的陆地领土、内水或领海内狩猎、诱捕、捕捞、水产养殖、采集或捕捉获得的货物；

（5）从一缔约方陆地领土、领水及其海床或底土提取或得到的，未包括在上述第（1）项至第（4）项的矿物质及其他天然资源；

（6）在一缔约方领海以外的水域、海床或底土得到的货物，只要该缔约方有权开发上述水域海床或底土；

（7）由一缔约方注册或登记并悬挂其国旗的船舶在一缔约方领海以外的水域、海床或底土捕捞获得的鱼类及其他海洋产品；

（8）由一缔约方注册或登记并悬挂其国旗的加工船上，完全用上述第（7）项所述货物制造或加工的货物；

（9）在一缔约方制造或者加工过程中产生的，仅用于原材料回收或可用作另一货物生产材料的废碎料；或者在一缔约方收集的仅用于原材料回收的消费过的旧货；

（10）在一缔约方完全从上述第（1）项至第（9）项所指货物获得或生产的货物。

3.2.2.16　《中国—澳大利亚自由贸易协定》项下的完全获得标准

下列货物应当视为在一方领土内完全获得或生产：

（1）在一方领土内出生并饲养的活动物；

（2）在一方领土内从本条第（1）项所述的活动物获得的货物；

（3）在一方领土内通过狩猎、诱捕、捕捞、耕种、采集或抓捕直接获得的货物；

（4）在一方领土内收获、采摘或采集的植物及产品；

（5）在一方领土内提取或得到的未包括在上述本条第（1）至第（4）项的矿物质及其他天然生成物质；

（6）在该方领海以外的水域、海床或底土提取，除鱼类、甲壳动植物及其他海洋生物以外的货物，只要该方根据国际法及内有权开发上述水域、海床或底土；

（7）由在一方注册并悬挂该方国旗的船只在公海得到的货物（鱼类、甲壳动植物及其他海洋生物）；

（8）在一方注册并悬挂该方国旗的加工船上从上述本条第（7）项所述货物获得或生产的货物；

（9）由以下途径取得的废碎料：

①在一方领土内的生产过程中；或者

②在一方领土内收集的仅适用于原材料回旧货；

（10）在一方领土内完全从上述本条第（1）至第（9）项所指货物所生产的货物。

3.2.2.17 《中国—格鲁吉亚自由贸易协定》项下的完全获得标准

下列应当视为在一方完全获得：

（1）在一方出生并饲养的活动物；

（2）从第一项所述活动物中获得的产品；

（3）在一方种植，并收获、采摘或采集的植物产品；

（4）在一方狩猎、诱捕、捕捞、水产养殖、采集或捕获获得的货物；

（5）从一方领土、领水及其海床或海床底土提取或得到的，未包括在上述第（1）项至第（4）项内的矿物质或其他天然资源；

（6）在一方领水以外的水域、海床或海床底土提取的货物，只要该缔约方根据相关国际协定有权开发上述水域、海床或海床底土；

（7）由一方注册并悬挂其国旗的船舶在其领水以外海域获得的鱼类以及其他海洋产品；

（8）在一方注册并悬挂其国旗的加工船上，完全用上述第（7）项所述货物加工或制造的货物；

（9）在一方加工过程中产生的仅适用于原材料回收的废碎料；

（10）在一方收集的仅适用于原材料回收的旧货；

（11）全部在一方完全从上述第（1）项至第（10）项所列货物产生的货物。

下列微小加工或者处理不影响货物通过完全获得标准确定原产地：（1）为确保货物在运输或者贮存期间保持良好状态而进行的操作，如干燥、冷冻、通风、冷却及类似操作；（2）包括过滤、挑选、分级、筛选、分类、洗涤、切割、纵切、弯曲、卷绕或者展开在内的简单操作；（3）托运货物的拆解和组装；（4）包装、拆包或者重新打包的操作；（5）简单的装瓶、装罐、入瓶、入袋、进箱、装盒以及固定于硬纸板或者木板上等简单包装操作；（6）在产品或者其包装上粘贴或者印刷标志、标签、标识及其他类似的区别标记；（7）仅用水或者其他物质稀释，未实质改变货物的性质；（8）除大米外的谷物去壳、部分或者全部漂白、磨光及上光；（9）食糖上色或者形成糖块的操作。

上述完全获得标准都是基于WTO《原产地规则协议》而制定的，尽管执行尺度有宽严之差异，但没有本质的区别。

3.2.3 实质性改变标准

实质性改变标准（Substantial Transformation Standard），用于判定“非完全获得”货物的原产地，即含有进口成分、部分使用了进口的、包括来源不明的原材料或零部件制成的货物的原产地。实质性改变的又分税则归类改变、从价百分比制造和加工工序三个界定标准。

3.2.3.1 税则归类（税则号列）改变标准

该标准是指在产品经过加工过程后，使进口成分（原材料、部件）的税目分类编号（简称税则号列）发生变化，与制成品的税则号列不同（如进口棉花织成布），即可理解为变成另一种商品。当前绝大多数国家的海关关税税则中的税则号列采用的是《商品名称及编码协调制度》（The Harmonized Commodity Description and Coding System），简称“协调制度”，还可称为HS编码（我国也已采用）。HS编码是由《海关合作理事会的税则商品分类目录》（CCCN）和联合国《国际贸易标准分类》（SITC）发展而成。由4位品目和2~6位子目组成。当税则号列（HS编码）前4位品目发生改变，称为实质性改变。

举例：新加坡生产光盘在中国香港地区制成电影光碟运到内地，原产地是中国香港地区还是新加坡？

光盘HS编码前4位是8523，光碟HS编码前4位是8524，谁使8523变成8524？是中国香港地区，所以运往内地的电影光碟原产地是中国香港地区而不是新加坡。

可见，谁将税则号列（HS编码）前4位品目发生改变，谁就是原产地。

3.2.3.2 从价百分比标准

在从价百分比标准中的百分比有两种表示方法：一种是对进口成分规定

了最高百分比，即小于规定的比率；另一种是对加工成分规定了最低百分比，即大于等于规定的比率。本书建议采用后一种表示方法，即加工增值部分占加工后产品总价值的比率已超过规定比率及其以上，其加工国为原产地。

（1）非优惠原产地规则的从价百分比标准。我国对非优惠原产地规则规定比率是30%，其计算公式：

$$加工增值部分价值/加工后产品总价值 \times 100\% \geqslant 30\%$$

［公式3.2.3（1）］

其中：

加工增值部分 = 加工原料价值 + 组合零件价值 + 劳工价值 + 产品开发支出价值

（加工增值部分价值还可以表示为：工厂交货价 − 非该国/地区原材料价值）

加工后产品总价值 = 出口制成品的FOB（离岸）价格

如果在两个或两个以上国家都进行实质性加工，应以最后加工国家为原产地。

（2）《亚太贸易协定》从价百分比标准。《亚太贸易协定》规定：对于非完全在某一受惠国获得或生产的货物，如果对货物进行的最后加工制造工序在该国境内完成，而且用于制造的进口成分的价值（非原产于受惠国及产地不明的原材料、零部件等成分的价值）占进口货物离岸价格的比率不超过55%，则进行最后加工制造的受惠国即为该进口货物的原产国。

其公式是：

$$\frac{进口成分的价值}{加工后产品总价值} \times 100\% \quad < 55\% \text{（最高比率表示法）}$$

［公式3.2.3（2）］

其中：

进口成分的价值 = 非受惠国生产材料的价值 + 原产地不明的材料价值

加工后产品总价值 = 出口制成品的FOB（离岸）价格

由于进口成分的价值 + 加工增值价值 = 加工后产品总价值，为便于与非优惠原产地从价百分比标准相互比较，上述公式还可以转换为：

$$\frac{加工增值价值}{加工后产品总价值} \times 100\% \geqslant 45\% \text{（最低比率表示法）}$$

［公式3.2.3（3）］

对于来自《亚太贸易协定》成员国中最不发达受惠国（孟加拉国）进口的产品，在上述从价百分比基础上享受10个百分点的特别优惠，即百分比不超过 65%，或加工增值价值占加工后产品总价值比率大于或等于 35%。

（3）《中国—东盟全面经济合作框架协议》的从价百分比标准。《中国—东盟全面经济合作框架协议》规定，满足以下任一个百分比条件，称为发生实质性改变：

①原产于任一成员国的成分应不少于 40%（≥40%）。

②或者原产于一成员国境外（即非中国—东盟自由贸易区）的材料、零件或产物的总价值不超过所获得或生产产品离岸价格的 60%（<60%），且最后生产工序在成员国境内完成。

上述标准计算公式如下：

$$\frac{\text{进口成分的价值}}{\text{加工后产品总价值}} \times 100\% \quad <60\% \text{（最高比率表示法）}$$

［公式 3. 2. 3（4）］

其中：

进口成分的价值 = 非中国与东盟自由贸易区生产材料的价值 + 原产地不明的材料价值

加工后产品总价值 = 出口制成品的 FOB（离岸）价格

或

$$\frac{\text{加工增值价值}}{\text{加工后产品总价值}} \times 100\% \quad \geqslant 40\% \text{（最低比率表示法）}$$

［公式 3. 2. 3（5）］

加工增值价值 = 加工后产品总价值 － 进口成分的价值

③原产地累计。在确定原产地时，把几个国家作为一个经济区域，把这个区域内进行加工制造，产生的增值合并计算，来确定原产地的方法，称为原产地累计。累计加工增值部分占加工后产品总价值（FOB 价格）的比率已超过 40% 及其以上，其加工区域为原产地。

公式：

$$\frac{\text{累计加工增值价值}}{\text{加工后产品总价值}} \times 100\% \quad \geqslant 40\%$$

［公式 3. 2. 3（6）］

例如，新加坡的企业用日本产西装面料，原产地不明的纽扣，泰国设计式样，运到设在越南的工厂缝制成衣，再运到马来西亚烫压、定型，最后到新加坡包装，挂牌推向市场。由于新加坡、马来西亚、泰国、越南四国同属东盟成员，如果四国加工累计价值超过成衣推向市场后 FOB 价格的 40%，它的原产地就可认定为东盟，享有《中国—东盟全面经济合作框架协议》规定的优惠待遇。

（4）CEPA 从价百分比标准。完全在香港、澳门地区获得的原料、组合零件、劳工价值和产品开发支出价值的总和与出口制成品离岸价格（FOB）的比值，该比值大于或等于30%，并且产品最后的制造或者加工工序在香港、澳门地区完成的，应视为香港、澳门地区的产品。其计算公式与非优惠原产地的从价百分比标准相同。

（5）《中华人民共和国海关特别优惠关税待遇进口货物原产地管理办法》的从价百分比标准。在受惠国对非该国原产材料进行制造、加工后的增值部分不小于所得货物价值的40%。其计算公式如下：

$$\frac{\text{货物价格}-\text{非原产材料价格}}{\text{货物价格}}\times 100\% \geqslant 40\%$$

［公式3.2.3（7）］

其中，“货物价格”是指按照《海关估价协议》，在船上交货价格（FOB）基础上调整的货物价格。“非原产材料价格”是指按照《海关估价协议》确定的非原产材料的进口成本、运至目的港口或者地点的运费和保险费（CIF），包括不明原产地材料的价格。非原产材料由生产商在受惠国境内获得时，按照《海关估价协议》确定的成交价格，不包括将该非原产材料从供应商仓库运抵生产商所在地过程中产生的运费、保险费、包装费以及其他任何费用。

（6）《中巴优惠贸易安排》从价百分比标准。《中巴优惠贸易安排》从价百分比标准是指巴基斯坦原产成分的比率不低于40%的货物。

在计算原产成分时，应当适用下列公式：

$$\frac{\text{货物的船上交货价格（FOB）}-\text{非原产材料的价格}}{\text{货物的船上交货价格（FOB）}}\times 100\% \geqslant 40\%$$

［公式3.2.3（8）］

上述公式中，非原产材料的价格应当为下列两种价格之一：

①材料进口时的成本、保险费加运费价格（CIF）；

②最早确定的在巴基斯坦境内为使用不明原产地材料进行制造或者加工支付的价格。

（7）《中国—智利自由贸易协定》从价百分比标准。《中国—智利自由贸易协定》从价百分比标准是指智利共和国原产成分的比率不低于40%的货物。计算公式如下：

$$\frac{\text{货物的船上交货价格（FOB）}-\text{非原产材料的价格}}{\text{货物的船上交货价格（FOB）}}\times 100\% \geqslant 40\%$$

［公式3.2.3（9）］

智利共和国原产成分价格 = 货物的船上交货价格（FOB）- 非原产材料的价格。

其中，按照《海关估价协议》规定，非原产材料的价格是指在成本、保险费加运费价格（CIF）基础上调整的非原产材料的价值。但是该材料价值不应当包括将非原产材料从供应商的仓库运到生产商厂址的过程中所产生的运费、保险费、包装费及任何其他费用。

上述“从价百分比”的计算应当满足：①符合公认的《会计准则》及《海关估价协议》；②简单的稀释、混合、包装、装瓶、干燥、装配、分类或者装饰不应当视为实质性改变；③企业以达到符合上述实质性改变规定为目的的生产或者定价措施，不应当视为实质性改变；④在确定货物原产地时，货物制造过程中使用的能源、工厂、设备、机器和工具的原产地，以及未构成货物物质成分或者组成部件的材料的原产地，不影响货物原产地的确定；⑤与货物一起申报进口并在《税则》中与该货物一并归类的包装、包装材料和容器的原产地，以及正常配备的附件、备件、工具及介绍说明性材料的原产地，不影响货物原产地的确定。

（8）《中国—新西兰自由贸易协定》从价百分比标准。在新西兰境内，使用非新西兰原产材料生产的货物，符合《中国—新西兰自由贸易协定》项下产品特定原产地规则中该货物所对应的区域价值成分的，应当视为原产于新西兰的货物。在新西兰区域价值成分改变是指，新西兰区域价值成分的比率不低于10%的货物。计算公式如下：

$$\frac{\text{货物的船上交货价格（FOB）}-\text{非原产材料价格}}{\text{货物的船上交货价格（FOB）}}\times 100\% \geqslant 10\%$$

［公式3.2.3（10）］

其中，“非原产材料价格”，是指非新西兰原产材料的进口成本、运至目的港口或者地点的运费和保险费（CIF）。原产地不明的材料按照最早可以确定的在新西兰境内为该材料实付或者应付的价格，计入非原产材料价格；该原产地不明材料由货物生产商在新西兰境内获得时，从供应商仓库运抵生产商所在地的运费、保费、包装费及任何其他费用均不计入非原产材料价格。

（9）《中国—新加坡自由贸易协定》从价百分比标准。在新加坡境内，使用非新加坡原产材料生产的货物，符合《中国—新加坡自由贸易协定》项下产品特定原产地规则中该货物所对应的区域价值成分的，应当视为原产于新加坡的货物。在新加坡区域价值成分改变是指，新加坡区域价值成分的比率不低于40%的货物。计算公式如下：

$$区域价值成分 = \frac{货物的船上交货价格（FOB）-非原产材料价格}{货物的船上交货价格（FOB）} \times 100\% \geqslant 40\%$$

［公式 3.2.3（11）］

（10）《海峡两岸经济合作框架协议》从价百分比标准。在计算从价百分比标准标准时，其区域价值成分应依据下列公式计算：

$$\frac{货物的船上交货价格（FOB）-非原产材料价格}{货物的船上交货价格（FOB）} \times 100\%（百分比待定）$$

［公式 3.2.3（12）］

上述非原产材料的价格应以到岸价格（CIF）为基础进行确定。本规则所述的离岸价格（FOB）和到岸价格（CIF）应依据《海关估价协议》及公认会计原则进行核定。

3.2.3.3 制造和加工工序标准

制造或者加工工序标准：完成固定加工工序，就可视同符合实质性改变标准。这里所称的制造或者加工工序，是指在某一国家（地区）进行的赋予制造、加工后所得货物基本特征的主要工序。如冰激凌，不管奶制品和甜料来自何方，只要完成从奶制品—甜料—混合剂—冷冻工序，则可视同完成实质性改变。但是简单的稀释、混合、包装、装瓶、干燥、装配、分类或者装饰不应视为完成实质性加工。以符合实质性改变规定为目的的加工或者定价措施也不应当视为实质性加工。

在使用实质性改变标准确定货物的原产地时，货物生产过程中使用的、本身不构成货物物质成分，也不成为货物组成部件的下列材料，不影响货物原产地的认定：（1）燃料与能源；（2）工具、模具及铸模；（3）用于维护设备及厂房的备件和材料；（4）在生产中使用的，或者用于运行设备和厂房的润滑剂、润滑油、复合材料及其他材料；（5）手套、眼镜、鞋、衣服、安全设备和用品；（6）用于测试或者检验货物的设备、装置和用品；（7）催化剂和溶剂；（8）在货物生产过程中使用，虽然不构成该货物的组成部分，但能合理地表明其参与了该货物生产过程的任何材料。

3.2.4 直接运输标准

直接运输标准是优惠原产地规则下，为了防止此类规则被滥用或规避，各国在签署协议时所制定的货物直接运输条款。其中“直接运输”是指优惠贸易协定项下进口货物从该协定成员国或者地区直接运输到进口受惠国境内，途中未经过该协定成员国或地区以外的其他国家或地区。但是对有些协定成员国或地区，由于相隔路途遥远，完全不经过该协定成员国或地区以外的其他国家或地区可能不现实，为此，各国在制定货物直接运输条款时，略有差异。我国在制定直接运输标准如下：

3.2.4.1 《亚太贸易协定》直接运输标准

享受《亚太贸易协定》税率的进口货物应由受惠国直接运输进入中华人民共和国关境。“直接运输”是指下列情形之一：

（1）货物运输未经非受惠国关境；

（2）货物虽经过一个或几个非受惠国关境，但有充分理由证明过境运输完全出于地理原因或商业运输的要求，并能证明货物在运输过程中，未在非受惠国关境内使用、交易或消费，以及除装卸和为保持货物良好状态而接受的简单处理外，未经过任何其他处理。经过受惠国运输的货物适用《亚太贸易协定》协定税率时，顺应进口地海关的要求，进口货物收货人应提交过境海关签发的上述事项的证明或其他证明材料。

3.2.4.2 《中国—东盟全面经济合作框架协议》直接运输标准

下列情形应视为《中国—东盟全面经济合作框架协议》下，从出口成员国向进口成员国的直接运输：

（1）产品运输经过任何其他中国—东盟自由贸易区成员国境内；

（2）产品运输未经过任何非中国—东盟自由贸易区成员国境内；

（3）产品运输途中经过一个或多个非中国—东盟自由贸易区成员国境内，无论是否在这些国家转换运输工具或做临时储存，如果可证明：

①过境运输是由于地理原因或仅运输需要的考虑；

②产品未在这些国家进入贸易或消费领域；

③除装卸或其他为使产品保持良好状态的处理外，产品在这些国家未经任何其他操作。

此外，为了保证《中华人民共和国政府与泰王国政府关于在〈中国—东盟全面经济合作框架协议〉“早期收获”方案下加速取消关税的协议》（以下简称《中泰蔬菜水果协议》）的顺利实施，中华人民共和国海关总署发布《中华人民共和国政府与泰王国政府关于在〈中国—东盟全面经济合作框架协议〉“早期收获”方案下加速取消关税的协议》项下的货物原产地暂行规定（海关总署公告2003年第54号），制定《中泰蔬菜水果协议》项下的直接运输标准。享受《中泰蔬菜水果协议》的进口货物应由泰国直接运输进入中华人民共和国关境。下列3种情形应被认定为从泰国直接运输：产品运输未经任何非缔约方关境；产品运输经由一个或多个非缔约方关境（包括在非缔约方关境转换运输工具或临时储存）时，必须同时满足进口货物的收货人能提供证据证明过境运输仅是出于地理原因和运输要求，以及运输的产品未在非缔约方关境内交易或消费；除装卸或保持货物处于良好状态所需的工作外，运输的产品在非缔约方关境内未进行任何其他加工。

3.2.4.3 CEPA 直接运输标准

作为优惠原产地规则 CEPA 有较严格的直接运输要求：

（1）对于原产于香港、澳门地区的进口货物应从香港、澳门地区直接运至内地口岸；

（2）对原产于澳门的货物经过香港，则要满足：①由于地理原因或者运输需要；②未进行贸易或者消费；③除装卸或者保持货物处于良好状态所需的加工外，未进行其他的加工。

3.2.4.4 《中华人民共和国海关特别优惠关税待遇进口货物原产地管理办法》的直接运输标准

申报享受特别优惠关税待遇的进口货物，应当直接从受惠国运至我国境内，途中未经过中国和该受惠国以外的其他国家或者地区（以下简称“其他国家或者地区”）。货物经过其他国家或者地区运至我国境内，同时符合下列条件的，应当视为直接运输：

（1）经过其他国家或者地区是由于地理原因或者运输需要；

（2）该货物在经过其他国家或者地区时，未做除装卸和为使货物保持良好状态或者运输所必需的处理以外的其他处理；

（3）未进入该国家或者地区进行贸易或者消费。

3.2.4.5 《中巴优惠贸易安排》直接运输标准

所称“直接运输”，是指《中巴优惠贸易安排》项下的进口货物从巴基斯坦直接运到我国。进口货物运至我国，并且符合下列条件之一的，视为从巴基斯坦直接运输：

（1）货物未经过任何中国和巴基斯坦之外的国家或者地区境内运输；

（2）货物运输途中经过一个或者多个中国和巴基斯坦之外的国家或者地区，在这些国家或者地区不论是否转换运输工具或者做临时储存，但是同时满足：①仅由于地理原因或者运输需要；②货物未在这些国家或者地区进入贸易或者消费领域；③除装卸或者其他为使货物保持良好状态的处理外，货物在这些国家或者地区未经任何其他的加工。

3.2.4.6　《中国—智利自由贸易协定》直接运输标准

《中国—智利自由贸易协定》规定的优惠关税待遇应当满足在缔约双方之间直接运输的货物。

（1）在不违背上述规定的前提下，当货物经非缔约方转运时，不论是否换装运输工具，该货物进入非缔约方停留时间最长不超过 3 个月；

（2）为了确保货物享受优惠关税待遇，除装卸、重新装运、打包、包装、重新包装或任何其他为了使货物保持良好状态或运输货物所必需的操作外，货物不得在非缔约方进行任何加工及生产处理。

3.2.4.7　《中国—新西兰自由贸易协定》直接运输标准

"直接运输"是指《中国—新西兰自由贸易协定》项下进口货物从新西兰直接运输至我国境内，途中未经过中国、新西兰以外的其他国家或者地区。原产于新西兰的货物，经过其他国家或者地区运输至我国，无论在运输中是否转换运输工具或者作为临时储存，同时符合下列条件的，应当视为"直接运输"：

（1）未进入这些国家或者地区进行贸易或者消费；

（2）该货物在经过其他国家或者地区时，未做除装卸或者其他为使货物保持良好状态所必须处理以外的其他处理。

在上述情形下，相关货物进入其他国家或者地区停留时间最长不得超过 6 个月。

3.2.4.8　《中国—新加坡自由贸易协定》直接运输标准

根据协定，《中国—新加坡自由贸易协定》的优惠关税待遇应当满足在缔约双方之间直接运输的货物，或符合下列情况，也应当视为从新加坡直接运输至我国境内：

（1）货物运输未经非缔约方境内；

（2）货物运输途中经过一个或多个非缔约方境内，不论是否在这些非缔约方转换运输工具或临时贮藏未超过 3 个月，只要：

①货物在其境内未进入贸易或商业领域；

②除装卸或使货物保持良好状态所需的其他处理外，货物在其境内未经任何处理；

③过境运输是由于地理原因或仅基于运输需要。

3.2.4.9　《中国—秘鲁自由贸易协定》直接运输标准

根据协定，《中国—秘鲁自由贸易协定》的优惠关税待遇应当满足在缔约双方之间直接运输的货物，或符合下列情况，也应当视为从秘鲁直接运输至我国境内：

（1）货物运输未经非缔约方境内的；

（2）货物运输途中经过一个或多个非缔约方境内，不论是否在这些非缔约方转换运输工具或临时储存不超过3个月，只要：

①货物在其境内未进入其贸易或商业领域；

②除装卸、重新包装或使货物保持良好状态所需的其他处理外，货物在非缔约方境内未经任何处理。

3.2.4.10 《海峡两岸经济合作框架协议》的直接运输标准

“直接运输”要求，该协议下进口货物从中国台湾地区直接运往中国大陆。如果进口货物经过中国大陆、中国台湾地区以外的第三方，必须同时符合以下条件：

（1）货物进入第三方停留时间自运抵该方之日起不超过60日；

（2）由于地理原因或运输需要；

（3）货物在第三方未进行贸易或消费；

（4）除装卸、重新包装或者使货物保持良好状态所必需的处理外，货物在第三方未经其他处理；

（5）该货物在第三方作临时存储时，处于第三方海关监管之下。

3.2.4.11 《中国—哥斯达黎加自由贸易协定》直接运输标准

《中国—哥斯达黎加自由贸易协定》的优惠关税待遇应当满足在缔约双方之间直接运输的货物，或符合下列情况，也应当视为从哥斯达黎加直接运输至我国境内：

（1）基于地理原因或者仅仅基于国际运输需要；

（2）货物在其境内未进入贸易或消费领域；

（3）除装卸、重新包装或者为使货物保持良好状态而进行的处理外，货物在其境内未经任何处理；

（4）在本条第（2）款规定的情形下，货物在非缔约方境内临时储存的，其在该非缔约方停留的时间，自其入境之日起不得超过3个月。

3.2.4.12 《中国—冰岛自由贸易协定》直接运输标准

《中国—冰岛自由贸易协定》的优惠关税待遇应当满足在缔约双方之间直接运输的货物，或符合下列情况，也应当视为从冰岛直接运输至我国境内：

（1）货物运输途中未经过任何非缔约方；

（2）货物经由一个或多个非缔约方境内转运，不论是否在这些非缔约方转换运输工具或临时储存，但须同时满足下列要求：

①转运理由须出于地理原因，或者由于运输需要；

②货物在其境内不得进入贸易或消费领域；

③除卸载、换载、物流分拆或者为使货物保持良好状态而进行的必要处理外，货物不得在其境内进行加工或其他处理，且货物在其境内转运中须置于海关监管之下。

3.2.4.13　《中国—瑞士自由贸易协定》直接运输标准

本协定项下的优惠关税待遇只能给予在缔约双方之间直接运输的原产产品。但只要满足下列条件，经过非缔约方运输的原产产品仍可视为直接运输：

（1）未经过除装卸或任何保持产品良好状态的处理以外的操作；

（2）在非缔约方处于海关的监管之下。

在满足上述两项要求的前提下，一批原产产品可以在非缔约方进行物流分拆。此外，原产产品还可以通过管道经非缔约方输送。

3.2.4.14　《中国—韩国自由贸易协定》直接运输标准

本协定申明享受优惠关税待遇的缔约方原产货物，应当在缔约双方之间直接运输。货物运经除中国和韩国以外的非缔约方，不论是否在这些非缔约方转换运输工具或临时储存，只要满足下列条件，仍应视为在成员方之间直接运输：

（1）货物的转运被证明是基于地理原因或者仅出于运输需要考虑；

（2）货物在非缔约方未进入贸易或消费领域；

（3）除装卸、因运输原因而分装，或使货物保持良好状态所需的处理外，货物在非缔约方未经任何其他处理；依据本条规定货物在非缔约方临时储存的，货物在储存期间必须处于非缔约方海关监管之下。货物在非缔约方停留时间自其进入该非缔约方之日起不得超过3个月。如果因不可抗力原因导致货物停留时间超过3个月的，则停留时间最多不得超过6个月。

3.2.4.15　《中国—澳大利亚自由贸易协定》直接运输标准

“直接运输”要求原产货物如果途中未经过非缔约方，从澳大利亚直接运输到中国，若经过个或多非缔约方运输的原产货物，无论在非缔约方是否转换运输工具或临时储存，只要同时满足下列条件，也应保持其原产资格：

（1）货物处于非缔约方海关监管之下；

（2）除装卸、重新包为满足进口方要求贴标签临时储存以及为保持货物良好状态的处理外，未经过其他处理；

（3）如果货物在非缔约方发生本条第（2）款规定的临时储存，其停留时间自货物进入该非缔约方起不得超过12个月。

此外，在满足上述要求的前提下，原产货物出于运输需要可以在非缔约方进行物流分拆。

3.2.4.16　《中国—格鲁吉亚自由贸易协定》直接运输标准

本协定项下的优惠关税待遇只能给予在中国和格鲁吉亚双方之间直接运输的原产产品。如果货物转运经过除中国或格鲁吉亚以外一个或多个非缔约方，不论是否在这些非缔约方转换运输工具或临时储存不超过三个月，只要满足下列条件，仍应视为在缔约双方之间的直接运输：

（1）货物的转运被证明是基于地理原因或仅出于运输需要考虑；

（2）货物未经过除装卸或保持货物良好状态的处理以外的任何其他操作；

（3）货物在非缔约方转运时始终处于海关监管之下。

3.3　原产地证书

原产地证书（Certificate of Origin）是证明商品原产地的书面文件。它是受惠国的原产品出口到给惠国时享受优惠的凭证，同时也是进口货物是否适用反倾销、反补贴税率、保障措施等贸易政策的凭证。原产地证书是证明商品的原产地，即货物的生产地或制造地的一种证明文件。它是进口国对进口货物确定税率待遇，进行贸易统计，实行数量限制和控制从特定国家进口的主要依据。原产地证书还是贸易关系人交接货物、结算货款、索赔理赔，进口国通关验收、征收关税的有效凭证。

原产地证书一般是由各国政府指定并授权的机构出具。签发证书必须是原产地所在国的机构。中华人民共和国原出入境检验检疫局设在各省、直辖市、自治区的原出入境检验检疫机构负责签发我国的一般原产地证明书、多边与双边原产地证书和普惠制原产地证书，而纺织品（配额）原产地证书等专用原产地证书则由商务部设在各省、直辖市、自治区商务部门颁发。原产地证书所列进出口商名称、地址、运输方式、货物名称、规格型号、重量、发票日期应与进口报关人提供的进口货物的合同、发票、装箱单等一致。一个原产地证书只适用于一批进口货物，不可多次使用。原产地证书应为正本，复印件无效。经涂改、字迹不清的原产地证书海关将予以退回更换。

3.3.1　原产地证书的主要种类

原产地证书按用途可分为优惠原产地证书、一般原产地证书、专用原产地证书三大类。

3.3.1.1　优惠原产地证书

优惠原产地证书在国际贸易中被称为“有价证券”和开启国际市场的

“金钥匙”，根据相关国家的优惠原产地规则和有关要求，出口受惠国官方机构出具的、是受惠国的出口产品在给惠国享受的最惠国税率的基础上进一步减免进口关税的官方凭证。优惠原产地证书是进口报关时必须提交的单证，如果纳税义务人不能提交优惠原产地证书，将由各国海关依法确定货物的原产地。优惠原产地证书包括：

（1）普惠制原产地证书（GSP Certificate of origin）FORM A

普惠制是发达国家给予发展中国家出口制成品（包括某些初级产品）普遍的、非歧视的、非互惠的一种关税优惠制度。它是一项有利于发展中国家和地区扩大出口的关税优惠制度。为了使给惠国接受并加以区别，将普惠制原产地证书定为格式 A，即 FORM A，又称为特别优惠关税待遇原产地证书（见附表 3. 3. 1）。对于我国出口货物而言，目前给予我国普惠制待遇的有澳大利亚、新西兰、日本、加拿大、挪威、瑞士、俄罗斯、乌克兰、白俄罗斯、哈萨克斯坦、土耳其、列支敦士登公国及欧盟等 28 个国家和地区。凡是向给惠国出口受惠商品，均须提供普惠制原产地证书，才能享受关税减免的优惠，所以不管是否要求提供这种产地证，我国的出口商均应主动提交。

对于我国进口货物而言，收货人向海关提交的特别优惠关税待遇原产地证书，应当由受惠国官方机构签发，货物进口报关时，进口货物收货人应当主动向海关申明有关货物享受特别优惠关税，并提交经出口国海关于出口时加盖印章的原产地证书。海关应当根据受惠国备案资料对相关货物的原产地证书予以审核，原产地证书及相关文件检验有效的，准予进口货物享受特别优惠关税。在对原产地证书内容的真实性产生怀疑时，海关总署或者其授权的机构可以通过中国驻相关受惠国使领馆经济商务参赞处（室）向受惠国海关或者原产地证书发证机构提出核查要求，并要求其在自收到核查要求之日起的 90 日内予以答复。如果海关未能在上述期限内收到答复，则该货物不得享受特别优惠关税待遇。

（2）双边互惠原产地证书 FORM P 和 FORM F

双边互惠原产地证书是指与我国签订双边贸易关税协议的国家之间使用的原产地证书，由我国原出入境检验检疫局签发的有：

①中巴原产地证书，全称为“中国—巴基斯坦自由贸易区优惠原产地证书”，该证书于 2006 年 1 月 1 日起双方先期实施降税的 3 000 多个税目产品，分别实施零关税和优惠关税。原产于中国的 486 个 8 位零关税税目产品的关税在 2 年内分 3 次逐步下降，2008 年 1 月 1 日全部降为零，平均优惠幅度为 22%，给予关税优惠的商品其关税优惠幅度为 1% ~10%。该证书格式为 P，

即 FORM P，所用文字为英文。

②中国—智利自由贸易区优惠原产地证书，自 2006 年 10 月 1 日起，各地原出入境检验检疫机构开始签发，证书英文名称：CERTIFICATE OF ORIGIN FORM F FOR CHINA-CHILE FTA，该证书格式为 F，即 FORM F。简称“FORM F 证书”或“中智证书”，证书编号填写在证书的右上角，须填写证书种类识别字母“F”。中智证书签证产品限于已公布的《中国—智利自由贸易协定》项下智利给予关税优惠的产品。这些产品必须符合《中国—智利自由贸易区原产地规则》，列入产品特定原产地标准清单的，必须符合相应的特定原产地标准。证书文字内容以英文填写。

③CEPA 原产地证书（格式见附表 3.3.2）。根据《内地与香港关于建立更紧密经贸关系的安排》和《内地与澳门关于建立更紧密经贸关系的安排》（简称《安排》，英文缩写为 CEPA），我国对符合 CEPA 特定原产地规则的特定产品实施零关税进入内地。在进口报关时，进口人应主动向申报地海关申明有关货物享受零关税，并提交有效原产地证书。申报地海关经联网核对无误后，准予进口货物享受零关税待遇；因故不能联网核对的，应进口人要求，申报地海关可按规定办理进口手续并放行货物，但应对该货物按非《安排》下适用的进口关税税率征收相当于税款的保证金。申报地海关应自该货物放行之日起 90 日内核对其原产地证书情况，根据核对结果办理退还保证金手续或将保证金转为进口关税手续。申报地海关对原产地证书内容的真实性产生怀疑时，可通过海关总署或其授权的海关向中国香港海关提出协助核查的请求。接到此类请求后，中国香港海关应在 90 日内予以答复。如中国香港海关在 90 日内未能完成核查并确认有关货物原产地证书，海关总署可通知申报地海关按规定办理进口手续并放行货物，但应对有关货物按非《安排》下适用的进口关税税率收取相当于税款的保证金。待中国香港海关完成核查后，申报地海关应根据核查结果，立即办理退还保证金手续或将保证金转为进口关税手续。双方可将执行《安排》附件 2 的原产地规则及该附件所需的行政互助，纳入海关总署与中国香港海关签署的《海关总署与香港海关合作互助安排》，交换相关信息，包括由香港进入内地货物的原产地的信息、原产地证书内容真伪、享受零关税优惠的香港货物是否符合原产地规则及其他有助于监管该附件正确实施的信息。如有需要，经双方同意后，可派员到对方进行实地访问，了解情况。经任何一方核查证实实行零关税的货物不符合《安排》的规定时，双方海关即互相通报，并按适用法律采取行动。

中国与各国签订的自由贸易协定下的双边互惠原产地证书 Form FTA 差异较小，在此不再赘述，如有需要，可登录中国自由贸易区服务网（http：//fta. mofcom. gov. cn/）自行查找其余互惠原产地证书。

（3）区域性经济集团互惠原产地证书 FORM B 和 FORM E

该证书又称为多边互惠原产地证书。在我国使用的区域性经济集团互惠原产地证书有两个。

①《亚太贸易协定》优惠原产地证书（FORM B）（见附表 3. 3. 3）。2001 年 5 月 23 日，我国正式成为《亚太贸易协定》的成员，《亚太贸易协定》是中国加入的第一个具有实质性的优惠安排的区域性贸易协定。自 2002 年 10 月 1 日起，韩国和斯里兰卡开始对原产于我国的部分商品实施《亚太贸易协定》优惠税率，我国出口至韩国的享受优惠关税待遇的产品共计 227 种。自该日起我国出口至韩国、斯里兰卡的《亚太贸易协定》项下的产品，凡符合原产地规则的，均可凭我国原出入境检验检疫机构签发的原产地证书，在进口国家享受进口关税的优惠待遇。例如，按规定我国出口至韩国的 HS 第 62 章的部分服装产品，只要提供该协定项下的产地证，关税即可由 13% 降至 8. 1%，降幅达 4. 9%，优惠幅度达到 37. 7%，比普惠制提供的关税更为优惠。2004 年 1 月 1 日，我国海关对印度实施此协定优惠，同年 3 月 1 日印度也对我国实施此协定优惠。商品在进口国要取得关税优惠必须符合《亚太贸易协定》项下进口国给予的关税优惠的商品范围与优惠原产地规则，并需要出入境机构签发的《亚太贸易协定》优惠原产地证书。自 2006 年 9 月 1 日起，可以对我国签发《亚太贸易协定》原产地证书的国家有：韩国、斯里兰卡、印度、孟加拉国 4 个国家。《亚太贸易协定》项下的原产地证书，其发证机构名称、发证机构的签章应与备案一致；证书上所列项目应与进口人提供的合同、发票、装箱单及货物的实际情况一致。纳税义务人不能及时提供原产地证书的，由海关确定货物的原产地，并确定适用税率。纳税义务人可以自货物进境之日起 90 日内补交原产地证书，并经海关核实可实施《亚太贸易协定》税率的，海关可以退还多征部分的税款。

②中国—东盟自由贸易区优惠原产地证书（FORM E）。《中国—东盟全面经济合作框架协议》规定：自 2004 年 1 月 1 日起，凡出口到东盟的农产品（HS 第 1 章到第 8 章）凭借检验检疫机构签发的中国—东盟自由贸易区优惠原产地证书可以享受关税优惠待遇。自 2005 年 7 月 20 日起，7 000 多种正常产品开始全面降税。中国和东盟 6 个成员国（文莱、印度尼西亚、马来西亚、

菲律宾、新加坡和泰国），至2005年7月，有40%税目的关税降到0%～5%；至2007年1月，有60%税目的关税降到0%～5%；至2010年1月1日，关税最终削减为零。老挝、缅甸至2009年1月，柬埔寨至2012年1月，分别有50%税目的关税降到0%～5%，至2013年3月，分别有40%税目的关税降到零。至2010年，越南有50%税目的关税降到0%～5%。至2015年，老挝、缅甸、柬埔寨、越南4国分别将关税降为零。可以签发《中国—东盟全面经济合作框架协议》优惠原产地证书的国家有：文莱、柬埔寨、印度尼西亚、老挝、马来西亚、缅甸、菲律宾、新加坡、泰国、越南10个国家。由于柬埔寨、缅甸、老挝和孟加拉国为最不发达国家，又分别为东盟和《亚太贸易协定》成员国，我国对这些国家的488个税号包括部分动物、动植物产品、香料、药料、水果制品、纺织品、服装、宝石、风扇、家具等分别实施降税或免税。进口商品只要提供相应的原产地证书就可以享受优惠的进口关税。原产地证书应当自东盟国家有关机构签发之日起4个月内向该国境内申报地海关提交，经过第三方转运的，提交期限延长为6个月。原产于东盟国家的进口货物，如果产品的FOB价不超过200美元，无须要求该国的纳税义务人（也就是进口方）提交原产地证书，但是要提交出口人对有关产品原产于该出口成员方的声明。纳税义务人不能提交原产地证书的，由海关依法确定进口货物的原产地，货物征税放行。

3.3.1.2　一般原产地证明书（Certificate of Origin）

一般原产地证明书又称C.O.产地证（见附表3.3.4），是进口国海关根据各自的原产地规则和有关要求签发的，对进口货物实施征税、进行贸易统计、实施数量限制管理，证明货物原产地“国籍”的一种重要证明文件。在进出口报关中C.O.产地证并不是必须提交的单证，但是国际贸易中，如果各国根据各自的对外贸易政策，实行进口贸易管制，对进口商品实施差别关税和数量限制并由海关执行统计时，进口国要求收发货人出具货物的原产地证明，已成为国际惯例。因此，C.O.产地证是进行国际贸易的一项重要证明文件，是进口国海关据此对进口商品适用何种税率的依据，也是通关结汇、进行贸易统计的重要证明文件。

相关链接

一般原产地证明书的作用

C.O.产地证归纳起来具有以下几个方面的作用：（1）确定产品关税待遇，提高市场竞争力的重要工具。C.O.产地证则是各国海关据以征收

相关链接

关税和实施差别待遇的有效凭证。如在进口国与出口国的政府之间签订有关税协定，用条约形式规定了协定税率，或两国之间条约上规定了最惠国条款，买方往往要求卖方提供有效的产地证明书，以证明进口货物的原产地确系缔约的对方国才能获得相应的税率待遇。（2）C.O. 产地证还起到证明商品内在品质、提高商品竞争力的作用。如在国际市场上持有中国原产地证的丝绸，比持有其他不产丝绸国家产地证的丝绸能卖更好的价格。此外，产地证有时还是贸易双方进行交接、结汇的必备单据。如买方在申请开信用证（L/C）时常要求提供 C.O. 产地证以确保自身利益，银行也常以 C.O. 产地证作为信用证（L/C）是否解付的重要凭证。（3）对进出口货物进行统计的职责，原产地证则是海关借以对进口货物进行统计的重要依据。（4）货物进口国实行有差别的数量控制，进行贸易管理的工具。世界各国根据其贸易政策，为保护本国工业生产和国际贸易竞争需要，往往对某些货物实行限制，制定一些进口货物数量控制措施，例如，进口配额、许可证制度、反倾销、反补贴制度。为实行这些控制制度，首先须确定进口的货物是来自哪个国家，然后确定这批货物是否受到进口数量限制，是否须持有进口许可证，是否要冲销配额及征收反倾销、反补贴税时，C.O. 产地证也就成为实施这些制度的重要证明文件。

3.3.1.3 专用原产地证书

专用原产地证书是国际组织和国家根据政策和贸易措施的特殊需要，规定输往某个特定区域的原产地证书，如纺织品（配额）产地证书；针对某一特殊行业的特定产品规定的原产地证书，如“金伯利进程国际证书”“烟草真实性证书”“原产地命名证书”等。

（1）纺织品（配额）产地证书（Certificate of origin Textile product）。该证书是纺织品设限国家实行配额管制的一种手段，如我国出口到美国或欧盟各国的纺织品，每批产品都必须由有关部门出具纺织品产地证书或装船证书，进口国海关方准进口。其中，对欧盟国家出口纺织品，须提交输欧盟或土耳其纺织品或丝麻制品出口产地证（见附表 3.3.5）。该证是进口国海关控制配额的依据。在我国，该证由地方对外贸易经济委员会颁发。GSP 产地证是取得关税优惠，而纺织品产地证是取得配额的证明。对欧盟出口有关产品时，需同时提交 2 种产地证。对美国出口的配额商品，如纺织品等，应由出口商填写原产地声明书。有 3 种格式：

①格式 A：单一国家声明书（Single Country Declaration），声明商品产地只有 1 个国家；

②格式 B：多国家产地声明书（Multiple Country Declaration），声明商品的原材料是由 2 个或 2 个以上国家生产的；

③格式 C：非多种纤维纺织品声明书，也称否定声明书（Negative Declaration），凡纺织品的主要价值或主要重量属于麻或丝的原料或含羊毛量不超过 17%，则可填用此格式，以说明该类商品为非配额产品。

（2）烟草真实性证书：欧盟对品目 2401 项下部分烟草享受普惠制关税优惠待遇时，要求有受惠国签发的原产地证书。

（3）原产地命名证书：欧盟规定的对葡萄、葡萄酒、奶酪等特定产品享受其特定关税优惠待遇，要求有受惠国签证机构签发的官方原产地证明。

（4）原产地标记证书：证明货物符合《原产地标记管理规定》《原产地标记管理实施办法》《中华人民共和国出口货物原产地规则》《中华人民共和国出口货物原产地规则实施办法》具有使用已注册原产地标记资格的官方证明文件。

（5）金伯利进程国际证书：由参加金伯利进程国际证书制度的成员国签发的，证明毛坯钻石合法来源的官方证明文件。

相关链接

金伯利进程国际证书

在非洲一些国家的反政府武装在其控制区内非法开采、销售钻石，并以此换取军火，发动和延续内乱，称为“冲突钻石”问题。为遏制“冲突钻石”，南非、博茨瓦纳、纳米比亚等非洲国家于 2000 年 5 月发起“金伯利进程”，讨论建立国际毛坯钻石证书制度。2000 年 12 月 1 日，联合国大会通过 55/56 号决议，号召国际社会关注并采取措施解决毛坯钻石贸易资助武装冲突的问题，包括我国在内的世界主要钻石生产、加工和贸易国均参加了“进程”。在 2002 年 11 月瑞士举行的第二次部长级会议上，各方通过了《金伯利进程证书制度》，并决定于 2003 年 1 月 1 日起在全球范围正式实施。包括我国在内的 46 个金伯利进程成员国已陆续按照部长级会议精神，开始对毛坯钻石进出口贸易实施有效监控，以遏制“冲突钻石”的非法交易，履行成员国的国际义务，维护非洲地区发展中国家的和平与

相关链接

稳定。《金伯利进程证书制度》从根本上来讲是一项针对毛坯钻石进出口贸易的监管制度。生产国负责管理生产以及毛坯钻石从矿场到出口地点的运输。每一批须出口的毛坯钻石都将封装在防损容器中，并附有一份由出口政府主管机构签发的金伯利进程证书。对未附有金伯利进程成员签发的证书的毛坯钻石进口，以及面向非金伯利进程成员的毛坯钻石出口都是禁止的。我国由进口国海关负责查验金伯利进程证书，出入境检验检疫机构负责对进出口毛坯钻石的相关项目进行核查检验。

3.3.2　原产地证书的办理

3.3.2.1　C. O. 证书的签发与申领

中华人民共和国原出入境检验检疫局是我国政府授权签发一般原产地证的唯一官方机构。我国受理 C. O. 证书的签证和注册机构是中华人民共和国原出入境检验检疫局，其基本办理注册程序如下：

注册申请→实地调查→不合格→不予注册→合格→注册→申请签证→审签证书→计费、收费→发证

（1）申请单位向我国签证注册机构申请办理一般原产地证的注册时，应持单位营业执照、主管部门批准的对外贸易经营权证明文件及有关资料来办理，对申请单位在保密情况下提供的材料，我国签证注册机构给予保护。申请单位的印章和证书手签人员的姓名在申请单位注册时应进行登记，并保持一定的稳定性，企业印章、手签人员姓名如有更改，申请单位应事先向我国签证注册机构报告。

（2）申请单位要求更改或补充已签发的原产地证书内容时，必须填写更改申请单，申明更改理由并提供依据，经签证机构领导审批后，收回原发产地证书，换发新证。

（3）如已签发的证书遗失或损毁，申请单位必须先向中华人民共和国原出入境检验检疫局主办的《国门时报》登报声明，我国签证注册机构凭《国门时报》编辑部出具的回执及申请单位的书面申请和有关依据，经签证机构领导审批后，予以重新办理申领证书，并在重新签发的证书上注“××年××月××日签发第××号原产地证书作废”字样。

（4）我国签证注册机构为方便出口企业，在简化手续方面采取有效措施。

凡已在我国签证注册机构办理普惠制产地证注册登记的企业，如需增加一般原产地注册者，无须提供相关单据，由我国签证注册机构直接在其普惠制注册档案上增加一般原产地注册登记。

3.3.2.2 FORM A 普惠制原产地证书的签发与申领

为了使给惠国接受并加以区别，将普惠制原产地证书定为格式 A，即 FORM A（见附表 3.3.1）。我国商品出口到新西兰还须提供格式 59A（FORM 59A），对澳大利亚不用任何格式，只需在商业发票上加注有关声明内容。在我国，普惠制产地证由原出入境检验检疫局签发。普惠制原产地证书是具有法律效力的、我国出口产品在给惠国享受在最惠国税率基础上进一步减免进口关税的官方凭证。FORM A 原产地证书用国际标准 A4 纸印制，所用文字为英文；原产地证书应当由下列颜色的 1 份正本和 3 份副本组成，正本为米黄色，副本为浅绿色。副本包括第一副本、第二副本和第三副本，其中第一副本为海关认为必要时核查之用，第二副本应当由出口国发证机构留存，第三副本由出口人留存。进口货物收货人向海关申报时应当提交正本及第一副本。原产地证书签发机构的名称和地址及签发原产地证书的印章和签章式样应当在中华人民共和国海关总署备案，有效期为自签发之日起 180 日。

3.3.2.3 《亚太贸易协定》优惠原产地证书（FORM B）的签发与申领

出口商或其授权的代理人在办理享受优惠待遇产品出口手续时，出口成员国的签证机构即应在出口时或者装运后 3 个工作日内，以手工或者电子形式签发原产地证书（见附表 3.3.3）。办理时，出口商或其授权的代理人要提交正确填制的原产地证书以及用于证明待出口产品符合原产地证书签发要求的相关随附证明文件。在审核原产地证书申请时，签证机构应有权要求申请人提供任何证明文件，以便确定货物符合《亚太贸易协定》项下原产地规则和本程序的规定。签证机构应详细审查每一份原产地证书的申请，以确保：（1）申请及原产地证书正确填制，并且经出口商或授权人签名，或者以电子方式提交；（2）货物的原产地符合《亚太贸易协定》项下原产地规则；（3）原产地证书中的其他陈述或者条目与所提交的证明文件相符；（4）所列明的税则号列、货物名称、数量及重量、唛头及件号、包装件数和种类与待出口货物相符。FORM B 所列样本格式用国际标准 A4 纸印制，所用文字为英文。证书应包括 1 份正本和由签证机构留存的 1 份副本。证书的颜色应由各成员国自行确定并通知其他成员国和秘书处。每份原产地证书应注明由各地签证机构单独编排的唯一编号。具体签发要求如表 3－2 所示。

表 3-2 FORM B 签发要求

签证机构	出口成员国政府指定的 1 家或多家机构
申请原产地证书条件	符合享受优惠待遇条件的产品
原产地证书签发	出口成员国的签证机构即应在出口时或者装运后 3 个工作日内，以手工或者电子形式签发原产地证书。证书依据《亚太贸易协定》附件 2 中所列样本格式用国际标准 A4 纸印制，所用文字为英文
签证机构	出口成员国政府指定的一家或多家机构
原产地证书使用	正本应由出口商递交给进口商，以便呈交给进口地海关当局。申报进口时，应向海关当局提交原产地证书正本，以享受优惠待遇
原产地证书有效期	原产地证书自签发之日起 1 年内有效

此外，《亚太贸易协定》项下原产地规则还规定，原产地证书不得涂改和叠印，所有未填空白之处应画去，以防事后填写。根据《亚太贸易协定》附件 2 原产地规则第 2 条、第 3 条及第 4 条的规定，出口成员国的签证机构应在原产地证书第 8 栏内注明相关的原产地标准，以及所适用的区域成分百分比。如果原产地证书被盗、遗失或毁坏，出口商可以向原签证机构书面申请经证实的原证书正本的真实复制本。该复制本应根据签证机构存档的相关文件制发，并在原产地证书第 3 栏中注明“经证实的真实复制本”以及原正本的签发日期。经证实的原产地证书真实复制本应在其正本的有效期内签发。

3.3.2.4 中国—东盟自由贸易区优惠原产地证书（FORM E）的签发与申领

自 2005 年 7 月 20 日起，中华人民共和国原出入境检验检疫局开始签发中国—东盟自由贸易区优惠原产地证书（FORM E）。中国—东盟自由贸易区优惠原产地证书的国家和代码分别为：105 文莱 Brunei、107 柬埔寨 Cambodia、112 印度尼西亚 Indonesia、119 老挝 Laos，PDR、122 马来西亚 Malaysia、106 缅甸 Myanmar、129 菲律宾 Philippines、132 新加坡 Singapore、136 泰国 Thailand、141 越南 Vietnam，给予关税优惠的商品为 HS 编码中第 1 章至 8 章的农副产品，该项下的产品享受零关税待遇。

证书标题栏（右上角），填上检验检疫机构编定的证书号。其编定规则如：ZC314 * E/070001（ZC314 * 表示公司注册号，07 表示 2007 年，0001 表示企业流水号）。货物名称和 HS 品目号及货物品名必须详细，以便验货的海关关员可以识别。生产商的名称及任何商标也应列明国际上协调统一的 4 位数 HS 品目号。

原产地标准：如果货物为出口国完全生产的，不含任何非原产成分，填写“×”；如果货物在出口成员国加工但并非完全生产，未使用原产地累计规则判断原产地标准的，填写该国家成分的百分比，如 70%；如果货物在出口成员国加工但并非完全生产，使用了原产地累计规则判断原产地标准的，填写中国—东盟累计成分的百分比，如 40%；货物符合产品的特定原产地标准的产品，填写“产品特定原产地标准”。“官方证明”栏填写签证机构的签证地点、日期。原出入境检验检疫局签证人员经审核后在此栏（正本）签名，盖签证印章。当申请单位申请后发证书时，须在此栏上应加注“ISSUED RETROACTIVELY”；当申请单位申请重发证书时，须在此栏上应加注“CERTIFIED TRUE COPY”。

证书应由下列颜色的 1 份正本及 3 份副本组成：正本——米黄色，交给进口商；第一副本——浅绿色，由检验检疫机构留存；第二副本——浅绿色，交给进口商，货物在进口国通关后交还检验检疫机构；第三副本——浅绿色，出口商留存。

3.3.2.5 中国—巴基斯坦自由贸易区优惠原产地证书（FORM P）签发与申领

中国与巴基斯坦优惠贸易安排中使用的原产地证书，也采用规定的 FORM A 统一格式，申办手续同 FORM A。此原产地证书应在货物出口前后 15 日内签发。未能在规定的日期签发的，进口货物收货人可以向申报地海关提交在货物装运之日起 1 年内签发的注明“补发”字样的原产地证书。如果原产地证书被盗、遗失或者毁坏，在该证书签发之日起 1 年内，向原签证机构申请签发经证实的原产地证书的正式复制本。

3.3.2.6 中国—智利自由贸易区优惠原产地证书（FORM F）签发与申领

中国—智利自由贸易区优惠原产地证书申请书，统一使用普惠制原产地证申请书。收费标准和 FORM A 证书相同。证书右上角的标题栏应填写企业的注册号，并在注册号后加英文字母“F”/年度/证书序号。例如，ZW985F/

06/0001。证书所指的进口国HS编码填写我国现采用的国际协调统一的6位HS编码。证书的发票价值应填写FOB价值。证书正本和2份副本均须加盖签证印章，还须用英文加填签证机构的名称、地址、电话、传真，其中，传真应是在智利海关备案的直属检验检疫局号码。FORM F证书应在出货前30天内或出货后30天内申请办理，该期限以外的证书不予签发。出货后签发的证书无须加盖印章。按照签证操作程序的规定，2006年8月1日至9月30日从中国起运在途中的，或在智利海关仓库或保税区内暂存的货物，可享受关税优惠，各地检验检疫机构可自10月1日起的4个月内对上述货物补发原产地证书。申请企业必须提供提单、出口报关单方可办理。证书有效期自签发之日起1年内有效。不足600美元的货物可以免予办理FORM F证书，只凭出口商的发票声明即可办理清关手续。

3.3.2.7　CEPA原产地证书签发与申领

香港原产地证书发证机构为香港特别行政区政府工业贸易署及《非政府签发产地来源证保障条例》（香港法例第324章）所指的“认可机构”，所用文字为中文；澳门原产地证书发证机构为澳门特别行政区经济局，所用文字为中文（格式见附表3.3.2）。

发证机构签发的原产地证书，应符合下列要求：（1）原产地证书上具有唯一的编号；（2）1份原产地证书只能对应1批同时进入内地的货物，1份原产地证书可包括不多于5项8位数级税目的货物，而这些税目的货物必须同属CEPA安排所列明的货物；（3）原产地证书上列明指定的单一到货口岸；（4）原产地证书的产品内地协制编号，按适用的《中华人民共和国海关进出口税则》的8位数级税号填写；（5）原产地证书的计量单位，按适用的实际成交的计量单位填写；（6）原产地证书不许涂改及叠印，否则应重新签发；（7）原产地证书的有效期为自签发日起120天；（8）如原产地证书被盗、遗失或毁坏，出口人或生产企业可在保证原证未被使用的基础上，向原香港发证机构书面申请签发1份原证的副本，而且该副本上应注明“经证实的真实副本”。如原证已被使用，则后发副本无效。如后发副本已被使用，则原证无效。双方采取联网核查的方式对实行零关税的香港货物的原产地申报进行管理，并通过专线将下列情况以电子数据方式传送到海关总署。

发证机构签发原产地证书后，香港工业贸易署应立即将原产地证书的基本情况，包括原产地证书编号、出口人名称、工厂登记编号、到货口岸、产品内地协制编号、货物名称、计量单位及数量、金额及币制、发证机关名称等信息经专线传送到海关总署；申报地海关将所传送的电子资料与进口人申报时呈交的原产地证书核对无误后，应在 7 日内完成核查并向出口管理部门反馈。双方应对有关进口货物原产地核查交流的资料予以保密，未经原产地证书申请人同意不得泄露或用作其他用途，但司法程序要求提供的除外。原产地证书内容及格式的任何变更应经双方磋商确定。香港工业贸易署应将原产地证书的印章式样提交海关总署备案。原产地证书印章式样的任何变更应及时通知海关总署。

3.3.3 原产地证书预确定制度

为便于进口货物收货人及相关当事人事先确定进口货物的原产地，中国海关自 2001 年 12 月 11 日起实施对进口货物的原产地预确定制度。规定进口货物的收货人及与进口货物直接相关的其他人在有正当理由的情况下，可以申请海关对其将要进口货物的原产地进行预确定。申请人应向直属海关提出对其将要进口货物的原产地进行预确定的申请，并说明申请理由。

（1）申请人申请原产地预确定应当填写“进口货物原产地预确定申请书”（见附表 3.3.6）并提交下列文件资料。

①申请人的身份证明文件。

②说明将要进口货物情况的有关文件资料，包括但不限于：

A. 进口货物的商品名称、规格、型号、税则号列、产品说明书等；

B. 出口国（地区）或者货物原产地的有关机关签发的原产地证书或其他认定证明；

C. 进口货物所使用的原材料的品种、规格、型号、价格、产地等情况的资料；

D. 进口货物的生产加工工序、流程、工艺、加工地点和加工增值等情况的资料。

（2）进口货物交易情况的文件资料，如进口合同、意向书、询价和报价单、发票等。

（3）海关要求提供的其他文件资料。因申请人提交文件资料不完备影响海关进行原产地预确定的，申请人应当根据海关的要求进行补正。

（4）海关应在接到申请人的书面申请和全部必要文件资料后的 150 日内，依据《中华人民共和国海关关于进口货物原产地的暂行规定》作出对有关货物原产地的预确定决定，并告知申请人。

（5）在预确定决定所依据的原产地规则、事实和条件不变的前提下，海关作出的原产地预确定决定在全关境范围内持续有效。对符合原产地预确定决定的进口货物，海关依预确定决定认定该进口货物的原产地，并确定其适用的税率和执行反倾销、反补贴、进口保障等措施。

（6）有下列情况之一的，海关所作的预确定即行失效：

①预确定所依据的原产地规则发生变化的；

②司法或行政复议程序对预确定决定进行审查并作出不同决定的。

预确定决定如因上述第①项而失效，对原依据预确定决定已经实施的进口货物原产地认定无溯及力。

（7）货物实际进口时的有关情况与申请预确定时提供的文件资料不一致的，预确定决定不适用于该进口货物。由海关依据《中华人民共和国海关关于进口货物原产地的暂行规定》对进口货物的原产地予以认定。

（8）申请人对于海关的原产地预确定决定不服，或进口货物的收货人对海关根据原产地预确定决定对实际进口的货物的原产地认定不服的，可以依法申请行政复议或者向人民法院提起诉讼。

（9）申请人对提供的用于原产地预确定的资料要求保密的，应在提交时申明，海关予以保密。未经申请人同意不予以公开披露，但司法程序要求提供的除外。

附表

附表 3.3.1 普惠制原产地证书 FORM A

英文文本

<table>
<tr><td colspan="3">1.Exporter (full name, address and country)</td><td colspan="3">2. CERTIFICATE NO.　DATE OF ISSUE
(VALID FOR 180 DAYS FROM THE DATE OF ISSUE)</td></tr>
<tr><td colspan="3">3.Consignee (full name, address and country)</td><td colspan="3" rowspan="3">CERTIFICATE OF ORIGIN
SPECIAL PREFERENTIAL TARIFF PROGRAM
Granted by China
(Combined Declaration and Certificate)
Issued in
……………………………………………………………………
(country)</td></tr>
<tr><td colspan="3">4.Manufactory(full name, address and country)</td></tr>
<tr><td colspan="3">5.Departure Date</td></tr>
<tr><td colspan="2">6.Vessel/Flight/Train/Vehicle No.</td><td>7.Place of Loading</td><td colspan="3" rowspan="2">8. For official use only</td></tr>
<tr><td colspan="3">9.Port of Discharge</td></tr>
<tr><td rowspan="2">10.Item number</td><td rowspan="2">11.Marks & numbers of packages</td><td colspan="2">12. Container No.; No. and Kind of Packages; Description of goods (including quantity where appropriate and HS Code of China);</td><td rowspan="2">13.Gross weight or other quantity (Quantity unit) and value(FOB)</td><td rowspan="2">14.Number and date of invoice</td></tr>
<tr><td colspan="2">15.Please select the following origin criteria where appropriate:
□Wholly Obtained
□4-digit Tariff Heading Change
□Ad Valorem Percentage (40%)</td></tr>
<tr><td colspan="3">16. Declaration by the exporter
The undersigned hereby declares that the above details and statements are correct, that all the goods were produced in
………………………
(country)
and that they comply with the origin requirements specified for these goods under the SPT Program exported to China.
………………………
Place and date, signature of authority signatory.</td><td>17. Certification
It is hereby certified, on the basis of control carried out, that the declaration by the exporter is correct.
………………………………
………………………………
…Place and date, signature and stamp of certifying authority.</td><td colspan="2">18. Customs verification
This is to certify that the goods declared for exportation correspond to what is stated under this certificate.
…………………………………………
…………………………
Place, date, signature and stamp of exporting customs authority.</td></tr>
</table>

中文文本

<table>
<tr><td colspan="4">1. 出口商（名称、地址及国家）</td><td colspan="2">2. 证书编号
签发日期
（自签发之日起180天内有效）</td></tr>
<tr><td colspan="4">3. 收货人（名称、地址及国家）</td><td colspan="2" rowspan="3">中国给予特别优惠关税待遇
原产地证书

（申报与证书合一）</td></tr>
<tr><td colspan="4">4. 生产商（名称、地址及国家）</td></tr>
<tr><td colspan="4">5. 离港日期</td></tr>
<tr><td colspan="3">6. 船舶/飞机/火车/货车　编号</td><td>7. 装货地</td><td colspan="2" rowspan="2">8. 供官方使用</td></tr>
<tr><td colspan="4">9. 卸货口岸</td></tr>
<tr><td rowspan="2">10. 项目编号</td><td rowspan="2">11.包装唛头及编号</td><td colspan="2">12. 货柜编号；包装件数及种类；货品名称（包括相应数量及中国 HS 编码）</td><td rowspan="2">13. 毛重或其他数量（数量单位）及价格（FOB）</td><td rowspan="2">14. 发票编号及日期</td></tr>
<tr><td colspan="2">15.请选择适用的原产地标准:
□ 完全获得
□ 4 位数级品目改变
□ 从价百分比 (40%)</td></tr>
<tr><td colspan="3">16. 出口商声明
下列签字人声明上述资料及申报正确无讹，所有货物产自
……………………………………………………………
（国家）
且符合出口至中国的特别优惠关税待遇货物所适用的原产地要求。
……………………………………………………………
地点和日期，有权签字人的签字 。</td><td>17. 证明
根据所实施的监管，兹证明出口商所做申报正确无讹。
……………………………………………………
地点和日期，签字和签证机构印章 。</td><td colspan="2">18. 海关验核
兹证明申报出口的货物与此证书之描述相符。
……………………………………………………………
地点、时间、签字和出口国海关当局的印章 。</td></tr>
</table>

填制说明

[1] 准许享受优惠待遇的主要条件是：出口至中华人民共和国的货物，应在享受特别优惠关税待遇的产品范围之内，以及应符合原产地规则中规定的原产地标准。

[2] 如果货物符合《中华人民共和国海关特别优惠关税待遇进口货物原产地管理办法》中规则 4 或规则 6 规定的原产地标准，出口商应在表格栏目 15 中加以注明。

[3] 出口商负责对原产地证书上的内容进行申报，并将证书一式两份提交给出口国签证机构。如符合要求，签证机构将在原产地证书的正本上予以签注并将其返还给出口商，以便将正本交给中国的进口商。签证机构应保留由出口商正确填制和签字的副本。

[4] 所有未填空白之处应予划去，以防事后填写。任何更正必须由签证机构认可。货品名称必须足够详细，以使在进口口岸验货的海关关员可以借此识别货物。

附表 3.3.2　CEPA（澳门）原产地证书

<table>
<tr><td colspan="2">出口商（名称及澳门地址）Exportador (nome completo e morada em Macau)</td><td colspan="3" rowspan="3">证书编号 N. DO CERTIFICADO
签证日期 DATA DA EMISSÃO
证书有效截止日期 VÁLIDO ATÉ
原产地证书
《内地与澳门关于建立更紧密经贸关系的安排》
CERTIFICADO DE ORIGEM DE MACAU
澳门特别行政区政府经济局
Governor ad Regina Administrative Especial de Macau
Direcção dos Serviços de Economia</td></tr>
<tr><td colspan="2">收货人 (名称及内地地址) Consignatário (nome completo e morada no continente)</td></tr>
<tr><td>离境日期 Data de Said</td><td>工厂登记编号 N°. de Registo da Fábrica</td></tr>
<tr><td>船只／飞机／火车／货车编号
N° . de
Navio/Voo/Comboio/Veículo</td><td>装货地 Local de

Carregamento</td><td colspan="3" rowspan="2"><u>内部专用</u> <u>Apneas Para Use Intern</u></td></tr>
<tr><td>到货口岸 Porto de Descarga</td><td>最终目的地 (货物须驳运者适用）Destino Final(no caso de haver Transbordo)</td></tr>
<tr><td colspan="3">包装标志、数量及货柜编号；包裹件数及种类；货物摘要及产品内地协制编号；离岸价(澳门币)
Marcas, Quantidades e Número de Contentor; Quantidades e Tipos de Embalagem; Descrição das Mercadorias e Número de SH do continente; Valor FOB (MOP$)</td><td>数量(计量单位)

Quantities
(Undead)</td><td>商标名称或标签
Denominação da Marca ou Etiqueta (se tiver)</td></tr>
<tr><td colspan="5">本人谨证明以上描述之货物均符合《内地与澳门关于建立更紧密经贸关系的安排》下货物贸易的原产地规则的要求。
U, ABAIXO ASSINADO, CERTIFICO QUE AS MERCADORIAS ACIM A MENCIONADAS OBEDECEM AS REGRAS DE ORIGEM ESPECIFICADAS PARA AQUELAS MERCADORIAS NO ÂMBITO DO CEPA.
钢印　　Selo Branco

签署　　Assinatura</td></tr>
</table>

附表 3.3.3　FORM B《亚太贸易协定》原产地证书样本

Asia-Pacific Trade Agreement

英文文本　　(Combined declaration and certificate)

<table>
<tr><td colspan="3">1.Goods consigned from:
(Exporter's business name, address, country)</td><td colspan="3">Reference No.
Issued in ....
(Country)</td></tr>
<tr><td colspan="3">2. Goods consigned to:
(Consignee's name, address, country)</td><td colspan="3">3.For Official use</td></tr>
<tr><td colspan="6">4. Means of transport and route:</td></tr>
<tr><td>5.Tariff item number:</td><td>6. Marks and number of packages:</td><td>7. Number and kind of packages/ description of goods:</td><td>8. Origin criterion (see notes overleaf)</td><td>9. Gross weight or other quantity:</td><td>10. Number and date of invoices:</td></tr>
<tr><td colspan="3">11. Declaration by the exporter :
The undersigned hereby declares that the above details and statements are correct: that all the goods were produced in
....
(Country)
and that they comply with the origin requirements specified for these goods in the Asia-Pacific Trade Agreement for goods exported to
....
(Importing Country)
....
Place and date, signature of authorized Signatory.</td><td colspan="3">12. Certificate
It is hereby certified on the basis of control carried out, that the declaration by the exporter is correct.
....
Place and date, signature and stamp of certifying authority.</td></tr>
</table>

《亚太贸易协定》

中文文本　　　（申报和证书合一）

<table>
<tr><td colspan="3">1.货物运自(出口人名称、地址、国家):</td><td colspan="3">编号：…………… …. …. …. ….签发
（国家）</td></tr>
<tr><td colspan="3">2. 货物运至（收货人名称、地址、国家）:</td><td colspan="3">3. 官方使用</td></tr>
<tr><td colspan="6">4.运输工具及路线</td></tr>
<tr><td>5.税则号列</td><td>6. 包装唛头及编号</td><td>7. 包装件数及种类，货物名称</td><td>8. 原产地标准（见背页说明）</td><td>9. 毛重或者其他数量</td><td>10. 发票编号及日期</td></tr>
<tr><td colspan="3">11.出口人声明
下列签字人证明上述资料及申明正确无讹，所有货物产自
………………………………
（国家）
且符合亚太贸易协定原产地规则的相关规定，该货物出口至
………………………………
（进口国）
………………………………
申报地点、日期及授权签字人的签字。</td><td colspan="3">12. 证明
根据所实施的监管，兹证明上述出口商的申报正确
………………………………
地点和日期，签字和签证机构印章。</td></tr>
</table>

附表 3.3.4　一般原产地证 C. O.

<table>
<tr><td>1.Exporter</td><td rowspan="3">Certificate No.

CERTIFICATE OF ORIGIN
OF
THE PEOPLE'S REPUBLIC OF CHINA</td></tr>
<tr><td>SHENZHEN MAOXINGYUAN INDUSTRY LTD.
CHINA O/B
可要求填写(公司/工厂)抬头</td></tr>
<tr><td>2.Consignee

</td></tr>
<tr><td>3.Means of transport and route

</td><td rowspan="2">5.For certifying authority use only</td></tr>
<tr><td>4.Country/region of destination

</td></tr>
</table>

6.Mrks and numbers	7.Number and kind of packages；description of goods	8.H S Code	9.Quantity	10.Number and date of invoices

<table>
<tr><td>11.Declaration by the exporter
The undersigned hereby declares that the above details and statements
are correct，that all the goods were produced in china and that they comply
With the rules of Origin of the People's Republic of china.

Place and date，signature and stamp of authorized signatory.</td><td>12.Certification
It is hereby certified that the declaration by the exporter is correct.

Place and date，signature and stamp of certifying authority.</td></tr>
</table>

附表 3.3.5 输欧盟或土耳其纺织品或丝麻制品出口产地证

<table>
<tr><td rowspan="3">1.出口人（代码、名称和地址）
EXPORTER（EID、name & address）</td><td colspan="3">2.出口企业代码（13 位码）</td></tr>
<tr><td>3.年度
Year</td><td colspan="2">4.类别号
Category</td></tr>
<tr><td colspan="3">CERTIFICATE OF ORIGIN
(Textile products)</td></tr>
<tr><td rowspan="2">5.收货人（名称和地址）
Consignee(name & address)</td><td colspan="3">CERTIFICAT D'ORIGINE
(Products textiles)</td></tr>
<tr><td>6.原产国
Country of origin
CHINA</td><td colspan="2">7.进口国
Country of destination</td></tr>
<tr><td>8.装运港、到货港、装运日期、运输方式
Place and date of shipment. Means of transport</td><td colspan="3">9.备注或说明
Supplementary details</td></tr>
<tr><td colspan="2">10.唛头—包装件数—商品名称
Marks & number of packages–DESCRIPTION OF GOODS</td><td>11.数量
Quantity</td><td>12.FOB价
Value FOB</td></tr>
<tr><td colspan="2">13.出口企业公章
申请日期： 年 月 日</td><td colspan="2">14. 领证员：
联系电话：</td></tr>
</table>

注：1. 表中各项请用英文正楷填写清楚。

2. 此表一式两份，打证室、签证机关各留存一份。

附表 3.3.6　进口货物原产地预确定申请书

<table>
<tr><td colspan="2">申请人名称：</td></tr>
<tr><td colspan="2">海关报关注册登记代码：（没有注册的填“无”）</td></tr>
<tr><td colspan="2">通信地址：</td></tr>
<tr><td colspan="2">联系人及联系电话：</td></tr>
<tr><td colspan="2">申请理由：</td></tr>
<tr><td colspan="2">商品名称（中文、英文）：</td></tr>
<tr><td colspan="2">商品《中华人民共和国海关进出口税则》号列：</td></tr>
<tr><td colspan="2">已知的即将进口的商品价格与数量/重量：</td></tr>
<tr><td colspan="2">进口商品详细描述（规格、型号、结构原理、性能指标、功能、成分、加工工序、具体制造过程等）：</td></tr>
<tr><td colspan="2">进口商品主要原材料或零配件的名称、税号、价格及原产地：</td></tr>
<tr><td colspan="2">其他补充说明：</td></tr>
<tr><td colspan="2">进口计划（拟进口日期、口岸等）：</td></tr>
<tr><td colspan="2">随附资料清单：</td></tr>
<tr><td colspan="2">需要保护的商业秘密范围及理由：</td></tr>
<tr><td>申请人声明：以上情况资料真实无讹。
申请人（章）
日期：
提交人：</td><td>海关受理部门（印章）：
接受日期：　　年　　月　　日
签收人：
申请书编号：关 [　　　] 第　　号</td></tr>
</table>

注：1. 申请原产地预确定应遵照海关有关公告内容进行；

2. 本申请书一式三份（随附资料两套），海关受理后留存两份，一份退申请人；

3. 本申请书由申请人和海关签章方为有效。

本章小结

在全球普遍实施的关税复式税栏中，其产地不同税率可能也不同，所以确定进出口货物的原产地，是选择关税税率工作过程的前期步骤。本章知识点如下：

（1）在关税实务中为什么要掌握原产地规则。

（2）优惠原产地规则和非优惠原产地规则区别（重点区分两者在使用范围的不同）。

（3）非优惠原产地规则的两大判定标准的内容。

（4）各种优惠原产地规则的使用（重点关注《亚太贸易协定》、《中国—东盟全面经济合作构架协议》、CEPA 在原产地规则上的变化）。

（5）原产地证书的种类和格式。

（6）我国原产地证书预确定制度。

按照 WTO 进行分类，原产地规则可分为优惠原产地规则和非优惠原产地规则 2 种，有完全获得和实质性改变 2 个判定标准，无论是优惠原产地规则还是非优惠原产地规则，其原产地都是通过这两大标准最终加以确定。学习本章内容不仅要掌握原产地规则的现状，更要把握住原产地规则发展的变化，展望其未来。

课后练习

（一）概念辨析

1. 优惠原产地规则与非优惠原产地规则。
2. 完全获得标准和实质性改变标准。
3. 《亚太贸易协定》与《中国—东盟全面经济合作框架协议》。
4. FORM A 与 FORM B。

（二）单选题

1. CEPA 项下原产地规则中的实质性改变标准是指产品经过加工后，在《中华人民共和国海关进出口税则》中 4 位数税号一级的税则归类已经有了改变，或者加工增值部分所占新产品总值的比率已超过（　　）及以上。

A. 60%　　B. 50%　　C. 40%　　D. 30%

2. 我国某进出口公司从香港购进一批平板电视机，其中 LED 显示屏为韩国生产，集成电路板由新加坡生产，其他零件均为马来西亚生产。最后由韩国三星企业组装成整机。该公司向海关申报进口该批电视机时，原产地是（　　）。

A. 中国香港　B. 韩国　C. 新加坡　D. 马来西亚

3. 我国某加工区从香港进口日本棉织布，制成衬衣在内地销售，海关认定的原产地是（　　）。

A. 中国香港　B. 日本　C. 中国内地　D. 原产地不明

4. 埃及生产的棉花（该棉花归 5203 号）运到我国台湾加工成纱线并织成棉布（该棉布归 5208）再转售到越南做成男式衬衫（归 6205 号），由于越南加工简单，增值率低，中国香港商人购进越南制衬衫进一步深加工，使制成的精制衬衫（仍归 6205）价值增加 30%，然后销往中国内地，我国海关确定该男衬衫的原产国或地区为（　　）。

A. 埃及　B. 中国台湾　C. 越南　D. 中国香港

（三）多选题

1. 特别优惠原产地规定关系到对 41 个发展中国家进口货物实施不同税率的问题，该规则有关规定中所指的实质性改变的标准是（　　）。

A. 货物经加工后，在海关进出口税则中的税号 4 位数一级的税则号列已有了改变

B. 货物经重新筛选并重新包装

C. 货物经加工后，增值部分占新产品总值的比率已经达到 30%

D. 货物经加工后，增值部分占新产品总值的比率已经达到 40% 以上

2. 下列不符合优惠原产地认定标准的“完全获得标准”有（　　）。

A. 在该国饲养活动物获得的未经加工的物品

B. 在该国领海以外享有开采权的海床获得的产品

C. 合法悬挂该国国旗船舶在别国领海获得的海洋捕捞物

D. 在该国收集只适用于原材料回收的废旧物品

3. 关于非优惠原产地认定标准中实质性改变标准表述正确的是（　　）。

A. 2 个及 2 个以上国家（地区）参与生产或制造的货物，以最后完成实质性改变的国家（地区）为原产地

B. 对非该国原材料加工后在税则中 8 位数子目一级税则归类发生变化

C. 税则归类改变不能反映完成实质性改变的，以从价百分比、制造或者加工工序等为补充标准

D. 从价百分比来要求对原材料加工后增值部分，超过所得货物价值的 30%

（四）判断题

1. 优惠原产地规则是在最惠国待遇原则的基础上制定的，具有很强的排他性，优惠范围仅限签署优惠贸易协定各签约国，其目的是促进签约国之间的贸易发展。（　　）

2. 中国香港企业在韩国生产衬衫，再运到香港烫压、定型，挂香港企业品牌后运往内地销售。衬衫的生产成本10港元，香港加工人工成本2港元，每件品牌价值3港元。如果运往内地销售（离岸）价格16港元，其原产地是香港。（　　）

3. 原产地证书是证明产品原产于某地的书面文件。优惠原产地证书由于涉及享受优惠关税待遇，在向海关申报时必须提交，非优惠原产地证书由于不涉及享受优惠关税待遇，申报时海关不要求提交。（　　）

4. 适用优惠原产地规则的原产地证书，凡是受惠国政府指定机构签发的，即可适用于多批进口货物，并多次使用。（　　）

（五）案例分析

1. 我国某企业进口一批马来西亚组装的美国HP（惠普）牌电脑FOB价格是600美元，其中，CPU和软件产自美国价值150美元；主板产自新加坡价值90美元；硬盘产自我国台湾地区价值110美元；不明产地原件20美元。我国海关应如何确定该批电脑的原产地？为什么？

2. 中国N公司是一家橡胶批发商，2010年年底起陆续从孟加拉国购买了一批M牌进口橡胶，价值500多万美元。M牌商标持有人是孟加拉国PM橡胶公司。N公司将这批已经缴纳了进口关税的橡胶存放在广州附近的一个外贸仓库内，准备运往外地。2011年4月，海关和商品检验管理部门工作人员前往该外贸仓库内进行联合检查。外贸仓库管理人员误认为海关只检查尚未缴纳进口关税的产品而未告知对方这批货物的存在。海关人员第二次巡视时发现了这批货物，于是强行进入仓库，进行开箱检查。海关人员最初怀疑货物是仿冒产品而下令留置。尽管N公司向海关提交了大量的证明文件包括原产地证明书，说明N公司购买的这批橡胶确系合法从孟加拉国进口的产品，还指出货物价值巨大，客户有合同义务及时向外地发货，海关不应继续留置，但是海关有关人员再继续对货物进行抽查，发现橡胶在进境前有途经新加坡的记录，后来又发现某些橡胶有更换包装的残迹，于是认为这批橡胶可能有更换海关标签的可能。在此基础上，海关决定以货物原产地不符合法律规定和有走私嫌疑为由将其全部扣押。

请用本章学过的知识分析海关的做法是对还是错，为什么？

第 4 章 关税征纳的第二个工作过程（二）：关税税率的执行原则

学习目标

了解关税税率确定过程；掌握确定关税税率的三大执行原则：关税税率的适用原则，关税税率选择原则，关税税率的时间原则；把握暂定税率与其他税率不同点；理解最惠国税率的含义和普遍适用原理，在此基础上掌握协定税率、特惠税率以及配额税率和零税率的使用。

在关税征纳的第二个工作过程中，掌握进出口货物的原产地规则是首要环节，而确定合适的关税税率就是此工作过程的最终目的。在复式税则制下，相同进出口商品或者说同一个商品编码存在多个可适用的税率，所以从众多可适用关税税率中，确定一个合适的税率，从而准确计算关税税额，是关税征纳的重要内容。确定关税税率需要准确掌握确定关税税率执行的三大原则：关税税率的适用原则、关税税率的选择原则和关税税率的时间原则。

4.1 关税税率适用原则

国际上通行的进出口关税税率有最惠国税率、协定税率、特惠税率、普通税率。普通税率适用于没有外交关系的国家和产地不明的进口货物，税率最高；适用于普通税率的不适用于其他优惠税率。最惠国税率适用于世界贸易组织成员和有外交关系签有相互给予最惠国待遇的国家，税率较普通税率低很多。协定税率适用于与我国签有关税优惠条款的区域性贸易协定的国家，税率较最惠国税率低。特惠税率适用于原产于与我国签有特殊关税优惠条款的区域性贸易协定的国家，税率较协定税率低。我国在采用国际通行关税税率的同时，又增设了关税配额税率、暂定税率、零关税等税率。并临时制定反倾销、反补贴、报复性保障措施下特别关税等附加关税税率。根据我国加入世界贸易组织的承诺，从 2001 年 12 月“入世”算起，我国已大幅度降低了进口关税，几次下调了资源和能源类产品、工业零部件，以及部分生活日用品的进口暂定税率。在出口关税方面，着眼于保护资源环境，对资源性产品开征了出口关税；在实施协定税率方面，对原产于韩国、智利等国家以及东盟、中国香港和中国澳门等地区的部分商品实行了比最惠国税率更加优惠的税率或零税率；对原产于老挝、柬埔寨、缅甸、孟加拉国和非洲几十个最不发达国家的产品实行特惠税率。2008～2009 年，我国进一步调整进出口关税，主要涉及最惠国税率、年度暂定税率、协定税率和特惠税率等方面。到 2010 年 1 月 1 日，所有产品的降税承诺已经履行完毕。我国平均关税税率总水平从入世前的 15.3% 降到 2010 年的 9.8%；其中，农产品平均税率为 15.2%，工业品平均税率降至 8.92%。近几年来，我国关税税率总水平一直保持在 9.8%。同时，我国进一步规范了海关进出口税目，使之更符合世界海关组织《商品名称及编码协调制度》列目原则的要求。2017 年，我国进出口税则税目与《商品名称及编码协调制度》同步转版。根据国内需要对部分税则税目进行调整。经转版和调整后，2017 年，我国进出口税则税目共计 8 547 个。上述关税政策调整的积极效应将得到充分显现，同时也为将来的政策调整奠定了坚实的基础。

4.1.1 最惠国税率（The Most favoured-nation Rate of Duty）

最惠国税率是指来自其最惠国的进口产品享受比普通税率较优惠的关税税率。最惠国税率必须遵守世界贸易组织（WTO）普遍适用的最惠国待遇原则。按照 WTO 最惠国待遇原则的要求，最惠国税率必须同时给予 WTO 签约成员，所以，最惠国税率又称为 WTO 关税税率。

相关链接

最惠国待遇原则

最惠国待遇原则是指缔结经济贸易条约协定的一项法律原则，又称无歧视待遇原则，指缔约一方在贸易、航海、关税、公民的法律地位等方面给予缔约国另一方的优惠待遇，应自动地、无条件地提供给缔约的第三方。早在《关税与贸易总协定》第 1 条第 1 款中就明确规定，“缔约国对来自或运往其他国家的产品所给予的利益、优待、特权或豁免，应无条件地给予来自或运往所有其他缔约国的相同产品”，即《关税与贸易总协定》缔约国之间使用无条件最惠国待遇原则。自世界贸易组织成立后，这一条款就延续下来，成为 WTO 最惠国待遇原则。

根据我国加入世界贸易组织承诺的关税减让义务，2017 年我国对进口商品的最惠国税率作出进一步调整，针对《中华人民共和国加入世界贸易组织关税减让表修正案》附表所列信息技术产品最惠国税率自 2017 年 1 月 1 日至 2017 年 6 月 30 日继续实施首次降税，自 2017 年 7 月 1 日起实施第二次降税。如表 4 -1 所示。

表 4-1　部分信息技术产品最惠国税率调整表

序号	税则号列	信息技术产品名称	2017 年 1 月 1 日至 6 月 30 日最惠国税率（%）	2017 年 7 月 1 日至 12 月 31 日最惠国税率（%）
1	37013025	柔性印刷版	7.5	5.0
2	84248999	喷涂机器人	0	0
3	84433923	热敏复印设备	19.3	16.5
4	84439111	卷筒料给料机	10.0	8.0
5	84768900	钱币兑换机	11.3	7.5

最惠国税率是中国“入世”关税减让谈判的承诺税率，适用于：（1）原产于与我国共同适用最惠国待遇条款的世界贸易组织成员国或地区的进口货物；（2）原产于与我国签订有相互给予最惠国待遇条款的双边贸易协定的国家或地区的进口货物；（3）原产于中华人民共和国境内生产的复进口货物。目前，享受我国最惠国税率的进口国家或地区共有 190 个，包括 WTO 150 多个成员国（互不适用国家除外），以及非 WTO 成员方但同中国订有关税互惠

协议的缔约方。

4.1.2 协定税率（Conventional Tariff）

协定税率是一国根据其与别国签订的多边或双边贸易条约或协定而制定的关税税率。协定税率是基于最惠国税率的基础而制定的，所以协定税率一般低于最惠国税率。如表 4－2 所示。

表 4-2 《亚太贸易协定》税目税率表（节选）

序号	税则号列	商品名称（简称）	最惠国税率（%）	协定税率（%）
1	01069020	其他食用动物	10.0	9.0
2	01069090	其他动物	10.0	9.0
3	03019190	其他活鳟鱼	10.5	8.0
4	03019290	其他活鳗鱼	10.0	6.7
5	03019390	其他活鲤鱼	10.5	8.0
6	03019992	活鲀	10.5	8.0
7	03019999	其他活鱼	10.5	8.0
8	03021900	其他鲜、冷鲑鱼	12.0	8.0
9	03022100	鲜、冷鲽鱼	12.0	9.0

协定税率适用于：(1)《亚太贸易协定》下的协定税率。经国务院批准，《亚太贸易协定》第三轮关税减让谈判就相关产品所达成的协定税率已于 2006 年 9 月 1 日起正式实施，自 2006 年 9 月 1 日起，对原产于韩国、印度、斯里兰卡、孟加拉国和老挝的 1 717 个税目下（2009 年增加到 1 751 个税目）商品的进口货物实行协定税率。(2)《中国—东盟全面经济合作框架协议》下的协定税率。经国务院批准，国务院关税税则委员会决定自 2005 年 7 月 20 日起，对文莱、印度尼西亚、马来西亚、缅甸、新加坡、泰国 6 个国家实施中国—东盟自由贸易区协定税率（含现行对 6 国实施的“早期收获”商品协定税率）。2008 年，扩展到文莱、印度尼西亚、马来西亚、新加坡、泰国、菲律宾、越南、缅甸、老挝和柬埔寨 10 国。现在共有 3 408 种商品的《中国—东盟全面经济合作框架协议》协定税率低于相应的最惠国税率（包括 37 种从量税及复合税商品），征收的平均协定税率与最惠国平均税率水平相比低 1.8 个百分点。(3)《中国—新西兰自由贸易协定》下的协定税率。经国务院批准，自 2008 年 10 月 1 日起，对进口原产于新西兰的6 989个税目项下的商品

实施《中国—新西兰自由贸易协定》附件所列的协定税率。（4）对原产于智利的6 978 个税目商品继续实施《中国—智利自由贸易协定》下的税率。（5）《中国—巴基斯坦自由贸易协定》下的协定税率。对原产于巴基斯坦的6 191个税目商品继续实施《中国—巴基斯坦自由贸易协定》税率。（6）《中国—新加坡自由贸易协定》下的协定税率。对原产于新加坡的2 739 个税目商品开始实施《中国—新加坡自由贸易协定》税率。（7）《中国—秘鲁自由贸易协定》下的协定税率。中国、秘鲁双方将对各自90%以上的产品分阶段实施零关税。该协定实施后，中国的轻工、电子、家电、机械、汽车、化工、蔬菜、水果等产品和秘鲁的鱼粉、矿产品、水果、鱼类等产品将从中获益。（8）《中国—哥斯达黎加自由贸易协定》下的协定税率。中国、哥斯达黎加双方将对各自90%以上的产品分阶段实施零关税。该协定实施后，中国的纺织原料及制品、轻工、机械、电器设备、蔬菜、水果、汽车、化工、生毛皮及皮革等产品和哥斯达黎加的咖啡、牛肉、猪肉、菠萝汁、冷冻橙汁、果酱、鱼粉、矿产品、生皮等产品将从降税安排中获益。（9）《中国—冰岛自由贸易协定》下的协定税率。中国、冰岛双方将共同对近96%的税目逐步实施零关税。（10）《中国—瑞士自由贸易协定》下的协定税率。中国将逐步对瑞士84.2%的对华出口产品实施零关税，瑞士将立即对中国99.7%的对瑞士出口产品实施零关税。（11）《中国—韩国自由贸易协定》及《中国—澳大利亚自由贸易协定》下的协定税率。对原产于韩国和澳大利亚的8 294 个税目商品实施中韩和中澳自由贸易协定税率。（12）《中国—格鲁吉亚自由贸易协定》下的协定税率。格鲁吉亚将对9 955 个税目（税目数占比96.5%）项下中国原产货物实行零关税，并全部于首次降税时立即实行。中国将对7 781 个税目（税目数占比93.9%）项下格鲁吉亚原产货物实行零关税，其中7 529 个税目于首次降税时实行，其余2 52 个税目在5 年过渡期后实行。

实施与有关国家和地区的协定税率，加强了我国对东盟、印度、大洋洲和南美洲等国家和地区的经贸关系，促进了我国对外贸易的协调发展。2018年，根据我国与有关国家或地区签署的贸易或关税优惠协定，对《中国—格鲁吉亚自由贸易协定》项下的部分产品开始实施协定税率，对中国与东盟、巴基斯坦、韩国、冰岛、瑞士、哥斯达黎加、秘鲁、澳大利亚、新西兰的自由贸易协定以及内地分别与香港、澳门的更紧密经贸安排（CEPA）项下的部分商品的协定税率进一步降低。如表4－3 所示。

表 4-3　进一步降税的进口商品协定税率表（节选）

序号	税则号列	商品名称	最惠国税率（%）	东盟（%）	巴基斯坦（%）	韩国（%）	冰岛（%）	瑞士（%）	格鲁吉亚（%）	哥斯达黎加（%）	秘鲁（%）	澳大利亚（%）	新西兰（%）	香港（%）	澳门（%）
1	01063923	野鸭	10	0	5	6	0	0	0	0	0	2	0		
2	02012000	鲜、冷的带骨牛肉	12	0	6	8.8	0	6	9.6	5.6	5.6	7.2	0		
3	03019491	大西洋蓝鳍金枪鱼	10.5	0	5	6.3	0	5.2	0	2.1	0	2.1	0	0	
4	03071200	冻牡蛎（蚝）	14	0	11.2	8.4	0	7	0	0	1.4	2.8	0	0	
5	04031000	酸乳	10	0	5		0	5.8	8	4.7	1	6	0	0	0

4.1.3　特惠税率（Preferential Duties）

特惠税率是基于联合国普惠制有关规定而制定的，体现经济较为发达国家对发展中国家给予最优惠的关税政策。这种最优惠关税税率在亚洲和大洋洲的发达国家均称为特惠税率（SP），而美国、英国、法国以及加拿大等欧美发达国家称普惠税率（GPT）。特惠税率是发达国家向发展中国家单方面提供的优惠税率，是在最惠国税率的基础上进一步进行减免，因而是比最惠国税率更低的关税税率，具有单向、非互惠的特点。在我国特惠税率主要给予与中华人民共和国签订含有特殊关税优惠条款贸易协定的国家或者地区的进口货物，是对特定国家适用的特别优惠关税税率。我国特惠税率最早起源于《海关关于执行〈中华人民共和国给予非洲最不发达国家特别优惠关税待遇的货物原产地规则〉的规定》（以下简称《对非洲特惠规定》）。2004 年经与非洲 25 个最不发达国家通过双边换文确认。在此基础上以海关总署令的形式对外公布了《对非洲特惠规定》文件，并于 2005 年 1 月 1 日起实施。自 2006 年起，海关总署在《对非洲特惠规定》基础上每年都进行修改，范围也逐渐扩大。海关总署在 2017 年 3 月 1 日，公布了《中华人民共和国海关关于最不发达国家特别优惠关税待遇进口货物原产地管理办法》（海关总署令第 231 号），自 2017 年 4 月 1 日起施行，截至 2017 年，适用我国特惠税率的国家已达到包括亚洲和非洲 40 个国家。

根据我国加入世界贸易组织承诺的关税减让义务，以及双边与多边互换文件，我国特惠税率适用于以下国家或地区：（1）东南亚有柬埔寨、缅甸、老挝、孟加拉国 4 国部分进口商品。其中柬埔寨、缅甸、老挝作为东盟成员是在适用我国给予的《中国—东盟全面经济合作框架协议》税率同时再适用特惠税率。而孟加拉国是作为《亚太贸易协定》成员在适用于我国给予的亚太协定税率同时再适用特惠税率。（2）印度洋及南太平洋地区有也门、马尔代夫、萨摩亚、瓦努阿图、阿富汗 5 国。我国从 2007 年开始对此地区进口商品实施特惠税率，并且有进一步扩大国家范围和商品品种的趋势。（3）非洲有安哥拉共和国、贝宁共和国、布隆迪共和国、埃塞俄比亚联邦民主共和国、赤道几内亚共和国、多哥共和国等 31 个非洲最不发达国家的部分商品。非洲地区是我国实施特惠税率最早的地区，也是重点地区。

4.1.4　普通税率（GTRATE）

按照我国现行《中华人民共和国进出口关税条例》的规定，原产于上述国家或地区以外的国家和地区的进口货物，或者原产地不明的国家或者地区的进口货物适用于普通税率。普通税率又称一般税率，是各国不考虑任何特定因素而制定的基本关税税率，是其他优惠税率减税的基础税率。普通税率并不是被普遍实施的税率，只在未签订任何贸易协定的国家之间采用，在我国普通税率仅对极少数（一般是非建交或断交）国家的出口商品实行这种税率。由于普通税率比优惠税率高 1 ~5 倍甚至 10 倍以上，因而被称为歧视性税率，是我国征收的最高关税税率。

普通税率适用的范围有：（1）与我国没有签署任何贸易协定的国家或地区生产或制造的货物，按照普通税率征收进口关税。由于与我国签署贸易协定是基于主权基础之上，所以与我国没有外交关系或断绝外交关系国家的产品，按照普通税率征收进口关税。譬如，2005 年由于基里巴斯与我国台湾地区建交，我国在断绝与该国的外交关系同时，海关总署也立即公布对该国产品实施普通税率。（2）对于无法确定原产国别（地区）的进口货物，按普通税率征税。（3）对于某些包装特殊的产品 ，比如，以中性包装或裸装形式进口经查验又无法确定原产国别的货物，除申报时能提供原产地证明的可按原产地确定税率外，一律按普通税率计征关税。适用于普通税率的进口货物，经国务院关税税则委员会特别批准，可以适用于最惠国税率。

4.1.5　暂定税率

关税暂定税率是在最惠国税率的基础上临时降低一定幅度的优惠税率，

所以又称为暂定最惠国税率。与最惠国税率等其他税率不同，暂定税率适用产品而不是产地，也就是说，适用暂定税率进口商品不管产于何地都执行一个税率。我国关税暂定税率主要针对进口的某些重要的工农业生产原材料和机电产品关键部件（但只限于从与中国订有关税互惠协议的国家和地区进口的货物），以及对鳗鱼苗等部分资源性出口产品而实施的，一般按照年度制订，并且随时可以根据需要恢复原有最惠国税率征税。根据中国进出口关税条例的规定。

2017 年，综合考虑国内产业和科技发展、对外贸易和百姓需求，对进口暂定税率进行了适当调整。2017 年上半年共有 822 项进口商品实施暂定税率，但自 2017 年 7 月 1 日起，因实施信息技术产品降税相应取消税率 17 项，进口商品暂定税率的商品范围调减至 805 项。其中，新增或进一步降低商品暂定税率 32 项，调整暂定税率适用范围 1 项，调整后的进口暂定税率主要涉及以下三大类商品：

（1）有利于降低先进技术设备进口成本，推动国内技术进步和装备制造水平的先进设备、关键零部件，如集成电路测试分选设备、高分辨率数字放映机零件、飞机用液压作动器等；

（2）满足我国居民日益增长的物质文化需要的日用消费品和文化消费品，如金枪鱼、北极虾、蔓越橘、鱼油软胶囊、狗食或猫食、塑料品原件等；

（3）有利于促使制药企业降低成本从而降低药价的部分药品原料药，如生产抗癌药所需的红豆杉皮和枝叶、治疗糖尿病所需阿卡波糖等。

4.1.6 关税配额税率

关税配额税率是建立在关税配额制度基础上的优惠税率。关税配额制度下一种国际通行的惯例，是在一定数量内对进口货物实行低关税，超过规定数量就实行高关税的办法。日本采取一次关税和二次关税就是依据不同数量规定实施不同税率的关税配额制度。关税配额制度与进口配额都是一种数量限制措施，但是进口配额对数量有较严格的限定，超过限额数量后不能进口，即严格地控制进口总量。而关税配额就有灵活性，对于必要的数量实行低关税，对于超过一定数量的进口则实行高关税，虽然这样关税高了，但还是允许进口，体现了关税杠杆的调节作用。这种办法许多国家都采用，《关税与贸易总协定》（GATT）和其后的世界贸易组织都允许关税配额的存在，在亚太经济合作组织的讨论中，也是把关税配额作为关税手段来加以保留的。

关税配额可分为两种：一种是进口国最高限额，是给所有受惠国使用的，称为全球关税配额；另一种仅限于对个别受惠国单独数量限制，称为单一受惠国关税配额或称为国别关税配额管理。在关税配额制度下，进口国对于在关税配额内进口的货物可以适用较低的税率或免税，对于超过限额后所进口的货物则适用较高或一般的税率。我们对关税配额内适用较低税率称为关税配额税率。如表 4 –4 所示。

表 4-4　关税配额商品税目、税率表

商品类别	税则号列	普通税率（%）	最惠国税率（%）	配额税率（%）
羊毛	51011100	50	38	1
	51011900	50	38	1
	51012100	50	38	1
	51012900	50	38	1
	51013000	50	38	1

根据新的《中华人民共和国进出口关税条例》规定，对特定进出口货物，可以实行关税配额管理。实施关税配额管理的货物、税率、期限，由国务院关税税则委员会决定，海关总署公布。我国现行（2019 年）关税配额税率适用范围：（1）农产品。对小麦、玉米、棉花等 8 种农产品继续实行全球关税配额管理。（2）化肥。对尿素、复合肥、磷酸氢铵等 3 种化肥实行全球关税配额管理，配额内税率继续实施 1% 的暂定税率。（3）羊毛。根据《中华人民共和国政府与新西兰政府自由贸易协定》和《中华人民共和国政府与澳大利亚政府自由贸易协定》，自 2009 年起对从新西兰进口的羊毛、毛条及自 2016 年起从澳大利亚进口的羊毛实行国别关税配额管理。

2019 年，国别关税配额总量分别为：新西兰羊毛 36 936 吨、新西兰毛条 665 吨、澳大利亚羊毛 34 729 吨。该数量为洗净（公定）数量。国别配额实行凭合同“先来先领”的分配方式。申请者凭羊毛、毛条进口合同以及有关材料申请羊毛、毛条国别配额（含加工贸易）。企业向注册所在地商务部门授权机构提交申请。申请表中的进口合同原产地栏仅能填注新西兰或澳大利亚。如有实绩申请者［持有 2018 年国别关税配额且有进口实绩（不包括代理进口）的企业］在年度内可多次申请国别关税配额，但在 2019 年 9 月 30 日前其累计申领数量不超过 2018 年同一贸易方式下的进口数量。当国别配额发放数量累计达到当年羊毛、毛条国别配额总量，则停止接受申请者的申请。

实行关税配额管理的进口货物目录，由国务院外经贸主管部门会同国务院有关经济管理部门制定、调整并公布。属于关税配额内进口的货物，按照配额内税率缴纳关税；属于关税配额外进口的货物，按照配额外税率缴纳关税。进口配额管理部门应当在每年 9 月 15 日 ~ 10 月 14 日公布下一年度的关税配额总量。配额申请人应当在每年 10 月 15 日 ~ 10 月 30 日向进口配额管理部门提出关税配额的申请，并领取进口配额证明。如表 4-5 所示。

表 4-5　进口关税配额证明

<table>
<tr><td colspan="2">1. 进口商：</td><td>代码：</td><td colspan="3" rowspan="2">2. 关税配额证号：
关税配额证有效截止日期：</td></tr>
<tr><td colspan="3">3. 进口用户：</td></tr>
<tr><td colspan="3">4. 贸易方式：</td><td colspan="3" rowspan="2">5. 贸易国（地区）：</td></tr>
<tr><td colspan="3">6. 是否国有贸易：</td></tr>
<tr><td colspan="3">7. 外汇来源：</td><td colspan="3">8. 原产国（地区）：</td></tr>
<tr><td colspan="3">9. 报关口岸：</td><td colspan="3">10. 商品用途：</td></tr>
<tr><td colspan="3">11. 商品名称：</td><td colspan="3">12. 商品编码：</td></tr>
<tr><td>13. 规格型号</td><td>14. 单位</td><td>15. 数量</td><td>16. 单价</td><td>17. 总值</td><td>18. 总值折美元</td></tr>
<tr><td></td><td></td><td></td><td></td><td></td><td></td></tr>
<tr><td></td><td></td><td></td><td></td><td></td><td></td></tr>
<tr><td colspan="2">19. 总计：</td><td></td><td></td><td></td><td></td></tr>
<tr><td colspan="3">20. 备注：</td><td colspan="3">21. 授权机构签章：　经办人签字：
22. 发证日期：</td></tr>
</table>

相关链接

关税配额与进口配额的区别

进口配额内货物可以进口，配额外的货物不允许进口，所以，配额外的货物是法律禁止进口的货物；关税配额内货物可以进口，配额外的货物也可以进口，只是配额内与配额外货物征收关税税率不同，所以，配额外的货物是法律允许进口的货物。进一步说，关税配额外的货物一定是进口配额内的货物，如果进口配额外的法律禁止进口货物，则不能报关，也不存在征收关税问题。如果违规进口，海关不会征收关税，而是直接认定为走私。

4.1.7　零关税税率

零关税税率是指各国海关根据各国签署的多边或双边贸易协定，对部分进口商品实行的最大优惠关税政策。这里的零关税税率与免税的概念有所不同，免税是各国政府根据国内外相关法律和政策而实施的减免措施，分为法定减免和政策性减免；零关税是根据国际多边或双边协议而实施的优惠税收措施，是关税税率进一步优惠的过程。零关税税率属于优惠关税税率，只是将优惠扩大到最大化，使税率为零。

在我国，零关税税率的适用范围有：

4.1.7.1　ITA零税率

ITA（Information Technology Agreement），即《信息技术协议》。在WTO成立以后，在以美国为首的WTO成员方之间又达成了一项旨在使发展中国家的关税水平进一步降低的《信息技术协议》（ITA）。协议规定，参加方在1997年7月1日前约束信息技术产品的关税，并在1997年~2000年分4个阶段均等削减关税税率至零，每一阶段削减现行关税税率的25%。我国是WTO成员并加入了《信息技术协议》，因此，也必须承担对信息技术产品进口关税的减让义务。2002年，我国对信息技术产品税目的进口最惠国税率实行了WTO信息技术产品协议税率。这些信息技术产品包括计算机系统、笔记本电脑、中央处理器、键盘、打印机、显示器、扫描仪、硬盘驱动器、电话机、可视电话、传真机、电话交换机、调制解调器、关受话器、应答机、广播电视传输接收设备、寻呼机、半导体及半导体生产设备、软件、科学仪器及其相关零部件等共221个税目。其中，有15个税目的产品只有在为生产信息技术产品而进口的条件下，才可适用ITA税率。为此，凡申报进口上述15个税目产品并要求适用ITA税率的单位，须经信息产业部出具证明并经海关确认后方可适用ITA税率。

4.1.7.2　CEPA零税率

《内地与香港、澳门更紧密经贸关系安排》，即CEPA及随后一系列补充协议的规定，自2006年1月1日起，对输往内地原产于港、澳的产品全面实施零关税。由于每年须调整实行零关税进口商品的税号，所以享受零关税优惠措施的产品清单可参阅国务院关税税则委员会、海关总署和财政部每年联合主编的《中华人民共和国进出口税则》以及已签署的6个CEPA协议和海关总署相关公告。

4.1.7.3 《中国—东盟全面经济合作框架协议》零税率

根据《中国—东盟全面经济合作框架协议》对原产于东盟10国的若干商品可执行中国—东盟自由贸易区“早期收获”条款，即各缔约国之间可以在该协议基础上进行双边协商，提前实现该协议规定的内容。按此条款规定，中国与泰国于2003年6月18日正式签署《中华人民共和国政府与泰王国政府关于在〈中国—东盟全面经济合作框架协议〉“早期收获”方案下加速取消关税的协议》（简称《中泰蔬菜水果协议》），此协议规定2003年10月1日开始实施的中泰蔬菜水果零关税安排。农产品是中国和东盟最优先合作的领域，也是最早实施零关税的领域，双方在这一领域的互补性强，合作潜力大。2009年1月1日，产自东盟的农产品进口关税税率已经降到2.4%。2011年，在中国自东盟进口的农产品中，已经有93%的产品实行零关税。

4.1.7.4 特惠关税零税率

自2005年起，我国政府分别与非洲和亚洲一些最不发达国家正式签署了关于我国给予部分对华出口商品零关税待遇的换文协议。根据国务院的决定，对以下最不发达国家实施税率为零的特惠税率：（1）原产贝宁共和国、塞内加尔共和国等非洲28个国家部分商品实施零关税，具体商品见《中华人民共和国进出口税则（2006年）》附表“进口关税特惠税率表”；（2）原产于也门、阿富汗伊斯兰共和国等亚太5个国家的部分商品实施零关税待遇，具体商品范围见《国务院关税税则委员会关于调整汽车等商品关税税率及实施有关协定税率特惠税率的通知》（税委会〔2006〕13号）附件5“进口特惠（也门等4国）税目税率表”。

4.1.8 特别关税税率

特别关税主要是国家用于宏观调控的一种手段。对于贸易国采取不正当的方式进行竞争，或者对中国进行倾销的一种抑制措施。根据新的《中华人民共和国进出口关税条例》规定，特别关税包括报复性关税、反倾销税、反补贴税、保障性关税和其他特别关税。根据我国现行《中华人民共和国进出口关税条例》的规定，任何国家或者地区对其进口的原产于中华人民共和国的货物征收歧视性关税或者给予歧视性待遇的，海关对原产于该国家或者地区的进口货物，可以征收特别关税。特别关税包括报复性关税、反倾销税、反补贴税与保障性关税。征收特别关税的货物、适用国别、税率、期限和征收办法，由国务院关税税则委员会决定，海关总署负责实施。特别关税税率是由国务院关税税则委员会根据具体情况临时制定的，而且是在按原有适用税率基础上加征关税的税率，所以又称为附加税率。特别关税税率适用将在本书第6章予以详细介绍。

4.1.9　案例

4.1.9.1　案例介绍

一家中国跨国汽车制造公司，计划在韩国、日本、马来西亚、柬埔寨和中国香港地区等采购零部件或设零部件供应企业，以完善企业产业链与供应链。2017年，公司召开董事会商议此事并初步拟订以下3套方案：

（1）方案一

在韩国设生产汽车仪表企业，在日本采购生产汽车的轴承和发动机，在马来西亚采购阀门，在柬埔寨设生产轮胎企业，在中国香港地区采购汽车用玻璃。

（2）方案二

在韩国采购生产汽车用仪表电器，在日本采购生产汽车的轴承和发动机，在马来西亚采购阀门，在柬埔寨设生产轮胎企业，在中国香港地区设汽车用玻璃供应企业。

（3）方案三

在韩国采购生产汽车的轴承和发动机，在日本设生产汽车仪表企业，在马来西亚设生产轮胎企业，在柬埔寨设生产阀门企业，在中国香港地区采购汽车用玻璃。

站在关税角度来看，以上3种方案哪种最优？

4.1.9.2　案例分析

根据关税税率的有关规定，应从这些国家、地区是否与中国签有关税互惠协议出发，仔细比较一下，在这些与中国签订关税互惠协定的国家和地区中，哪一个税率更优惠，哪一个在经济成本上更为有利，从而作出选择。这其中还要考虑该国家或地区产品质量和出口配额限制，以及劳动成本等其他一些影响因素。

方案一分析：（1）韩国是电器仪表生产强国，在韩国设厂有货源和质量保证，而且韩国是《亚太贸易协定》成员国又与中国签订了《中国—韩国自由贸易协议》，从其采购可以享受低于最惠国税率的协定税率。但是韩国工会组织制度世界闻名，设厂的劳动成本较大。（2）日本是WTO成员，且日本汽车制造业发达，从日本采购生产汽车用的发动机既有关税税率的平等待遇，又有产品质量保证。(3) 柬埔寨属于最不发达国家之一，享受普惠制待遇，从柬埔寨进口货物我国海关给予特惠税率，但是柬埔寨工人技术含量和劳动生产率较低，并且生产轮胎的原料橡胶多数靠进口，使其产品成本加大，质量难保障。(4) 中国香港地区与内地有 CEPA 协议，汽车用玻璃享有零关税税率待遇，但是作为国际著名的中转地，在中国香港地区采购汽车用玻璃，很难符合 CEPA 原产地规则。

方案二分析：(1) 韩国是电器仪表生产强国，在韩国采购生产汽车用仪表电器，既有货源和质量保证，享受低于最惠国税率的协定税率，又可以回避韩国工会组织制度下的设厂劳动成本问题。(2) 日本是 WTO 成员，而且日本汽车制造业发达，从日本采购生产汽车用的发动机既有关税税率的平等待遇，又有产品质量保证。(3) 马来西亚是东盟成员并且是东盟较发达的国家之一和世界主要橡胶原产地，既享有十加一《中国—东盟全面经济合作框架协议》税率优惠，又有原料来自本地的成本优势和质量保障。(4) 中国香港地区与内地有 CEPA 协议，汽车用玻璃享有零关税税率待遇，所以在中国香港地区设车用玻璃供应企业，可以充分利用 CEPA 原产地规则，从而得到更大的税率优惠。

方案三分析：(1) 在韩国采购生产汽车用的发动机有税率优势（协定税率），但是与在日本采购相比质量有一定差异。日本也是世界著名的电器仪表生产强国，质量有保障。但是与在韩国采购相比有税率劣势，且在日本设厂同样有劳动成本大弊端。(2) 马来西亚与柬埔寨在生产汽车轴承方面没有实质差异，但是柬埔寨有税率优势（特惠税率），所以从设轴承生产企业来说，应优选柬埔寨而不是马来西亚。

综合以上分析，方案二最优。

4.2 关税税率选择原则

在复式税栏下，同一个税则号列可能同时适用几个税率，也就是说同一个商品同时有几个税率可以使用。在这种情况下，如何找出最合适的税率计算关税，就必须制定一个基本原则加以解决。我国现行的关税税率采用“从低执行”原则，即在同时适用几个税率中选择其中较低的税率计算关税，但是特殊情况除外。按照我国《进出口关税条例》第 9 条至第 11 条规定，关税税率选择时按如下原则执行。

4.2.1 优先使用暂定税率

暂定税率优先使用主要适用于以下两种情况：

（1）适用最惠国税率的进口货物，有暂定税率的，应当适用暂定税率。关税暂定税率是在海关进出口税则规定的进出口最惠国税率的基础上，对进口的某些重要工农业生产原材料和机电产品关键部件，以及出口的部分资源性产品实施的更为优惠的关税税率，是更优惠的最惠国税率。由于暂定税率低于最惠国税率，按照“从低执行”原则，当两者同时适用时，适用暂定税率。目前，已有670多种商品实施较低的进口暂定税率，主要包括煤炭、燃料油、石料等资源能源类产品，氨水、环氧树脂、液晶显示板用偏振片、空调用无级变速压缩机、大型清障车底盘等重要原材料和关键零部件，喷气织机、自动络筒机、大马力拖拉机、大型收割机等先进工农业设备，疫苗、无障碍升降机、陶瓷等与公共卫生相关的产品及部分家居生活用品等。这些进口商品在适用最惠国税率时，优先使用暂定税率。

（2）适用出口税率的出口货物有暂定税率的，应当适用暂定税率。出口关税税率基本采用“从低执行”原则，而在我国现行出口关税税率中，暂定税率为最低税率。

4.2.2 执行较低税率

适用协定税率、特惠税率的进口货物有暂定税率的，执行较低税率。协定税率、特惠税率以及暂定税率，都是在最惠国基础上实施的再优惠税率，但是三者比较谁更低？不同进口商品有不同解读。比如，产自老挝的进口原料商品，同时适用于《亚太贸易协定》下的协定税率、《中国—东盟全面经济合作框架协议》下的协定税率、东南亚4国的特惠税率，以及部分原料商品享有的暂定税率。这些同时适用几种税率的原料商品在使用时，按照“从低执行”原则，选择使用其中最低税率。譬如，煤炭用暂定税率，而石料使用特惠税率。

这里需要说明：“从低执行”，但是不能从低再减免。如按优惠政策进口最惠国税率货物时，按优惠政策计算确定的税率与暂定最惠国税率二者取低计征关税，但不得在暂定最惠国税率基础上再进行减免。

4.2.3 执行普通税率

按照普通税率征税的进口货物同时适用进口关税暂定税率时，执行普通税率。这是一种特殊情况，不是“从低执行”而是“从高执行”。原因在于，使用普通税率的进口货物，一般产自与我国未建交或没有签署任何贸易互惠协定的国家和地区，而暂定税率是一种优惠税率，优惠税率是建立在与我国有政治或经济协议的基础之上的。所以，按照普通税率征税的进口货物不具备优惠税率基础，只能“从高执行”。

4.2.4 国内外法律和国家政策优先执行

如果海关制定的执行原则与国内外法律和政策发生矛盾和抵触时，优先执行法律和政策规定的内容，这是国际上关税税率选择的基本惯例，称为法律优先原则。法律政策优先在我国关税税率选择上主要体现在关税配额税率优先、ITA 税率优先、特别关税税率优先 3 个方面。

4.2.4.1 关税配额税率优先

关税配额管理是我国外贸管理的重要组成部分，实行关税配额证制度。目前，我国实行关税配额管理主要有农产品和工业品。（1）工业品有尿素，磷酸氢二铵，含氮、磷、钾 3 种元素的矿物肥料或化学肥料。（2）农产品有小麦、玉米、大米、豆油、菜籽油、棕榈油、食糖、棉花、羊毛以及毛条。每年国家都对关税配额进行调整，如 2017 年羊毛进口关税配额量调整为 28.7 万吨，毛条进口关税配额量为 8 万吨。按照国家规定实行关税配额管理的进口货物，关税配额以内的，优先适用关税配额税率；关税配额以外的，其税率的适用按其所适用的其他相关规定执行。

4.2.4.2 ITA 税率优先

适用于 ITA 税率的信息技术产品，又适用于其他优惠税率的，适用于 ITA 税率（目前 ITA 税率为零税率）。其中，在非全税目信息技术产品税率表列明 15 种信息产品实施“信息技术产品协议”税率，须经信息产业部出具证明并经海关确认后方可适用 ITA 税率。

4.2.4.3 特别关税税率优先

按照有关法律、行政法规的规定对进口货物采取反倾销、反补贴、保障措施时，要加征特别关税，其税率按照《中华人民共和国反倾销条例》《中华人民共和国反补贴条例》《中华人民共和国保障措施条例》的规定幅度和范围，由国务院关税税则委员会临时制定，并优先执行。

4.3 关税税率时间原则

关税税率具有时间性，同一号列的商品即使产地相同，在不同时期税率也可能不同。所以，各国都通过法律形式，将关税税率实施的时间加以固定。关税税率法实施时间称为关税税率时间原则。例如，2006年澳大利亚议会批准通过了《海关关税法》就规定，联邦政府根据变化的情况随时对税率进行调整修改，一般关税的进出口货物按照纳税人申报进口之日实施税率征税，优惠关税的进出口货物按合同签订之日实施税率征税。进口货物到达前，经海关核准先行申报的，应当按照装载此项货物的运输工具申报进境之日实施的税率征税。按照我国现行法律的规定，我国进出口货物关税税率适用的时间分为：申报进境之日税率、再次申报纳税手续之日税率、违反行为之日税率3种情形。

4.3.1 申报进出口之日税率

4.3.1.1 一般进出口货物

一般进出口货物是一般进口货物和一般出口货物的总称，是指在进出境环节缴纳了应征的进出口税费并办结了所有必要的海关手续，海关放行后不再进行监管，可以直接进入生产和消费领域流通的进出口货物。《中华人民共和国进出口关税条例》就明确规定，一般进出口货物应当按照收发货人或者他们的代理人申报进口或出口之日实施的税率征税。这里申报进出口之日有的是指运输工具申报进境之日，有的是指货物进出口申报之日。在具体实施中，按以下时间执行。

（1）如果在进口货物到达前，经海关核准先行申报的，应当按照装载此项货物的运输工具申报进境之日实施的税率。

（2）如果一般进出口货物转关运输，其税率的适用日期分为两种情况：①进口转关运输货物，应当适用指运地海关接受该货物申报进口之日实施的税率；②出口转关运输货物，适用起运地海关接受该货物申报出口之日实施的税率。

（3）经海关批准，实行集中申报的一般进出口货物，应当适用每次货物进出口时海关接受该货物申报之日实施的税率。

4.3.1.2 依法变卖的进口货物

进口货物被依法变卖可能有两种情况：其一是超期未报，其二是违法走私。不管是哪种情况，其税款计征都适用装载该货物的运输工具申报进境之日实施的税率。

4.3.2 用于再次申报纳税手续之日税率

对已申报进境暂时不缴税先放行的货物，称为海关监管货物，包括：保税货物、减免税货物、租赁货物或者已申报进出境并放行的暂时进出境货物。对海关监管货物，有下列情形之一须缴纳税款的，应当适用海关接受纳税义务人再次填写报关单申报办理纳税及有关手续之日实施的税率，简称“再次申报纳税手续之日税率”。在具体操作中“再次申报纳税手续之日”一般是指海关填发税款缴款书之日。

（1）保税加工货物经批准不复运出境的。来料加工、进料加工的进口料件等属于保税性质的进口货物，经批准转为内销，适用海关接受该货物申报内销之日实施的税率征税；如未经批准擅自转内销的，则按海关查获日所施行的税则税率征税。

（2）保税仓储货物转入国内市场销售货物。如经批准转为内销的保税仓储货物，应按向海关申报转为内销之日实施的税率征税；如未经批准擅自转为内销的，则按海关查获日期所实行的税率征税。

（3）减免税货物经批准转让或者移作他用的。按照特定减免税办法批准予以减免税的进口货物，后因情况改变，经海关批准转让、出售或移作他用，需要补税时适用海关填发税款缴款书之日实施的税率。

（4）暂准进境货物经批准不复运出境，以及暂准出境货物经批准不复运进境的。须缴纳税款的暂准进出境货物、物品，适用海关填发税款缴款书之日实施的税率。

（5）租赁进口货物。分期缴纳税款的租赁进口货物，适用海关填发税款缴款书之日实施的税率（以前的《中华人民共和国进出口关税条例》规定为原进口日）。简称“再次申报纳税手续之日税率”。在具体操作中“再次申报纳税手续之日”一般是指海关填发税款缴款书之日。

4.3.3 适用于违反行为之日的税率

因纳税义务人违反规定需要追征税款的，应当适用该行为发生之日实施的税率；行为发生之日不能确定的，适用海关发现该行为之日实施的税率。

下列情况除外：

（1）经过批准减征、免征关税的进口货物，后来由于情况变化，经过海关批准转让或者出售，需要补税的，应当按照货物进口之日实施的关税税率纳税。

（2）溢卸、误卸货物事后确定需要予以征税时，应按其原申报进口日期所施行的税则税率征税。如原进口日期无法查明，可适用海关填发税款缴款书之日实施的税率。

（3）对由于税则归类的改变，完税价格的审定或其他工作差错而需补征税款时，应按原征税日所施行的税则税率计算。

4.3.4　案例

4.3.4.1　案例介绍

我国某纺织企业2017年10月从新西兰进口羊毛600吨，向注册所在地商务管理部门提交关税配额申请，其中260吨获商务管理部门批准，并领取进口关税配额证明。

表4-6　进口羊毛关税税率表

序号	商品类别	税则号列	普通税率（%）	最惠国税率（%）	配额税率（%）
8	羊毛	51011100	60	48	1

在该批羊毛进口报关时，报关人发现进口关税配额证明中配额数量误打成280吨，并以此向海关报关。2018年3月，海关稽查部门发现关税配额有误，对漏征部分进口羊毛追征关税。此时进口羊毛关税税率已经按2018年关税调整方案进行调整。

表4-7　新的进口羊毛关税税率表

序号	商品类别	税则号列	普通税率（%）	最惠国税率（%）	配额税率（%）
8	羊毛	51011100	50	38	1

试分析本案例，海关如何确定关税税率？

4.3.4.2　案例分析

（1）根据《中国—新西兰自由贸易协定》，自新西兰进口羊毛、毛条实行国别关税配额管理。按照关税配额税率优先原则，关税配额内进口羊毛使用“进口羊毛关税税率表”内的配额税率优先征收，配额外的按最惠国税率征收（新西兰为WTO成员）。由于该纺织厂提交的关税配额证明中配额数量误打成280吨，所以，2017年10月海关对280吨进口羊毛按1%的关税配额税率征收进口关税。另外320吨进口羊毛按最惠国税率的36%征收进口关税。

（2）2018年3月，海关稽查部门发现关税配额有误后，按照关税税率时间原则，因纳税义务人违反规定需要追征税款的，应当适用该行为发生之日实施的税率；行为发生之日不能确定的，适用海关发现该行为之日实施的税率。本案例误按关税配额税率征收20吨进口羊毛，应按2018年“新的进口羊毛关税税率表”追征关税，即按38%的最惠国税率追征。

本章小结

面对多重可供选择关税税率，制定什么样的执行原则，不仅体现了各国通过关税实现的经济目的，也充分体现了各国要实现的政治目的。对与我国断交的国家进口产品按普通税率征收关税，既有经济处罚又有政治惩罚的双重目的。学生只有理解制定关税执行原则的目的，才能真正掌握关税税率现行的执行原则和发展方向。本章知识点如下：

（1）WTO与最惠国税率，最惠国税率的适用范围。

（2）国际通行的最惠国税率、特惠税率、协定税率和普通税率4种关税税率的区别。

（3）暂定税率的特点和使用。

（4）零关税税率的含义。

（5）关税税率“从低执行”原则和“从高执行”特例。

（6）确定关税税率的3个时间点。

课后练习

（一）概念辨析

1. 普通税率与最惠国税率。
2. 特惠税率与暂定税率 。
3. 关税免税与零关税税率。
4. 关税配额与进口配额 。

（二）单选题

1. 境内某公司从我国香港购进孟加拉国产的某商品一批，设该商品的最惠国税率为10%，普通税率为30%，亚太协定税率为9.5%，香港CEPA项下税率为0，该商品进口时适用的税率是（　　）。

A. 10%　　B. 30%　　C. 9.5%　　D. 0

2. 根据《中华人民共和国进出口关税条例》有关税率运用的规定，下列选项中正确的表述是（　　）。

A. 对原产于与我国友好的国家和地区的进口货物按最惠国税率征税

B. 对原产于与我国未签订关税互惠协议的国家和地区的进口货物，按普通税率征税

C. 对原产于与我国订有关税互惠协议的国家和地区的进口货物，按最惠国税率征税

D. 对原产于对我国出口货物征歧视性关税或其他歧视性待遇的国家和地区的进口货物，征收特别（报复性）关税

（三）多选题

1. 下列关于进口税率适用的表述正确的是（　　）。

A. 按照普通税率征税的进口货物，不适用进口货物暂定税率

B. 对于无法确定原产国别的货物，按普通税率征税

C. 关税配额税率只适用最惠国待遇的国家和地区

D. 适用最惠国税率、暂定税率、特惠税率的进口货物，按暂定税率征税

2. 下列情形中，应当适用海关接受纳税义务人再次申报办理纳税手续之日实施的税率的是（　　）。

A. 保税货物经批准不复运出境的

B. 保税仓储货物转入国内市场销售的

C. 减免税货物经批准转让的

D. 依法变卖的进口货物

3. 关于进口税率的适用，下列表述正确的是（　　）。

A. 对在进口配额范围之内进口的货物可适用较最惠国税率低的配额税率，对超出进口配额范围的进口货物要按税则规定的非配额税率征收进口关税

B. 对于应按普通税率征税的进口货物，当其属于当年国家规定暂定税率范围内，按照普通税率征税

C. 按国家优惠政策进口暂定最惠国税率商品时，可按优惠政策计算确定的税率与暂定最惠国税率两者取低计征关税，但不得在暂定最惠国税率基础上再进行减免

D. 对于原产地是我国香港、澳门地区进口货物和进口 ITA 货物，海关按最惠国税率征收关税

（四）判断题

1. 在计算出口关税时，优先执行暂定税率。（　　）

2. 原产地不明的进口货物，适用暂定税率。（　　）

3. 适用非优惠原产地规则的国家进口货物适用最惠国税率。（　　）

（五）案例分析

某新加坡集团公司将埃及生产的棉花（该棉花归 5203 号）运到中国香港加工成纱线并织成棉布（该棉布归 5208）再转售到越南做成男式衬衫（归 6205），由于越南加工简单，增值率低，该新加坡集团公司购进越南制衬衫进一步深加工，使制成的精制衬衫（仍归 6205）价值翻了一番，然后销往中国内陆。发票分别列明货物价值、包装费、境外培训费、至境内指运地的运费、保险费及相关费用，货物以境内外全程联运方式自深圳进境运至该收货人所在的某省会城市，该货物适用于关税配额管理。根据上述案例，解答下列问题：

1. 以下关于该批货物原产地的表述，正确的是（　　）。

A. 埃及　　B. 中国香港　　C. 越南　　D. 新加坡

2. 进口精制衬衫的完税价格应不包含货物发票交价格中的下列部分（　　）。

A. 货物价值

B. 包装费

C. 境外培训费

D. 运抵境内输入地点起卸后的运费及相关费用

3. 进口精制衬衫向海关申报时，应提交的监管证件是（　　）。

A. 优惠贸易协定项下的进口原产地证明书

B. 关税配额证明

C. 入境货物提单

D. 进口许可证

4. 超出关税配额部分的进口精制衬衫，可能适用的税率是（　　）。

A. 协定税率　B. 最惠国税率　C. CEPA 税率　D. 关税配额税率

第 5 章　关税征纳的第三个工作过程（一）：进出口正税分析与计算

学习目标

了解关税、增值税、消费税和吨税的含义和适用对象，把握价内税与价外税的区别，熟练掌握关税、增值税、消费税和吨税 4 种海关征收税的分析与计算，把握国家减免税的政策尺度。

进出口税是随着国际贸易的产生和发展而逐渐形成的，是最有效和最重要的调节国际经济关系的工具，也是调节进出口贸易的一个重要经济杠杆。各国对进口货物征税，使进口商品与国内商品同等纳税，可以平衡国内外商品的税收负担，保护本国产业健康发展，创造公平竞争环境。在我国，进出口税包括：进出口关税、进口环节增值税、进口环节消费税和船舶吨税 4 种，是广义关税的概念，也是现代关税所指的范畴。4 种进出口税均由海关代表国家征收。其中，进出口关税和船舶吨税是国家法律明确规定由海关征收的税，称为海关税，而进口环节增值税、进口环节消费税是海关代替税务部门征收的，所以，又称为海关代征税。4 种进出口税额的计算分 2 个层面进行：一是按国家相关法规规定的税率计算得出税额，称为正税计算，有从量、从价、复合等不同的计算方法。另一种是针对某种特殊情况临时加征计算得出的税额，称为附加税计算，包括反倾销税、反补贴税、特别关税、报复性关税的计算。本章介绍进出口正税的计算。

正税计算中按组成的计税价格划分，又分为价内税和价外税。如果组成的计税价格不含其本身，称为价外税，如关税和增值税；如果组成的计税价格含其本身，称为价内税，如消费税。把握价内税和价外税的区别，有利于我们准确计算进出口税额。

5.1 进出口关税的分析与计算

进出口关税（Import and Export Tariff）是主权国家或单独关税区海关对进出关境的货品征收的流转税。它是一国政府从本国经济利益出发，依据本国的海关法和海关税则，由海关代表国家所征收的税负。具有强制性、无偿性和固定性的特点。我国现行进出口关税有从价、从量、复合和滑准 4 种计算方法，其中从价计征是最主要的方法，也是目前我国绝大多数进出口货物征纳关税所采用的方法，而其他方法只是在一些特殊情况和特定商品中采用。

5.1.1 从价税计算

从价税（Advalorem Duty）是按进出口货物的完税价格为标准计征关税，是我国计算进出口关税的主要方法。

从价税计算公式：应纳税额 = 组成计税价格 × 进出口关税适用税率

［公式 5.1.1（1）］

这里的组成计税价格是进出口商品的完税价格，也就是说关税完税价格是海关计征关税所依据的价格，因此，按从价税计算关税，首先要确定货物的完税价格。如何确定不同进出口商品的完税价格本书已在第 2 章中详细介绍。在此要指出的是：关税计算中组成计税价格不含关税本身，所以它是价外税。在确定完税价格过程中，进口关税和出口关税使用的贸易价格有所不同。

5.1.1.1 进口关税完税价格使用 CIF（贸易术语）价格

（1）以我国口岸到岸价格（CIF）成交的，或者和我国毗邻的国家以两国共同边境地点交货价格成交的进口货物，其成交价格即为完税价格。

应纳关税计算公式为：应纳税额 = CIF × 关税税率　　　［公式 5.1.1（2）］

（2）以国外口岸离岸价（FOB）或国外口岸到岸价格成交的，应另加从发货口岸或国外交货口岸运到我国口岸以前的运杂费和保险费作为完税价格。

应纳关税的计算公式为：应纳税额 =（FOB + 运杂费 + 保险费）× 关税税率

［公式 5.1.1（3）］

（3）以国外口岸离岸价格加运费（CFR）成交的，应另加保险费作为完税价格。

应纳关税的计算公式为：应纳税额 =（CFR + 保险费）× 关税税率 =［CFR/（1 − 保险费率）］× 关税税率　　　［公式 5.1.1（4）］

5.1.1.2　出口关税使用 FOB（贸易术语）价格

（1）以我国口岸离岸价格（FOB）成交的出口关税计算公式：

应纳关税额 = FOB/（1 + 关税税率）× 关税税率　　　［公式 5.1.1（5）］

（2）以国外口岸到岸价格（CIF）成交的出口关税计算公式：

应纳关税额 =（CIF − 保险费 − 运费）/（1 + 关税税率）× 关税税率

［公式 5.1.1（6）］

（3）以国外口岸离岸价格加运费价格（CFR）成交的出口关税公式：

应纳关税额 =（CFR − 运费）/（1 + 关税税率）× 关税税率

［公式 5.1.1（7）］

5.1.1.3　从价计算关税税额时应把握如下步骤

（1）确定完税价格。按价格准则要求确定（见第 2 章内容）。

（2）确定合适关税税率。按关税税率的三大执行原则确定（见第 4 章内容）。

（3）计算税额。关税税额要用本币表示（如果计算的进口货物是以外币计价成交的，由海关按照签发税款缴纳证之日国家外汇管理部门公布的人民币外汇牌价的买卖中间价折合人民币计算完税价格），计算结果小数算到“分”后四舍五入。

5.1.1.4　进口关税计算案例

我国某公司购进韩国产原装轿车一批，成交价格 FOB 釜山 120 000 美元，另付卖方佣金 3%（成交价格），运费 5 000 美元，保险费尚未实际支付。汽车规格：4 座、2 000CC。美元汇率中间价 1 : 6.8。经查，4 座、2 000CC 进口汽车税则归类 8703.2314，此号列下有 3 个税率：亚太协定税率 23%、最惠国税率 25%、普通税率 30%。如何计算进口关税额？

（1）计算完税价格：

①保险费 ＝（货价＋运费）×0.3%＝375 美元；

②卖方佣金＝成交价格×3%＝3 600 美元；

③完税价格＝CIF（FOB＋运费＋保险费）＋卖方佣金＝ 128 975 美元；

④完税价格折算人民币＝128 975 美元×6.8 ＝877 030 元。

（2）原产于韩国产品可适用于亚太协定税率和最惠国税率，按“从低计征”原则，选税率23%。

（3）应纳关税额：877 030 元人民币×23%＝201 716.9 元人民币。

5.1.1.5　出口关税的计算案例

我国某外贸进出口公司2018年6月出口一批货物到美国。该批货物的贸易合同采用CIF贸易价格，合同结汇价为人民币30万元，其中运费占合同价的6%，保险费占合同价的3%。出口关税税率为20%。该公司应如何计算出口货物应纳的出口关税？

（1）计算完税价格：出口货物的完税价格＝离岸价格（FOB）/（1＋出口税率）＝（CIF－保险费－运费）/（1＋关税税率）＝（30万元人民币－30万元人民币×6%－30万元人民币×3%）÷（1＋20%）＝227 500 元人民币

（2）应纳关税额：出口货物应纳出口关税的计算公式为：应纳税额＝出口货物完税价格×适用税率＝227 500 元人民币×20%＝ 45 500 元人民币

5.1.1.6　从价税是当今各国海关征收关税的主要方法和首选方法，但并不是唯一的方法

从价计征关税存在以下不足：第一，不同品种、规格、质量的同一货物价格有很大差异，海关估价有一定的难度，因此计征关税的手续也较繁杂，从而影响了通关速度。第二，当某一种进口商品的国际价格大幅度下跌，或人为故意低瞒报进口商品价格和低价倾销时，从价税不能有效地起到保护国内相关工业或防止逃漏税款的作用。由于从价税存在上述不足之处，我国决定从1997年7月1日起，对少数进口商品使用从量税和复合税。针对不同商品的贸易特点，采用不同的征税方法，既是我国关税税制改革的结果也是与国际惯例相衔接的必然。

5.1.2　从量税计算

从量税（Specific Duty）是以进口商品的数量、体积、重量、容积、长度等计量单位作为计税标准的一种计征关税的方法。计税时以货物的计量单位

乘以每单位应纳税金额即可得出该货物的关税税额。目前，世界各国多以货物重量为标准计征关税。确定重量的方法又分为总量（毛重）或半总量（净重或净重加外包装）2 种，从量税适用于规格品种简单、计量容易、价差比较小、大宗进口的商品。

5.1.2.1　特点

与从价关税相比，从量计征关税的优点是：征税手续简便，只核对货物的名称和数量即可计算出税款，容易计算。此外，因为其每单位的税额固定，低档质量差商品与高档质量优的商品征收同样的税款，因此，抑制进出口的作用较大，各国经常用它来抵制廉价商品的进口和限制资源类商品的出口。例如，2008 年 5 月 5 日，俄罗斯政府作出决定，从 6 月 1 日起石油出口税每吨增加 57 美元，达到每吨 398.1 美元，不分质量均按此税率征收，以达到限制出口的目的。

但是从量计征关税的缺点也非常明显：第一，不分质量均按同一税率征税，税负不合理。第二，固定的单位税额，无法适应物价变动，其关税的保护作用被极大地削弱了。从量关税因其征税手续简便，在过去的很长的一个历史阶段中曾被各国大量使用。但近些年来由于各国物价变动加快，从量计征的缺点显现出来。因此，目前绝大多数国家都从从量税改用从价税，从量税计算变成辅助方法。

5.1.2.2　范围与计算

根据我国进出口税则规定，从量计征关税的做法是，分别对不同税目的商品按本国通用的计量单位制定出其每单位应税金额，根据进出口商品的实际单位数量计算其应征税款。

从量税额的计算公式如下：应纳税额 = 应税进出口货物数量 × 关税单位税额　　［公式 5.1.2］

目前，我国仅对冻鸡、石油（原油）、啤酒、胶卷等少量进口商品按从量方法计算关税。如进口石油（原油），每吨征收人民币 85 元的普通关税。冻鸡普通税率为人民币 5.6 元/千克，最惠国税率为人民币 1.3 元/千克。

5.1.2.3　计算案例

我国某公司分别从 WTO 成员方和非成员方进口税则号列为 0207.1200（冻鸡）各 5 吨，海关对该公司应征收多少关税？

（1）WTO 成员方适用最惠国税率 1.3 元/千克。

关税税额 = 5 吨 × 1 000 × 1.3 元/千克 = 6 500 000 元人民币

（2）非 WTO 成员方适用普通税率 5.6 元/千克。

关税税额 =5 吨 ×1 000 ×5.6 元/千克 =28 000 000 元人民币

5.1.3 复合税计算

复合税（Compound Duty）是对某种进口商品混合使用从价税和从量税的一种计征关税的方法，混合使用从价税和从量税的方法有多种，如对某种商品同时征收一定数额的从价税和从量税；或对低于某一价格进口的商品只按从价税计征关税，高于这一价格，则混合使用从价税和从量税计征关税等。复合税既可发挥从量税抑制低价进口商品的优势，又可保留从价税税负合理、稳定的特点。

5.1.3.1 范围与计算

混合税额的计算公式如下：

应征关税额 = 进口货物完税价格 × 关税税率 + 进口货物数量 × 单位税额

[公式 5.1.3]

目前，我国对进口的录像机、摄像机、放映机、非家用型摄录一体机，部分数码照相机用复合计征方法征收关税。例如，进口广播级数字录像机的最惠国税率，如果完税价格低于或等于 5 000 美元/台，执行单一从价税，税率为 35%；完税价格高于 5 000 美元/台，每台征收从量税，税额为 12 960 元，再加上 3% 的从价税。而进口该商品的普通税率，如果完税价格低于或等于 5 000 美元/台，执行单一从价税，税率为 130%；完税价格高于 5 000 美元/台，每台征收从量税，税额为 20 600 元，再加上 6% 的从价税。

5.1.3.2 计算步骤

复合税计算按以下步骤进行：（1）按照归类原则确定税则归类，将应税货物归入恰当的税目税号；（2）根据原产地规则和税率使用原则，确定应税货物所适用的税率；（3）确定其实际进口量；（4）根据完税价格审定办法、规定，确定应税货物的完税价格；（5）根据汇率使用原则，将外币折算成人民币；（6）按照计算公式正确计算应征税款。

5.1.3.3 计算案例

复合关税计算案例：我国某电视台从日本进口广播级数字录像机 10 台，成交价格 CIF 8 000 美元/台，（汇率 100: 628.27），根据 2009 年进口商品从量税及复合税率计算应缴关税额。

（1）经查，进口广播级数字录像机归入税则号列 8525.8021，该号列货物的完税价格高于5 000美元/台，可采用复合计征关税。

（2）货物原产地是日本，日本是WTO成员，执行最惠国税率。

（3）完税价格 = 8 000美元 × 10 × 6.2827 = 502 616元人民币

（4）计算应纳关税额（使用［公式5.1.3］）

进口货物完税价格 × 关税税率 + 进口货物数量 × 单位税额

= 10 × 12 960 + 502 616 × 3% = 144 678.48元人民币

5.1.4　滑准税计算

5.1.4.1　滑准税（Sliding Duty）

滑准税也称为滑动税，是关税税率随进口商品的价格变化而反向变化的一种计征关税的方法。征收滑准关税可以使进口商品无论其进口价格高低，其税后价格都保持在一个预定的价格标准上，以稳定进口国国内该种商品的市场价格。滑准税的特点是进口商品价格越高，其进口关税税率越低，进口商品价格越低，其进口关税税率越高，即完税价格与关税税率成反比关系。其主要目的是保持进口商品在国内市场价格相对稳定，减少国际市场价格波动对国内市场价格的影响。从2005年5月1日起，我国开始对棉花进口实施滑准税计算，但是每年均对滑准税计算方法进行微调。

根据《2017年关税调整方案》，对配额外进口的一定数量棉花，适用滑准税形式暂定关税，具体方式如下：

（1）当进口棉花完税价格高于或等于人民币15.000元/千克时，按人民币0.570元/千克计征从量税；

（2）当进口棉花完税价格低于人民币15.000元/千克时，暂定从价税率按下式计算：

$$Ri = 9.337/Pi + 2.77\% \times Pi - 1 \qquad [公式5.1.4]$$

对上式计算结果四舍五入保留3位小数。其中Ri为暂定从价税率，当按上式计算值高于40%时，Ri取值40%；Pi为关税完税价格，单位为元/千克。

5.1.4.2　现行滑准税计算要点

（1）滑准税率与完税价格是反比关系：完税价格高则关税税率低；完税价格低则关税税率高。

（2）上限与下限：配额外进口棉花的完税价格高于或等于人民币15 000元/吨，税率0.570元/千克（下限税率）征从量税；配额外进口棉花的完税价格低于人民币15 000元/吨时，计算滑准税率，计算得出的滑准税率高于

40%，按40%税率计算；计算得出的滑准税率低于40%，按计算得出的税率计算。

5.1.4.3 滑准税计算案例

2017年，上海某公司分3次购进原产于美国的配额外未梳棉花各1吨，成交价格分别为：CIF上海2 680美元；CIF上海980美元；CIF上海1 030美元。计算3次购进原产于美国的棉花应缴纳的关税税额。（人民银行基准汇率：1美元=7.0000元人民币）

（1）成交价格CIF上海2 680美元时：2 680美元×7=18 774元人民币（高于15 000元人民币用1%税率），使用下限税率为人民币0.570元/千克。

应缴纳进口关税为：1 000千克×0.570元/千克=570元人民币

（2）成交价格CIF上海980美元时：980美元×7=6 860元人民币（低于15 000元人民币用公式5.1.4计算）

滑准关税税率=Ri=9.337/Pi+2.77%×Pi-1

Ri=9.337/6.86+2.77%×6.86-1=55.110%（高于40%上限用40%税率）

应缴纳关税额为：6 860元人民币×40%=2 744元人民币

（3）成交价格CIF上海1 330美元时：1 030美元×7=9 310元人民币（低于15 000元人民币用公式5.1.4计算）

滑准关税税率=Ri=9.337/Pi+2.77%×Pi-1

Ri=9.337/9.31+2.77%×9.31-1=26.079%（低于40%上限用滑准关税税率计算）

应缴纳关税额为：9 310元人民币×26.079%=2 427.95元人民币

上述案例中，当进口棉花成交价格每吨2 680美元时，只需要缴纳人民币570元关税，当进口棉花成交价格降到每吨980美元时，却需要缴纳人民币2 744元关税，充分体现滑准税“价高税低”的反比关系。

5.2 进口环节消费税的分析与计算

5.2.1 概述

5.2.1.1 概念

进口环节消费税Import Excise Tax（Import Consumption Tax）是对一些特定进口消费品和消费行为征收的一种税，具有选择性、单一性、差别性的特点。

其中，选择性体现在征收范围限定和征收方法不同。单一性体现在征税环节具有单一性，作为价内税，价款中已包含消费税，所以在进口环节缴纳后，在进境以后的批发、零售等环节，不用再缴纳消费税；差别性主要体现在不同进口消费品税率和税额有所差别。我国目前选择少数进口消费品征收消费税，主要是为了调节进口商品结构，引导国内消费者的消费方向，保证国家财政收入。

5.2.1.2　范围

根据《中华人民共和国消费税暂行条例》的规定，以及国家对进口环节消费税的相关调整，现行进口环节消费税的征收范围主要包括以下4类15种进口消费品：

（1）过度消费会对身体健康、社会秩序、生态环境等方面造成危害的特殊消费品。包括：卷烟、雪茄烟、烟丝，白酒、黄酒、啤酒、葡萄酒等其他含酒精饮品，鞭炮、焰火，电池、涂料。

（2）奢侈品等非生活必需品。包括：金银首饰、铂金首饰和钻石及钻石饰品，贵重首饰及珠宝玉石，化妆品、护肤护发品（从2006年4月起停止征收），高尔夫球及球具，高档手表，游艇。

需要注意的是：金银首饰，以金银为基底的包镀及其他贵金属首饰，以及上述首饰的镶嵌首饰不包含在征收范围之内。

（3）高能耗的高档消费品。包括：摩托车［电动摩托车除外、2014年取消汽缸容量250毫升（不含）以下的小排量摩托车进口环节消费税］，小汽车（包括乘用车和中轻型商用客车），汽车轮胎（子午线轮胎除外）。

（4）不可再生和不可替代的消费品。

①木制一次性筷子；②实木地板；③成品油：汽油、柴油、石脑油、润滑油、溶剂油、燃料油（航空煤油暂缓征收）。

5.2.1.3　计算方法与税率

我国消费税采用从价、从量和复合3种计税方法。3种方法以从价计征为主。在从价方法中，计税价格组成中包括消费税税额本身，所以消费税属于价内税。根据《中华人民共和国消费税暂行条例》随附的“消费税税目税率（税额）表”的规定：

（1）从价税税率从1%到40%不等，进口消费品不同，税率不同。最低是排气量小于或等于1升的小汽车税率的1%；最高是排气量大于小汽车税率的40%。

（2）我国现行采用从量计征的进口消费品有：黄酒、啤酒、成品油3种，实行定额征收。

从量税率：黄酒进口完税价格的单位税额为人民币 240 元/吨；啤酒进口完税价格的单位税额≥370 美元/吨，人民币 250 元/吨，进口完税价格的单位税额<370 美元/吨，人民币 220 元/吨；成品油中，汽油、石脑油、溶剂油和润滑油的进口环节消费税单位税额为 1.52 元/升，柴油为 1.2 元/升。

（3）我国对进口香烟和进口洋酒按复合计征消费税。复合税率：进口洋酒（葡萄酒、伏特加、威士忌）和进口白酒 20% +每千克人民币 1 元；进口香烟每标准条进口完税价格≥70 元人民币，56% +每标准箱人民币 150 元；进口香烟每标准条进口完税价格<70 元人民币，35% +每标准箱人民币 150 元（进口香烟执行的是 2018 年标准）。

5.2.2 进口环节消费税从价计算

5.2.2.1 计算公式

从价计征消费税税额的计算公式为：

应纳税额 = 组成计税价格 × 消费税税率

= （关税完税价格 + 关税税额）/（1 - 消费税税率）×消费税税率

［公式 5.2.2］

从价消费税税率又称为比率税率。

相关链接

从价税属于价内税，计税价格中含其本身。所以消费税的组成计税价格由 3 部分组成：关税完税价格，关税税额和消费税额，即组成计税价格 = 关税完税价格 + 关税税额 + 消费税额。

消费税额 = 组成计税价格 × 消费税税率；

组成计税价格 = 关税完税价格 + 关税税额 + （组成计税价格 × 消费税税率）；

组成计税价格 - （组成计税价格 × 消费税税率） = 关税完税价格 + 关税税额；

组成计税价格 × （1 - 消费税税率） = 关税完税价格 + 关税税额；

由上述公式推导出：

组成计税价格 = （关税完税价格 + 关税税额）/（1 - 消费税税率）。

5.2.2.2 消费税税额计算案例

某公司向海关申报进口一批小轿车（排气量 1.8 升），价格为 FOB 横滨

1 000万日元，运费为20万日元，保险费率为5‰（保险费已支付）。消费税税率为8%。100日元兑换人民币买卖中间价为8.500 0元。从价计算消费税额步骤：

（1）关税完税价格：（10 000 000日元+200 000日元）/（1－5‰）=10 251 256.28日元

10 251 256.28日元×8 500÷100 000=871 356.78元人民币

（2）进口小轿车应当归入税号8703·3211，关税税率为80%，关税税额为：

871 356.78元人民币×80%=697 085.6元人民币

（3）消费税计税价格：（871 357元人民币+697 085.6元人民币）/（1－8%）=1 704 828.91元人民币

（4）消费税税额：1 704 829元人民币×8%=136 386.32元人民币

5.2.2.3 按适用最高消费税税率征税情形

（1）纳税人兼营不同税率的应税消费品，即进口2种税率以上的应税消费品时，应当分别核算不同税率应税进口消费品的进口额，未能分别核算的，按最高税率征税；（2）纳税人将应税消费品与非应税消费品，以及适用不同税率的应税消费品组成成套消费品销售的，应根据组合产品的销售金额按应税消费品的最高税率征税。

5.2.3 进口环节消费税从量计算

5.2.3.1 计算公式

应纳税额=单位税额×进口数量　　　　[公式5.2.3]

从量消费税税率又称为定额税率

按从量税计征消费税的进口消费品计量单位的换算标准是：啤酒1吨=988升，黄酒1吨=962升，汽油1吨=1 388升，柴油1吨=1 176升，石脑油1吨=1 385升，润滑油1吨=1 126升，燃料油1吨=1 015升。

5.2.3.2 从量计征的消费税税额计算案例

某公司从美国进口1 000箱啤酒，每箱24听，每听净重335毫升，价格为CIF 10 000美元（100美元=636.28元人民币）。关税最惠国税率7.5元/升，消费税税率220元/吨，该公司应缴纳多少进口税？

进口啤酒的关税和消费税均采用从量计征，但是关税按容积以升为基础计算，而消费税按重量以吨为基础计算。计算如下：

（1）进口啤酒数量：335毫升×1 000箱×24听/箱/1 000毫升=8 040升=8.137 7吨；

（2）关税税额：7.5 元/升 ×8 040 升 =60 300 元人民币；

（3）消费税税额：220 元/吨 ×8.137 7 吨 =1 790.29 元人民币。

5.2.4 进口环节消费税复合计算

5.2.4.1 计算公式

复合计征的消费税税额 = 消费税组成计税价格 × 消费税比率税率 + 应征消费税消费品数量 × 消费税定额税率。

其中消费税组成计税价格计算公式：

组成计税价格 = （关税完税价格 + 关税 + 进口数量 × 消费税定额税率）÷（1 – 消费税比率税率） ［公式 5.2.4（1）］

复合计征的消费税税额 = （关税完税价格 + 关税 + 进口数量 × 消费税定额税率）÷（1 – 消费税比例税率）× 消费税比率税率 + 应征消费税消费品数量 × 消费税定额税率 ［公式 5.2.4（2）］

（复合计征消费税公式中两次用定额税率，两次用比率税率）

按复合计征消费税的进口消费品计量单位的换算标准是：进口洋酒（葡萄酒、伏特加、威士忌）1 吨 =912 升，白酒 1 吨 =912 升，进口卷烟 1 标准箱（250 标准条，每标准条 =200 支）=50 000 支。

5.2.4.2 复合计征的消费税税额计算案例

某单位进口烟草制香烟 10 标准箱，成交价格为 CIF 2 500 美元/箱。已知海关填发缴款通知书时基准汇率为 1 美元 =6.800 0 元人民币，关税税率为 15%，计算消费税税额。

（1）从量消费税 = 应征消费税消费品数量 × 消费税定额税率 =10 箱 ×150 元人民币 =150 0 元人民币；

（2）关税完税价格 = 2 500 美元 ×10 箱 ×6.8 =170 000 元人民币；

（3）关税税额 = 170 000 元人民币 ×0.15 =25 500 元人民币；

（4）从价消费税组成计税价格 = （关税完税价格 + 关税 + 进口数量 × 消费税定额税率）÷（1 – 消费税比率税率）；

（由于完税价格每标准条为 170 000 元人民币 ÷10 箱 ÷250 标准条 =68 元人民币，其于小 70 元人民币，使用 35% 的比率税率）=（170 000 +25 500 +1 500）÷（1 –35%）=303 076.92 元人民币；

（5）消费税 =303 076.92 元人民币 ×35% + 10 箱 ×150 元人民币 =106 076.92 元人民币 +1 500 元人民币 =107 576.92 元人民币。

相关链接

复合计征消费税的组成计税价格由四部分组成：关税完税价格，关税税额，从价消费税额和从量消费税税额。

组成计税价格＝关税完税价格＋关税税额＋从价消费税额＋从量消费税额；

从量消费税额＝组成计税价格×消费税比率税率；

从量消费税额＝消费品数量×消费税定额税率；

组成计税价格＝关税完税价格＋关税税额＋（组成计税价格×消费税比率税率）＋消费品数量×消费税定额税率；

组成计税价格－（组成计税价格×消费税比率税率）＝关税完税价格＋关税税额＋消费品数量×消费税定额税率；

组成计税价格×（1－消费税比率税率）＝关税完税价格＋关税税额＋消费品数量×消费税定额税率；

由上述公式推导出：

组成计税价格＝（关税完税价格＋关税税额＋消费品数量×消费税定额税率）/（1－消费税比率税率）。

5.3　进口环节增值税的分析与计算

5.3.1　进口环节增值税的含义

进口环节增值税（Import Value－Added Tax）是以进口商品进入国境前流通各环节的增值额为计税依据而征收的一种税。进口环节增值税不同于一般增值税，不是对在生产、批发、零售等环节的增值额为征税对象，而是专门对进口环节的增值额进行征税的一种增值税，也就是说，进口商品进入国境时，除缴纳关税外，还要依法按其商品的流转额（或增值额）缴纳相应的增值税。按我国税法的规定，增值税本应由税务部门征收，只不过是这部分税款由进口口岸的海关代税务机关征收，所以又称为海关代征税。

5.3.2　进口环节增值税的税率

按照2017年修订后的《中华人民共和国增值税暂行条例》规定，增值税税率分为两种：11%和17%。其中，纳税人销售或进口下列货物，税率为11%。

（1）粮食等农产品、食用植物油、食用盐；

（2）自来水、暖气、冷气、热水、煤气、石油液化气、天然气、二甲醚、沼气、居民用煤炭制品；

（3）图书、报纸、杂志、音像制品、电子出版物；

（4）饲料、化肥、农药、农机、农膜；

（5）国务院规定的其他货物。

5.3.3 进口环节增值税的计算

5.3.3.1 计算公式

我国的进口环节增值税应税货物全部从价定率计征，其基本税率为17%，11%为优惠税率。增值税税额计算公式如下：

组成计税价格 = 关税完税价格 + 关税 + 消费税

应纳税额 = 组成计税价格 × 增值税税率 = （关税完税价格 + 关税税额 + 消费税税额） × 增值税税率　　　　[公式5.3.3]

进口货物增值税的组成计税价格中包括海关核定的完税价格和应缴纳的关税税额，如果进口货物属于消费税应税消费品，其组成计税价格中还要包括进口环节应缴纳的消费税税额。尽管进口货物增值税的组成计税价格中包含有完税价格、关税税额和消费税，但是它并不包括其增值税本身，所以它仍然属于价外税。进口环节增值税的起征额为人民币50元，低于人民币50元的免征。进口环节的增值税以组成价格作为计税价格，征税时不得抵扣任何税额。

5.3.3.2 进口环节增值税计算案例

广州某工厂从美国某公司购买90吨柴油，成交条件为CIF广州。该货物的发票总价为500 000美元。发票还显示其中含国内运费5 000美元，码头装卸费2 000美元，进境后保险费20 000美元。另支付卖方佣金25 000美元。该货物适用关税税率15%，计算增值税额。

（汇率：1美元 = 6.800 0元人民币）

（1）确定完税价格。按照我国《审价办法》的规定，国内运费、码头装卸费、进境后运费和保险费是完税价格调整项目的减项，而且包含在发票价格中，应从发票总价扣除；另支付卖方佣金是加项，而且未包含在发票价格中，应加到发票总价中。此案例中货物的完税价格是：

500 000 美元 - 5 000 美元 - 2 000 美元 - 20 000 美元 + 25 000 美元 = 498 000 美元 ×6.8 = 3 386 400 元人民币。

（2）计算关税税额。关税税额 = 完税价格 × 适用关税税率 = 3 386 400 × 15% = 507 960 元人民币。

（3）计算消费税。柴油属于成品油需要征收消费税，采用从量计征，每升征收 0.8 元人民币。

按照进口消费品计量单位的换算标准，柴油 1 吨 = 1 176 升，90 吨可换算 90 ×1 176 = 105 840 升，消费税 = 105 840 升 ×0.8 元/升 = 84 672 元人民币。

（4）计算增值税。柴油的增值税率为 17%。

增值税额 =（关税完税价格 + 关税税额 + 消费税税额）× 增值税税率 =（3 386 400 元人民币 + 507 960 元人民币 + 84 672 元人民币）× 17% = 676 435.44元人民币。

5.4　船舶吨税的分析与计算

船舶吨税（Tonnage Dues）是各国海关对进出各国港口的国际航行的船舶征收的一种使用税，具有使用费的性质，是国际通用税种。船舶吨税始于重商主义的法国，当时征收的目的是限制外国籍船到法国的运输，以保护法国航运业的发展。由于船舶吨税通行做法是仅对外国船舶使用本国港口和设施征收使用费，西方国家习惯称为灯塔费（Light Dues），后来各国统一按吨位征收，更名为 Tonnage Dues（直译是吨费）。现在，此费用均由各国海关代表国家征收，并作为国家财政收入的一部分，所以统称为船舶吨税，但英文名称仍保留 Tonnage Dues 的称谓。我国早在唐朝就开始对进入我国的船舶征收费用，当时此费用称为“船脚”，到明、清两朝称“船钞”。1952 年 9 月 29 日，海关总署发布了《中华人民共和国船舶吨税暂行办法》作为我国现行征收船舶吨税的法律依据。中华人民共和国成立后，我国的船舶吨税曾经发生两次调整：其一，1986 年根据交通部、海关总署、财政部等部门联合下达的《关于将海关吨税划归交通部管理问题的通知》，自 1986 年 10 月 1 日起，船舶吨税不再纳入中央金库，交由交通部管理使用，但仍由海关代征。其二，2001 年经国务院批准，又将船舶吨税重新纳入中央预算管理，收入再次缴入中央金库，自 2001 年 1 月 1 日起执行，海关由代征改为征收。2011 年 11 月 26 日，海关总署公布了《中华人民共和国船舶吨税暂行条例》（海关总署公告2011年第81号）（以下简称《条例》），自2012年1月1日起施行。1952年，海关总署发布的《中华人民共和国海关船舶吨税暂行办法》同时废止。

5.4.1 船舶吨税的征收范围

根据《中华人民共和国船舶吨税暂行条例》规定，自2012年1月1日起，自我国境外港口进入境内港口的船舶（以下称应税船舶），应当缴纳船舶吨税。

5.4.2 船舶的吨位

船舶吨位（Ship's Tonnage）是船舶大小的计量单位，可分为重量吨位和容积吨位2种。

5.4.2.1 船舶的重量吨位（Weight Tonnage）

船舶的重量吨位是表示船舶重量的一种计量单位，以1 000千克为一公吨，或以2 240磅为一长吨，或以2 000磅为一短吨。目前，国际上多采用公制作为计量单位。船舶的重量吨位，又可分为排水量吨位和载重吨位2种。

（1）排水量吨位（Displacement Tonnage）是指船舶在水中所排开水的吨数，也是船舶自身重量的吨数。排水量吨位又分为轻排水量（Light Displacement），泛指空船排水量，是船舶本身加上船员和必要的给养物品三者重量的总和，是船舶最小限度的重量；重排水量（Full Load Displacement），指船舶的满载排水量，是船舶载客、载货后吃水达到最高载重线时的重量，即船舶最大限度的重量；实际排水量（Actual Displacement），是船舶每个航次载货后实际的排水量。排水量吨位可以用来计算船舶的载重吨。在造船时，依据排水量吨位可知该船的重量。排水量吨位真实反映船舶大小，是统计各家船公司规模的重要指标，所以又称为统计吨位。在统计舰队和军舰的大小时，以轻排水量为准。

（2）载重吨位（Dead Weight Tonnage，缩写为DWT）表示船舶在营运中能够使用的载重能力。载重吨位可分总载重吨（Gross Dead Weight Tonnage，缩写为GDWT）和净载重吨（Dead Weight Cargo Tonnage，缩写为DWCT）。总载重吨指船舶根据载重线标记规定所能装载的最大限度的重量，它包括船舶所载运的货物、船上所需的燃料、淡水和其他储备物料重量的总和。总载重吨=满载排水量-空船排水量。净载重吨是指船舶所能装运货物的最大限度重量，又称载货重吨，即从船舶的总载重量中减去船舶航行期间需要储备的燃料、淡水及其他储备物品的重量所得的差数。船舶载重吨位可用于对货物的统计，作为期租船月租金计算的依据，表示船舶的载运能力，也可用做新船造价及旧船售价的计算单位，所以又称为计价吨位。

5.4.2.2　船舶的容积吨位（Registered Tonnage）

是表示船舶容积的单位，是各海运国家为船舶注册和征税而规定的一种以吨为计算和丈量的单位，以100立方英尺或2.83立方米为一注册吨，即以100立方英尺或2.83立方米为一吨折合所得的商数。其计算公式：净吨位＝船舶的有效容积×吨/2.83立方米。由于船舶的容积吨位既主要用于注册又用于计算吨税，所以，容积吨位又可分为容积总吨位和容积净吨位2种。

（1）容积总吨位（Gross Registered Tonnage，缩写为GRT）是指船舱内及甲板上所有关闭的场所的内部空间（或体积）的总和折合成的吨数。容积总吨位的用途很广，它可以用于国家对商船队的统计，表明船舶的大小，用于船舶登记，用于政府确定对航运业的补贴或造舰津贴，用于计算保险费用、造船费用以及船舶的赔偿等。在这些用途中，容积总吨位的最重要用途为船舶所有人注册时使用，所以又称为注册吨位。

（2）容积净吨位（Net Registered Tonnage，缩写为NRT）是指从容积总吨位中扣除那些不供营业用的空间后所剩余的吨位，也就是船舶可以用来装载货物的容积（又称为有效容积）折合成的吨数。容积净吨主要用于船舶的报关、结关，作为船舶向港口缴纳的各种税收和费用的依据，作为船舶通过运河时缴纳运河费的依据。容积净吨位是计算吨税所使用的吨位，所以又称为计税吨位。

5.4.2.3　船舶吨位证书

船舶检验机构按照船舶丈量规范对船舶进行丈量后，所签发的载有核定总吨位和净吨位的证书，又称为丈量证书。在办理船舶所有权登记之前，船舶必须先经过船舶检验机构的丈量，并取得船舶吨位证书。登记后，如果因船舶舱室、容量改变而影响原核定的吨位数值时，应由船舶检验部门重新丈量，并换发新的船舶吨位证书。船舶吨位证书无有效期的限制。在吨位证书中，通常载有船名、船籍港、登记尺度、总吨位及各组成部分的吨位、净吨位及为确定净吨位而做的各种扣减，吨位标志的勘划位置等。当船舶是多层甲板船时，设有大、小2组总吨位和净吨位，在吨位标志或附加线的上缘浸没水中时，应使用大吨位；而在吨位标志线或附加线上缘未浸没水中时，则应使用小吨位。如果船舶是单层甲板船，仅设有一级总吨位和净吨位，总吨位和净吨位均是以“吨位”来表示船舶内部的容积，统称船舶容积吨位。中国船舶检验局于1975年制定了《船舶吨位丈量规范》，分别对国际和国内航行船舶的吨位丈量做了规定。为统一国际船舶吨位的丈量制度，联合国各成员国政府间海事协商组织于1969年6月在伦敦召开会议，制定了船舶吨位丈量的国际公约，即《1969年国际船舶吨位丈量公约》，提出了测定船舶总吨位和净吨位的新规则，该公约于1982年7月18日生效。

5.4.3 船舶吨税的税率

船舶吨税采用复式定额税率，分类分级规定。船舶分为机动船舶和非机动船舶两大类，每一类按净吨位分为若干等级，以吨为单位规定定额税率。船舶的净吨位越大，定额税率越高。定额税率又分为普通税率和优惠税率，其中优惠税率适用于同我国签有条约或协定，明确规定对船舶的税费相互给予最惠国待遇的国家的船舶吨税，分为优惠税率和普通税率2种。凡与中华人民共和国签订互惠协议的国家或地区适用船舶吨税优惠税率，未签订互惠协议的适用船舶吨税普通税率。船舶吨税税率如表5-1所示。

表5-1 船舶吨税税率（2012年1月1日零时起施行）

<table>
<tr><td rowspan="3">税目（按船舶净吨位划分）</td><td colspan="6">税率（元/净吨）</td><td rowspan="3">备注</td></tr>
<tr><td colspan="3">普通税率（按执照期限划分）</td><td colspan="3">优惠税率（按执照期限划分）</td></tr>
<tr><td>1年</td><td>90日</td><td>30日</td><td>1年</td><td>90日</td><td>30日</td></tr>
<tr><td>不超过2 000净吨</td><td>12.6</td><td>4.2</td><td>2.1</td><td>9.0</td><td>3.0</td><td>1.5</td><td rowspan="4">拖船和非机动驳船分别按相同净吨位船舶税率的50%计征税款</td></tr>
<tr><td>超过2 000净吨，但不超过10 000净吨</td><td>24.0</td><td>8.0</td><td>4.0</td><td>17.4</td><td>5.8</td><td>2.9</td></tr>
<tr><td>超过10 000净吨，但不超过50 000净吨</td><td>27.6</td><td>9.2</td><td>4.6</td><td>19.8</td><td>6.6</td><td>3.3</td></tr>
<tr><td>超过50 000净吨</td><td>31.8</td><td>10.6</td><td>5.3</td><td>22.8</td><td>7.6</td><td>3.8</td></tr>
</table>

适用船舶吨税优惠税率的国家和地区名单（截止到2012年2月共76个国家）：阿尔巴尼亚、朝鲜、加纳、斯里兰卡、刚果（布）、巴基斯坦、刚果（金）、挪威、日本、阿尔及利亚、新西兰、阿根廷、孟加拉国、泰国、巴西、墨西哥、马来西亚、新加坡、塞浦路斯、蒙古、马耳他、越南、土耳其、韩国、格鲁吉亚、克罗地亚、俄罗斯、乌克兰、黎巴嫩、智利、印度、以色列、加拿大、秘鲁、埃及、摩洛哥、南非、古巴、印度尼西亚、突尼斯、伊朗、巴哈马、美国、比利时、捷克、丹麦、德国、爱沙尼亚、希腊、西班牙、法国、爱尔兰、意大利、托比维亚、立陶宛、卢森堡、匈牙利、荷兰、奥地利、波兰、葡萄牙、斯洛文尼亚、斯洛伐克、芬兰、瑞典、英国、保加利亚、罗马尼亚、也门、苏丹、菲律宾、埃塞俄比亚、肯尼亚、阿曼、中国香港、中

国澳门。

5.4.4　船舶吨税计算案例

船舶吨税按净吨位计征，其计算公式如下：

船舶吨税 = 船舶净吨位 × 吨税税率（元/净吨）　　　　[公式 5.4.4]

船舶净吨位的尾数，按四舍五入原则，半吨以下的免征尾数，半吨以上的按 1 吨计算。不及 1 吨的小型船舶，除经海关总署特准免征者外，应一律按 1 吨计征。

有一美国籍有效容积 13 500 立方米的轮船，船名为“阿拉斯加”，停靠在我国境内某港口装卸货物。纳税人自行选择为 30 天期缴纳船舶吨税。现计算应征的船舶吨税。

计算步骤：

（1）计算净吨位：13 500 立方米/2.83 = 4 770.31，按四舍五入原则净吨位为 4 770 吨。

（2）确定税率：美国籍轮船在适用船舶吨税优惠税率的国家和地区名单之列，所以使用优惠吨税税率，经查船舶吨税税率表得知，4 770 净吨位轮船 30 天期，适用吨税税率为每吨 2.90 元/净吨。

（3）计算税款：船舶吨税 = 船舶净吨位 × 吨税税率（元/净吨），应征船舶吨税 = 4 770 × 2.90 = 13 833 元人民币。

5.5　正税减免分析

关税减免（Tariff Reduction and Exemption）是减征关税和免征关税的简称，是海关全部或部分免除应税货品纳税人的关税给付义务的一种行政措施。关税减免是各国政府对某些纳税人和征税对象给予鼓励和照顾的一种特殊调节手段，也是贯彻各国关税政策的一项重要措施。大幅度削减关税是 WTO 的基本宗旨之一。WTO 提倡取消国际贸易中的歧视待遇，非歧视性地征收关税，并且以互惠互利协议的形式实现关税减让。世界贸易组织的关税减让是通过双边或多边贸易谈判，经由各成员方权衡各自的利益，主动承诺并将其削减关税的承诺载明在关税减让表中，并按最惠国待遇原则，无条件适用于所有成员方，这就是最惠国税率全球普遍适用的缘由所在。但是，WTO 同时规定：经济一体化组织内部成员之间的优惠、对发展中国家实行的关税优惠并不受最惠国待遇的要求的制约，所以才有各国关税进一步的减免谈判，或者说最惠国税率是大多数国家的进一步减免关税的基准。

《中华人民共和国海关法》规定，关税减免政策由法定减免、特定减免和临时减免3部分组成。其减免进出口税的权限属于中央政府，在未经中央政府许可的情况下各地海关不得擅自决定减免，以保证国家关税政策的统一。关税减免是各国税收制度的重要组成部分，也是国际通行的税收规则，特定减免虽不属于关税法规的范围，但和一个国家的关税政策密切相关。特定减免和临时减免虽不属于关税法规范围，但和一个国家的关税政策密切相关，又称政策性减免。

5.5.1 法定减免税

法定减免是指根据《中华人民共和国海关法》和《中华人民共和国进出口关税条例》列明予以减免的，如国际组织、外国政府无偿赠送的物资，中华人民共和国缔结或者参加的国际条约规定减征、免征的货物、物品，来料加工、补偿贸易进口的原材料等。根据《中华人民共和国海关法》的规定，关税的减免分为三大类，即法定减免、特定减免和临时减免。法定减免税是指根据《中华人民共和国海关法》、《中华人民共和国进出口关税条例》及《中华人民共和国进出口税则》规定给予的减免税。这类货物和物品进出境时减免税均无须事先特别申请批准手续，只要确认其符合法规规定的条件，即可由经办关员依法直接办理有关减免，对放行后的货物和物品也无须进行后续的管理。根据我国上述法规，法定减免的货物和物品有以下几类：

（1）应征关税税额不足人民币50元的一票货物。

采用税额起征点免税。以人民币50元为起征点，税额不足人民币50元免征税，税额超过人民币50元开始全额征税，不设免征额。需要指出：这里免征的关税税额是广义概念，既包括进出口关税，也包括进口增值税和消费税，同时也包括滞纳金和滞报金。

（2）无商业价值的广告品和进出口货样。

具体包括：①符合下列情况，经海关审核数量合理的，无论价值大小，准予免征关税和增值税。A. 无商业价值和其他用途的；B. 用于分析、化验、测验品质并在上述过程中耗费掉的；C. 属于来样或者去样加工的；D. 国际科技交流相互提供的样品。②有商业价值的进口货样和广告品经海关审核数量合理，并且每次总值在人民币400元以下的，准予免征关税和增值税。每次总值在人民币 400 元以上的，征收超出部分的关税和增值税。属于国家限制进口的机电产品无论购买或赠送的均照章纳税。

（3）外国政府、国际组织无偿赠送的物资。

《中华人民共和国海关法》规定，外国政府、国际组织无偿赠送的进口物资经海关核准后，免征进口关税。包括：①外国政府或国际组织直接无偿赠送物资（通过协定或协议）。②外国政府通过民间组织或地方政府间接无偿赠送物资。国际组织通过其成员间接无偿赠送物资。

（4）进出境运输工具装载的途中必需的燃料、物料和饮食用品。

（5）因故退还的我国出口货物，由原发货人或其代理人申报进境，并提供原出口单证，经海关审查核实，可以免征进口关税，但不退还已征的出口关税。

（6）因故退还的境外进口货物，由原收货人或其代理人申报出境，并提供原进口单证，经海关审查核实，可以免征出口关税，但不退还已征的进口关税。

（7）在海关放行前遭受损失、损坏的货物可酌情减免关税。根据实际情况分为以下 3 种情况：

①在境外运输途中或者在起卸过程中遭受损坏或损失的。

②起卸后海关放行前，因不可抗力遭受损坏或损失的。

③海关查验时已经破漏、损坏或者腐烂，经证明不是保管不慎造成的。

（8）进口货物在征税放行后，发现货物残损、缺少或品质不良，而由国外承运人、发货人或保险公司免费补偿或更换的无代价抵偿进口货物。免税范围包括：①原进口货物已退运国外，或者原货已被放弃交由海关处理，原征税款又未退还的进口的抵偿货物；②原货缺少，而对缺少部分已征税款又未退还，重新补充进口的缺少部分。（注：原进口货物因残损或质量问题，如不退运国外，其进口的无代价抵偿货物应征税，原物重新估价退还多征税款。）

（9）经核准暂时进口或出口，并保证在 6 个月内复运出境或复运进境的应税货样、展览品、施工机械、工程车辆和船舶；供安装设备时使用的仪器和工具、电视或者电影摄制器械、盛装货物的容器、剧团服装道具等。

（10）外国使领馆进口的公务用品、外交代表进口的自用物品。

（11）我国缔结或者参加的国际条约中规定应减征、免征关税的货物、物品。

5.5.2　特定减免税

特定减免税是指海关根据国家规定，对特定地区、特定用途和特定企业给予减免关税的优惠。在我国特定减免是按照《中华人民共和国海关法》和《中华人民共和国进出口关税条例》的规定，给予经济特区等特定地区进出口的货物，中外合资经营企业、中外合作经营企业、外商独资企业（统称外商投资企业）等特定企业进出口的货物，以及其他依法给予关税减免优惠的进出口货物，以减免关税优惠特定减税或者免税的，其范围和办法由国务院规定，海关根据国务院的规定单独或会同其他中央主管部门定出具体实施办法并加以贯彻执行。

申请特定减免税的单位或企业，应在货物进出口前向海关提出申请，由海关按照规定的程序进行审理。符合规定的由海关发给一定形式的减免税证明，受惠单位或企业凭证明申报进口特定减免税货物。由于特定减免税货物有地区、企业和用途的限制，海关需要对其进行后续管理。特定减免税的范围如下：

5.5.2.1　按照国际通行规则实施的关税优惠

（1）科教用品。为了有利于我国科研、教育事业的发展，国务院制定了《科学研究和教学用品免征进口税收暂行规定》，对规定专门从事科学研究开发的机构和国家教委承认学历的全日制大专院校，不以营利为目的，在合理的数量范围内进口国内不能生产的科学研究和教学用品，而且直接用于科学研究或者教学的，免征进口关税和进口环节增值税、消费税。

（2）残疾人用品。为支持残疾人的康复工作，国务院制定了《残疾人专用品免征进口税收暂行规定》，对民政部直属企事业单位和省、自治区、直辖市民政部门所属福利机构等特定单位，中国残联和省、自治区、直辖市残联所属福利机构和康复机构进口的残疾人专用物品，免征进口关税和进口环节增值税、消费税。

（3）捐赠救灾进口规定范围内的物资准予免征进口关税和进口环节增值税、消费税，扶贫、慈善捐赠进口规定范围内的物资准予免征进口关税和进口环节增值税。

（4）扶贫、慈善捐赠进口规定范围内的物资准予免征进口关税和进口环节增值税。

（5）加工贸易不作价设备。加工贸易外商提供的不作价设备，除《外商投资项目不予免税的进口商品目录》所列商品外，可以免征进口关税和进口环节增值税。来料加工进口加工成品出口免征出口关税。进料加工进口全部使用进口料件的出口产品免征出口关税。

（6）特定区域物资。对经国务院批准在中国境内设立的保税区和出口加工区进口的区内生产性基础设施项目所需的机器、设备和其他基建物资可以免税；区内企业进口企业自用的生产、管理设备和自用合理数量的办公用品及其所需的维修零配件，生产用燃料，建设生产厂房、仓储设施所需的物资、设备可以免税；保税区行政管理机构自用合理数量的管理设备和办公用品及其所需的维修零配件，可以免税。免税范围包括进口关税和进口环节增值税。

5.5.2.2　按照国家产业政策实施的关税优惠

（1）外商投资企业进口自用设备。属于国家鼓励发展产业的外商投资企业，在投资额内进口的自用设备，以及数量合理的配套件、备件，除《外商投资项目不予免税的进口商品目录》《进口不予免税的重大技术装备和产品目录》（简称两个目录，下同）所列商品外，可以免征进口关税，但不免进口环节增值税；属于国家鼓励发展产业的，外商研究开发中心，先进型、产品出口型的外商投资企业，在企业投资额以外的自有基金（指企业储备基金、发展基金、折旧、税后利润）内，进口国内不能生产或性能不能满足需要的设备，以及与上述设备配套的技术、配件、备件，除“两个目录”所列商品外，可以免征进口关税，但不免进口环节增值税。享受免税待遇的外商企业必须满足以下的条件：①外资企业（三资企业）外资投资比率不低于25%在投资总额内自用的进口设备。②如果外资投资比率低于25%须满足3个条件：符合外商投资产业目录鼓励类企业；通过发行B股和外资股票转化为外资企业；外资企业通过再投资中西部设立企业。

（2）国内投资项目进口设备。属国家重点鼓励发展产业的国内投资项目，在投资总额内进口的自用设备，以及数量合理的配套件、备件，除“两个目录”所列的商品外，可以免征进口关税，但不免进口环节增值税。

（3）贷款项目进口物资。外国政府贷款和国际金融组织贷款项目进口的自用设备，以及数量合理的配套件、备件，除“两个目录”所列商品外，可以免征进口关税，但不免进口环节增值税。

（4）对符合《外商投资产业指导目录》鼓励类的外商投资项目通用设备第十类所列的自用机床和压力成型机械的规定：①自2008年5月1日起，对新批准的（以项目审批、核准或备案日期为准，下同）在投资总额内进口，一律征收进口关税，仍可免征进口环节增值税。②对2008年5月1日以前批准的可按照《国务院关于调整进口设备税收政策的通知》（国发〔1997〕37号）规定享受进口税收优惠政策的外商投资项目，在投资总额内进口，其项目单位于2008年11月1日前持项目确认书等相关资料，向海关申请办理减免税审批手续，而且海关予以受理的，仍可以按照以前文件规定免征进口关税和进口环节增值税。③在2008年11月1日及以后向海关申请办理减免税审批手续的上述外商投资项目，在投资总额内进口上述范围的自用设备，一律征收进口关税，仍可免征进口环节增值税。④中西部外商投资优势产业项目、外国政府贷款项目和国际金融组织贷款项目进口上述自用设备，以及加工贸易外商提供的不作价进口设备，比照以上两款规定执行。⑤享受进口税收优惠政策的外商投资项目和国内投资项目，在投资总额内进口上述设备，可以免征进口关税和进口环节增值税。

5.5.2.3 重大技术装备

自2009年7月1日起，对经认定符合规定条件的国内企业为生产国家支持发展重大技术装备和产品，以及进口关键范围的关键零部件、原材料商品，除《进口不予免税的重大技术装备和产品目录》外，免征进口关税和进口环节增值税。

国家支持发展重大技术装备和产品，以及进口关键范围的关键零部件、原材料商品包括：大型清洁高效发电设备，特高压输变电设备，大型石化设备，大型煤化工设备，大型冶金成套设备，大型煤炭综合设备，大型施工机械及基础设施专用设备，大型、精密、高速数控设备、系统、功能部件与基础制造装备，新型纺织机械，新型大马力农业装备等。

5.5.2.4 其他进口物资税收政策

进料加工贸易外商提供不作价设备、进料加工贸易进口料件、来料加工贸易进口料件、边境小额贸易进口货物等，免征进口关税和进口环节增值税。

5.5.2.5 其他暂时性或特殊性的关税优惠

（1）国务院特准减免税的进出口货物。如化肥、种子种苗、饲料免征进口环节增值税，中国民用航空局下属航空公司进口飞机的进口环节增值税按6%减征。

（2）其他货物。如在中国境内设立的投资额超过人民币80亿元或集成电路线宽小于0.25微米的集成电路生产企业进口净化室专用建筑材料，配套系统和集成电路生产设备零、配件，以及自用生产性原材料、消耗品，免征进口关税和进口环节增值税等。

在学习特定减免税时，要注意上述各种情况减免的范围略有不同，有的只减免进口关税，有的减免进口关税和进口环节增值税，还有的减免进口关税和进口环节增值税、消费税。只有掌握其减免范围的不同，才能准确加以运用。

5.5.2.6　特定减免税进口货物的监管年限

特定减免税进口货物必须按上述用途和在上述范围内使用，并接受海关监管。在监管年限内，纳税义务人应当自减免税货物放行之日起，每年向主管海关报告1次减免税货物的状况；除经海关批准转让给其他享受同等税收优惠待遇的项目单位外，纳税义务人在补缴税款并办理解除监管手续后，方可转让或者进行其他处置。特定减免税进口货物的监管年限为：

（1）船舶、飞机：8年；

（2）机动车辆：6年；

（3）其他货物：3年。

监管年限自货物进口放行之日起计算，在监管年限届满时，自动解除海关监管。纳税义务人需要解除监管证明的，可以自监管年限届满之日起1年内，持有关单证向海关申请领取解除监管证明。

5.5.3　先征后退

根据《财政部　国家发展改革委　海关总署　国家税务总局关于落实国务院加快振兴装备制造业的若干意见有关进口税收政策的通知》（财关税〔2007〕11号）的有关规定，自2008年1月1日起（以海关接受企业申报的日期为准），对国内企业为开发、制造大型、精密、高速数控设备及其功能部件，而进口部分关键零部件所缴纳的进口关税和进口环节增值税，实行“先征后退”的制度。

（1）大型、精密、高速数控设备主要包括：立式或卧式加工中心、龙门式加工中心（含龙门铣镗床）、数控车床（含车削中心）、重型数控卧式车床（含车削中心）、大型数控立式车床（含车削中心）、数控铣镗床（含铣镗加工中心）、数控滚齿机、数控插齿机、数控剃齿机、数控磨齿机、数控闭式机械压力机及大型多工位压力机、数控激光冲压切割复合机、数控不落轮车床、柔性制造系统，功能部件包括数控装置、高速电工轴（加工中心）、数控动力刀架、数控回转工作台、滚珠丝杠副、直线滚动导轨、自动换刀装置。

（2）先征后退清单所列进口关键零部件实行年度暂定关税税率的，按暂定关税税率执行。今后对先征后退清单所列品种将根据企业申请、政策实施效果、国内配套能力等情况适时进行调整。

（3）享受先征后退政策的企业进口上述关键零部件时，应向海关单独申报进口，并凭财政部出具的“重大装备制造企业退税确认书”直接向进口地海关申请办理先征后退手续，具体操作程序按现行有关先征后退规定办理。

（4）对从2008年1月1日起进口的上述所列关键零部件，经海关审核无误的，准予按照规定办理先征后退手续。

5.5.4 停止减免

停止减免是根据1994年《国务院批转关税税则委员会、财政部、国家税务总局关于第二步清理关税和进口环节税减免规定的意见的通知》（国发〔1994〕64号）的精神，对20种商品，无论任何地区、企业、单位和个人，以任何贸易方式进口，一律停止减免关税和进口环节增值税。进一步来说，享受特定减免税待遇企业和个人进口通知规定的20种商品，停止减免。2004年4月1日，财政部下发《财政部关于重新明确不予减免税的20种商品税号范围的通知》（财关税〔2004〕6号），重新明确不予减免税的20种商品税号，另增加6种商品。

停止减免范围按照《财政部关于重新明确不予减免税的20种商品税号范围的通知》，停止减免范围包括：电视机、摄像机、录像机、放像机、音响设备、空调器（不包括中央空调）、电冰箱（电冰柜）、洗衣机、照相机、复印机、程控电话交换器、微型计算机及外设、电话机、无线寻呼系统、传真机、电子计数器、打字机及文字处理器、家具、灯具、数码相机、数码复印机、IC卡读入器、闪烁存储器、移动硬盘、网络摄像头和餐料（停止减免税的餐料税号对照表见表5-2），共26种商品。在上述商品进口时，应严格按照《中华人民共和国进出口税则》的税号进行认定，并征收进口关税和进口环节增值税。

表5-2 停止减免税的餐料税号对照表

酒、饮料		
序号	商品名称	2004版税则号列
1	酒、饮料	税目22.01至22.08项下全部税号
2	未发酵及未加酒精的水果汁、蔬菜汁	税目20.09项下全部税号
水果		
序号	商品名称	2004版税则号列
1	各种干、鲜水果及坚果	第8章全部税号
2	用各种方法制作或保藏的水果、蔬菜	税目20.01至20.08项下全部税号

续表

调味品		
序号	商品名称	2004 版税则号列
1	人造黄油等	税目 15. 17 项下全部税号
2	汤料及其制品	2104. 1000
3	调味汁及其制品、混合调味品、芥子粉及其调制品	税目 21. 03 项下全部税号
4	胡椒、辣椒粉、肉桂、丁香、肉豆蔻、八角、茴香、咖喱等调味香料	税目 09. 04 至 09. 10 项下全部税号
5	天然蜂蜜	0409. 0000
6	醋	2209. 0000
水产品、肉禽蛋菜		
序号	商品名称	2004 版税则号列
1	肉及食用杂碎	第二章全部税号
2	鱼、甲壳动物、软体动物等	第三章全部税号
3	食用蔬菜、根及块茎	第七章全部税号
4	肉、鱼、甲壳动物等制品	第十六章全部税号
5	带壳禽蛋等	税目 04. 07 项下全部税号
6	去壳禽蛋及蛋黄等	税目 04. 08 项下全部税号
7	燕窝等其他食用动物产品	税目 04. 10 项下全部税号
8	蔬菜制品及其罐头	税目 20. 01 至 20. 08 项下全部税号
乳制品		
序号	商品名称	2004 版税则号列
1	乳、奶油、乳精、黄油等各种乳制品	税目 04. 01 至 04. 06 项下全部税号
2	冰淇淋及其制品	2105. 0000
3	浓缩蛋白质及人造蛋白物质	2106. 1000
4	其他以黄油或其他乳脂、乳油为基料的制品	2106. 9090（不以黄油、乳脂、乳油为基料的制品，不在此范围内）

相关链接

关于减免税货物征收海关监管手续费规定与取消

1988 年 9 月 20 日，海关总署发布《中华人民共和国海关对进口减税、免税和保税货物征收海关监管手续费的办法》（海关总署令第 1 号），决定对部分减免进出口税货物征收海关监管手续费。2004 年，为了贯彻财政部、国家发展改革委员会《关于公布取消 103 项行政审批等收费项目的通知》精神，《海关总署关于废止部分海关规章的决定》（海关总署令第 167 号）规定，自 2004 年 2 月 12 日起，停止对进口减免税和保税货物征收海关监管手续费。

实训练习

广州某工厂从英国 BP 石油新加坡公司购买 500 吨成品油（柴油），成交条件为 CIF 广州。该批成品油的发票总价为 500 000 美元。发票还显示其中含运费和保险费 5 000 美元、码头装卸费 2 000 美元、买方为购买此批成品油而融资所产生的利息费用 20 000 美元，另支付卖方佣金 5 000 美元，品牌使用费 20 000 美元。该批成品油由原产于科威特的石油，在该公司设在印度的炼油厂提炼而成，挂 BP 品牌，从新加坡装运。其中，产于科威特的石油 FOB 价 220 000 美元。（汇率：1 美元 =6.8300 元人民币）（1 吨 =1 176 升）

表 5-3　成品油关税税率表

税目		税栏				
税则号列	商品名称和规格	普通税率（%）	最惠国税率（%）	特惠税率（%）	消费税率（元/升）	增值税率（%）
2710	柴油	6	3	1	0.8	17

根据上述案例，按照关税实务基本流程，做以下实训练习：

（1）按照我国现行的完税价格准则，确定该批成品油完税价格。完税价格是关税实务的首要环节，尽管国内外都有统一价格准则，但是实际工作者的估价水平仍有待提高，通过实训练习可以有效提高估价水平。（注意计入项目和不计入项目的界定）

（2）参照原产地规则，分析该批成品油原产地应该是英国、科威特、印

度还是新加坡？（使用实质性改变中的从价百分比标准判定）

（3）在确定原产地的基础上，选择合适的关税税率，计算关税税额。

（4）该批进口成品油是否需要缴纳进口环节消费税，如果需要如何计算消费税。

（5）选择增值税率，最后计算进口环节增值税额。

此实训可以在老师指导下进行，但是学生必须独立完成全部环节的练习，进而提高关税实务的操作水平。

本章小结

对进出口税征收和减免是各国执行关税政策最重要的环节，而准确计算和分析各种进出口税应纳税额和减免税额是执行关税政策的核心步骤。本章知识点如下：

（1）进出口税与进出口关税、海关税与海关代征税、价内税与价外税的区别。

（2）采用从量计征和复合计征进出口关税的适用范围。

（3）滑准计征关税税率的演变过程。

（4）进口环节消费税征收范围，享受低税率进口环节增值税的适用范围。

（5）进出口关税、进口环节消费税、进口环节增值税在计税价格上的不同。

（6）船舶吨税计算时吨位的使用。

（7）不同特定减免税在减免税种方面的差异。

本章是本书的重点，通过学习本章，不仅要掌握不同进出口税的计算方法，而且要熟练运用这些方法的计算技巧，并在此基础上了解对不同进出口税征收和减免的背景和目的。

课后练习

（一）概念辨析

1. 进出口税和进出口关税。
2. 价内税和价外税。
3. 海关税和海关代征税。

4. 从量税计征和从价税计征。

（二）单选题

1. 某公司进口一批洋酒（复合计征），合计重量 1 000 千克，价值 CIF10 000美元，税号为2208.5000，外汇牌价为1∶6，从价关税税率为10%，从量消费税税率：1元/千克，从价消费税税率为20%。其复合计征消费税额计算正确表述的是（　　）。

A. 消费税额＝［66 000元÷（1－20%）］×20%

B. 消费税额＝1 000元＋［66 000元÷（1－20%）］×20%

C. 消费税额＝［67 000元÷（1－20%）］×20%

D. 消费税额＝1 000元＋［67 000元÷（1－20%）］×20%

2. 某公司从香港购买一批日本产富士彩色胶卷 8 000 卷（宽度 35 毫米，长度 2 米之内），成交价格为 CIF 上海 12 港元/卷。设外汇折算价为 1 港元＝1.2 元人民币，以上规格胶卷 0.05 平方米/卷。该批商品的最惠国税率为 30 元人民币/平方米，计算应征进口关税税额为（　　）。

A. 115 200 元人民币　　B. 34 560 元人民币

C. 16 800 元人民币　　D. 12 000 元人民币

3. 下面哪种表述属于《中华人民共和国海关法》规定的法定减免税范围？（　　）

A. 港、澳、台同胞捐送的抗震救灾物质

B. 无商业价值的广告品和进出口货样

C. 加工贸易不作价设备

D. 康复机构进口的残疾人生活所需的专用物品

4. 下列不可以免征进口环节消费税的特定减免税货物的是（　　）。

A. 科教用品　　B. 残疾人专用品

C. 救灾捐赠进口物资　　D. 扶贫慈善捐赠物资

（三）判断题

1. 大型、精密、高速数控设备、系统、功能部件与基础制造装备，免征进口关税和进口环节增值税。（　　）

2. 某保税仓库进口仓库管理用计算机、堆放货物的货架及搬运货物的叉车。按照规定，进口这些物资可予以免税。（　　）

3. 外商投资企业，在投资额内进口的自用设备，以及数量合理的配套件、备件，除《外商投资项目不予免税的进口商品目录》《进口不予免税的重大技

术装备和产品目录》所列商品外，一律免征关税和进口增值税。（ ）

（四）进出口税计算案例题

1. 某单位进口一辆豪华小轿车（排气量3.8升），成交价格为CFR85 000美元。已知基准汇率为1美元=8元人民币，保险费率为0.5%。海关对此类小汽车的关税税率定为50%，在查消费税税率表的基础上如何计算消费税?

2. 某远洋渔业公司向法国购买关税配额内船用发电机2台，成交价格CIF广州680 000欧元，中国银行中间价100欧元=890元人民币，船用发电机最惠国税率5%，关税配额税率1%，如何计算应征进口关税?

3. 广州某工厂从美国某公司购买100吨成品油（轻柴油），成交条件为CIF广州。该货物的发票总价为500 000美元。发票还显示其中含国内运费20 000美元，码头装卸费2 000美元，进境后保险费5 000美元，另支付卖方佣金25 000美元。该货物适用关税税率8%，消费税率0.8元/升，如何计算增值税额?（汇率：1美元=6.280 0元人民币）

4. 某进出口公司进口某批不用征收进口消费税的货物，经海关审核其成交价格总值为CIF境内某口岸800美元。已知该批货物的关税税率为35%，增值税税率为17%，兑换率为1美元=6.3元人民币。请计算应征增值税税额。

5. 一艘澳大利亚籍货轮在我国某港口停留，纳税人选择90天期缴纳吨税，该货轮关闭空间为15 000立方米，有效空间率为75%。请查“吨税税目税率表”计算应缴纳的船舶吨税。

第6章 关税征纳的第三个工作过程（二）：进口附加税分析与计算

学习目标

了解进出口正税和附加税的区别，理解附加税附加的含义和保障措施的内容，在此基础上进一步掌握反倾销税、反补贴税、特别关税和报复性关税的分析与计算。

进口附加税（Import Surtaxes）是一种特别关税，是进口国家在对进口商品征收正常进口税后，出于某种目的再次加征的关税。由于加征的关税主要发生在进口环节，所以称为进口附加税。

进口国通常把征收进口附加税作为限制外国商品输入的一种临时性措施，其目的主要有3个：一是应付国际收支危机，维持进出口平衡。如美国在20世纪70年代初出现了首次贸易逆差，尼克松政府为了应付国际收支危机，实行了“新经济政策”，宣布对外国进口商品一律加征10%的进口附加税。二是防止外国商品低价倾销，保护本国民主工业基础。如从1985年开始，我国对一些国内已能生产，但又大量进口的消费品，如汽车、机电产品等，一些国内幼稚工业或新兴工业产品和一些盲目引进的生产线，征收附加税。三是对某一国家实行歧视或报复性关税。如 2003 年 1 月欧盟各国、日本等国家，针对美国的《伯德修正案》，通过世界贸易组织的调查认定，对美国的钢铁等 15 种商品征收的报复性关税。

进口附加税是限制商品进口的重要手段，重点是针对个别国家或者个别商品有差别地征收，所以又称为差别关税。进口附加税有反倾销税、反补贴税、紧急关税、报复性关税 4 种形式。

6.1　反倾销税的分析与计算

反倾销税（Anti-dumping Duty）是进口国家对在本国实行倾销的进口商品所征收的一种进口附加税，目的是抵制外国商品倾销给本国的生产和市场带来的严重危害。对倾销商品征收反倾销税，首先要了解什么是倾销和反倾销。

6.1.1　反倾销税的由来

6.1.1.1　倾销

1994 年，世界贸易组织（WTO）在乌拉圭回合通过《关于实施 1994 年关税与贸易总协定第六条的协议》（以下简称《反倾销协议》）。2004 年 3 月，按照 WTO 规定，我国修改《中华人民共和国反倾销条例》，使之与《反倾销协议》保持一致。根据上述两个文件给出倾销的定义："倾销（Dumping）是指一国出口商以低于其在正常贸易中供国内消费的同类产品的可比价格，即以低于正常价值（Normal Value）的价格进入另一国市场的行为。"但是，由于各成员国对于倾销的"正常价值"的含义在认识上存在一定的分歧，再加上国际贸易保护主义的泛滥，自 20 世纪 90 年代以来，反倾销扩大化的趋势明显加强。进口国家通过对进口产品进行旷日持久的反倾销调查和征收高额反倾销税来限制商品进口，使之成为当代新型非关税壁垒的重要措施之一。

6.1.1.2　反倾销

反倾销（Anti-dumping）是指进口国有关行政当局或职能部门（如海关）根据本国反倾销法或世界贸易组织的《反倾销协议》，就本国厂商对外国倾销提出的起诉进行调查和裁决，如果认定出口商以低于本国国内市场价格或低于正常价格在进口国或其他国家进行商品销售的行为。进口国政府为了保护本国产业免受外国商品倾销的冲击，就有可能考虑对倾销商品征收除正常关税之外的、相当于出口价格与正常价值之差额的附加税，即反倾销税。反倾销税税额一般按倾销幅度征收，以抵消倾销商品价格与正常价格之间的差额。如果被指控倾销商品的出口商作出“价格承诺”（Price Undertaking），愿意提高其产品的出口价格或停止低价倾销，进口国有关部门在认为这种方法足以消除其倾销行为所造成的损害时，也可以暂停或终止反倾销调查，不采取临时反倾销措施或者不征收反倾销税。

6.1.1.3　反倾销税征收条件

上述两个文件对反倾销税的征收和“价格承诺”，以及实施反倾销措施的基本程序等做了明确规定。反倾销税的征收必须同时符合3项基本条件：（1）倾销存在，即产品出口价格低于其正常价格（国内销售价格或对第三国出口价格或其生产成本）；（2）损害存在，即进口国竞争产业受到严重损害或损害威胁，或者一项新产业的建立受到严重阻碍；（3）损害与倾销之间存在因果关系，即进口竞争产业所受的损害是由倾销造成的。

6.1.1.4　征收反倾销税的正负效应

如果进口国当局对出口国企业的长期性倾销征收反倾销税，进口国的进口品价格会提高，对进口品的需求和实际进口数量下降，在某些情况下从反倾销调查国的进口会完全停止，国内进口竞争厂商的产量和收益就会增加。虽然国家关税的增加会导致消费者对产品的需求减少，但只要生产者增加的福利和国家关税收入之和大于消费者减少的福利，征收反倾销税的综合效应就被证明是有效的。

征收反倾销税本身是一把“双刃剑”，它的负效应也是非常明显的，具体体现在：（1）负净福利效应。征收反倾销税后，出口价格不变，进口商缴纳反倾销税，进口国国内售价提高，反倾销税提高的产品价格便转嫁给国内消费者。消费者剩余的损失大于生产者剩余的增加和政府的关税收入，进口国遭受净福利损失。（2）贸易转移效应（Trade Diversion）。如果进口国从多个国家进口同种产品，但只对部分进口来源征收反倾销税，那么在减少来自指定国家进口的同时，却增加了未诉国家的出口，这就是反倾销的贸易转移效应。如果贸易转移效应部分全部抵消了进口国生产部门期望从反倾销中获得的预期收益，就降低了反倾销的产业保护效果。Thomas J. Prusa（托马斯·普鲁萨）（1997）利用1980～1988年美国得出的所有肯定性仲裁结论倾销产品的贸易数据判断贸易转移效应。他发现在所有的反倾销案件中（不管最终结果如何），从未指定国家的进口额在案件发生1年后增加约20%，在案件发生5年后增加40%以上。在反倾销税率很高的案件中，贸易转移效应较突出，在反倾销税率较低和被拒绝的案件中，贸易转移效应也很显著。(3) 直接投资(FDI) 对出口的替代效应（Tariff Dumping）。当一国出口企业遭遇外国反倾销时，该企业可能绕过反倾销税的壁垒进行直接投资，这就是反倾销的直接投资效应。直接投资效应使原进口国国内同行业竞争加剧，国内企业境况可能恶化。Barrell（巴雷尔）与Pain（佩恩）(1999) 检验了日本对外直接投资对美国和欧盟反倾销的反应。这些研究均显示反倾销具有显著的直接投资效应。(4) 投入品价格的"连锁反应"(Ripple Effect)。进口国对中间投入品征收反倾销税，将提高产业链下游产业的生产成本，降低下游产业的国内与国际竞争力，中间产品成本上升会导致相关产业乃至整个经济的价格上涨。由于反倾销集中在初级投入品上，反倾销的"连锁反应"会广泛传播，影响非常广泛。(5) 出口国的反倾销报复。如果一国征收反倾销不是为了谋求公平竞争，而是作为一种替代关税的保护措施时，这种行动容易引起出口国的反倾销报复。结果两败俱伤，陷入负数和博弈的困境，贸易国际化受阻。

6.1.2　反倾销税实施

6.1.2.1　反倾销税实施原则

WTO允许各成员方政府针对进口倾销产品采取反倾销措施，征收反倾销税，以保护本国相同产业及生产商不受损害。但是为了防止各成员方滥用反倾销措施，WTO《反倾销协议》对反倾销税的征收确立了一些共同原则。随着我国企业国际化进程的加快，了解和把握这些征税原则，对于我国的出口企业，尤其是那些遭受反倾销指控或被征收反倾销税的出口企业来说意义重大。

(1) 轻税原则。《反倾销协议》在反倾销税的征收额度问题上提出并倡导轻税原则，即税额从轻原则。轻税原则是指反倾销税不一定非要按照倾销幅度加以征收，如果按照小于倾销幅度的额度征收就足以消除倾销产品对进口国造成的损害的话，则应予以允许。轻税原则是以征税额度是否能足以消除倾销产品对进口国产业造成的损害为标准来判定的。按照一般原则，终裁反倾销税的税额以倾销幅度为上限。由于协定首次吸收了轻税原则，因此各成员方调查当局裁定的终裁反倾销税征税税额既可等于倾销幅度，也可低于倾销幅度。在这个问题上，尽管《反倾销协议》并没有强制各成员方政府一定要规定在本国反倾销立法当中，但从措辞来看，协定希望各成员方在征收反倾销税时考虑使用轻税原则，并授权各成员方政府根据本国具体情况自行决定是否在本国反倾销立法中采纳这一原则。轻税原则有利于合理平衡进口国境内相同产品生产商与国内消费者及中下游生产商之间的利益，有利于进口国整体经济的发展。轻税原则表示了WTO《反倾销协议》在确定反倾销税征税额度上的一种导向：反倾销税应具有恢复性而非惩罚性功能的特征。所以，反倾销税的税额应小于或等于倾销幅度或倾销差额。

（2）“日落条款”的时间原则。由于反倾销税的征收期限缺乏统一规定，因而一些反倾销措施实施大国便可以滥用反倾销措施，对进口产品无限期征收反倾销税，从而将其排斥在本国市场之外。这对其他国家的出口商显然是不公平的。因为国际市场的生产条件和竞争条件会随着时间的推移发生不同程度的变化，如果出口商长期被征收反倾销税，将无法获得再次进入有关市场的机会。对此，WTO《反倾销协议》中确立了“日落条款”。该条款规定：任何终裁反倾销税都应在征收之日起或最近一次复审之日起5年内的某一日期终止，除非主管机关在该日期之前通过复审认为反倾销税的终止有可能导致倾销和损害的继续或再度发生。这意味着，在一般情况下，反倾销税的征收最长不得超过5年，5年后应予以自动终止。确立“日落条款”的目的在于，防止进口国滥用反倾销措施将其他国家产品长时间排斥在本国市场之外，达到贸易保护的目的。

（3）新的出口商的征税原则。WTO《反倾销协议》规定，对任何倾销产品征收反倾销税时，调查当局都应在无歧视的基础上根据每一案件的具体情况分别确定适当的反倾销税税率。协定首次对新的出口商（new comer）的征税原则作出明确规定，要求成员方调查当局应分别对新的出口商进行反倾销调查和征税。所谓新的出口商是指一些出口商在反倾销调查之前或调查当中并没有向进口国出口其产品，而刚好在进口国裁定并发布对来自其被调查出口商的进口产品征收反倾销税令之后，这些出口商才开始向进口国出口其产品。这就涉及对调查期间未出口产品的出口商向进口国出口的相同产品是否应被征收反倾销税，以及应征收多少反倾销税的问题。

（4）对已预征的临时反倾销税多退少不补原则。在实践中，有时会出现调查当局终裁与初裁所确定的征税额度不一致的情况。以往由于没有统一的规定和处理原则，各国的实践是不同的。为此，WTO《反倾销协议》明确规定，当终裁与初裁计算的征税额度不一致时，应遵循多退少不补原则，即当最终反倾销税高于已付或应付的临时缴纳的现金保证金时，应迅速予以退回，任何保函应迅速予以解除。

（5）反倾销税一般不得追溯征收原则。按照法律不溯及既往的原则，一般情况下，临时反倾销税和终裁反倾销税都应针对自征税裁定生效后被认定存在倾销的产品实行征收。反倾销税一般不得实施追溯征收。但 WTO《反倾销协议》同时规定了反倾销得以追溯征收的情况：①存在造成损害的、倾销的历史记录，或者进口商已知或理应知道出口商实行倾销，并且此类倾销会造成损害的情况；②损害是由在相对较短的时期内倾销产品的大量进口造成的，由于倾销产品快速大量增加可能会对正在实施的反倾销税的效果产生严重破坏的情况。

关于追溯征收反倾销税的追溯时间期限，WTO《反倾销协议》也作出了明确的规定：当出现上述情况之一时，允许进口国调查当局针对临时措施适用日之前的 90 天内，进入进口国消费领域的倾销产品实施追溯征收。

6.1.2.2　反倾销调查

反倾销是世界贸易组织允许采取的维护公平贸易和保护国内安全的合法手段，是各国公认的。是否是市场经济国家，是反倾销调查中认定倾销和确定倾销幅度的一个重要标准。非市场经济国家将引用与出口国经济发展水平大致相当的市场经济国家（替代国）的成本等数据，计算所谓正常价值并确定倾销幅度，施以对应的增税措施。

对倾销及倾销幅度的调查标准：（1）反倾销关税的征收调查期为 12 月，2% 以下免征。（2）通常由受损害产业有关当事人提出出口国进行倾销的事实，请求本国政府机构再征。政府机构对该项产品价格状况及产业受损害的事实与程度进行调查，确认进口国低价倾销时，即征收反倾销税。政府机构认为必要时，在调查期间，还可先对该项商品进口暂时收取相当于税额的保证金。如果调查结果倾销属实，即作为反倾销税予以征收；当倾销不成立时，即予以退还。有的国家规定基准价格，凡进口价格在此价格以下者，即自动进行调查，不需要当事人申请。（3）如果某一产品被进口成员方征收反倾销税，进口国调查当局应迅速对出口国向进口国出口该产品的出口商或生产商所涉及产品进行审查，以便单独确定其倾销幅度。此种审查应当在加速的基础上进行。在审查期间不得对来自此类出口商的进口产品征收反倾销税，但允许反倾销调查当局预扣估算的反倾销税或要求新的出口商在调查期间作出担保，以保证在确定存在倾销时，能够自该审查开始之日起征收反倾销税。

6.1.2.3　反倾销税计算

反倾销税是为抵制外国商品倾销进口而征收的一种进口附加税，即在倾销商品进口时除征收进口关税外，再征收反倾销税。征收反倾销税后，进口关税、进口环节消费税、进口环节增值税将发生以下变化：

进口关税 = 关税完税价格 × 关税正税税率 + 关税完税价格 × 反倾销税率

［公式 6.1.2（1）］

进口环节消费税 =（关税完税价格 + 关税正税 + 反倾销税）/（1 − 进口环节消费税税率）× 进口环节消费税税率　［公式 6.1.2（2）］

进口环节增值税 =（关税完税价格 + 关税正税 + 反倾销税 + 进口环节消费税）× 进口环节增值税率　［公式 6.1.2（3）］

6.1.2.4　计算案例

从越南进口水果 10 吨，成交价格为 FOB 人民币 1 200 元/吨，运费为人民币 1 500 元，保险费率为 0.5%（保险费已付），协定税率为 8%，最惠国税率为 9%，普通税率为 18%。海关对此批水果进行反倾销立案调查，调查中得知原产于泰国的相同水果的 FOB 价为 12 000 泰铢/吨。据此征收反倾销税。（100 元人民币 = 800 泰铢）计算该批水果应缴纳的进口关税。

计算步骤：

（1）调查倾销幅度，确定反倾销税率

12 000 泰铢/800 = 1 500 元人民币，倾销幅度等于（1 500 元 − 1 200 元）/1 500 元 = 20%

可以设定反倾销税率为 20%。

（2）确定完税价格

完税价格 =（1 200 元/吨 × 10 吨 + 1 500 元）/（1 − 0.5%）= 13 567.84 元人民币

（3）计算进口税额

进口税额 = 13 567.84 元 ×（8% + 20%）= 3 799 元人民币

相关链接

反倾销与贸易保护

各国征收反倾销税的法则差别很大。早在20世纪60年代中期，《关税与贸易总协定》的“肯尼迪回合”中，曾制定《反倾销法典》（Anti-Dumping Code），1973～1979年“东京回合”又对其加以补充修改，除对倾销含义加以界定外，并规定征收反倾销税时的必要条件。倾销停止时，应立即取消征收。但这未能真正起到统一各国立法的作用。滥用反倾销税的事例时有发生。反倾销税从来都是贸易大国进行关税战、贸易战的重要工具。

2008年7月9日，欧盟委员会应欧盟业界要求仅以损害威胁为由对中国产无缝钢管发起反倾销调查，我国商务部对此表示高度关注。WTO《反倾销协议》对损害威胁的规定十分严格，要基于事实，而不要仅依据指控、推测和极小的可能性，造成的损害也必须是能够明显预见和迫近的。《反倾销协议》同时规定，主管机关应审查申请中提供的证据的准确性和充分性，以确定是否有足够的证据证明进行调查是适当的。2009年4月8日，欧盟委员会发布公告，对中国产无缝钢管征收临时反倾销税，中方明确表示反对。

市场需求决定供给。如果中国产品对欧盟出口在某一时期呈现一定的增长态势，也主要是由市场需求决定的，不能归咎于中国产品的倾销。在调查期内，欧盟产业整体经营状况良好，根本没有所谓的损害，也谈不上损害威胁。自2008年以来，特别是在全球金融危机发生后，欧盟对华产品需求下降，订单明显减少，中国对欧盟涉案产品出口呈现明显下降的趋势。2008年全年，我国涉案产品出口数量同比下降13.18%，金额上升14.5%；2009年1～2月，我国涉案产品出口数量同比下降43.48%，金额下降29.1%。另外，中国国内市场需求较大，在当前救市措施的作用下，国内市场对无缝钢管的需求更加旺盛，中国对欧盟出口并不会对欧盟产业构成威胁。

2009年的20国集团（G20）伦敦峰会再次重申反对贸易保护主义，克制使用贸易救济措施。欧盟仅以损害威胁为由对中国产无缝钢管征收临时反倾销税，向业界发出了一个错误的信号。希望欧盟调查机关能基于案件事实，并结合近年来的相关数据及市场情形变化情况，尊重世贸规则，尽快终止对中国产无缝钢管征收的反倾销税。中国愿与欧盟一起，推动双方产业展开对话与合作，实现互利共赢。

6.2 反补贴税的分析与计算

反补贴税（Counter-vailing Duty）是指对直接或间接接受出口津贴或补贴的外国商品，低于正常价格进口时，所征收的一种特别税。凡是进口商品在生产、制造、加工、交易、运输过程中所接受的直接或间接的奖金或补贴都构成征收反补贴税的条件，无论这些奖金或补贴是来自政府还是行业协会。一旦外国商品接受补贴后进口，则没有补贴的外国或本国同类商品，在国际市场的竞争力必然被削弱，在经济上遭受损失。征收反补贴税正是对这些没有补贴的外国或本国同类商品的补偿，所以，反补贴税又称抵消税或补偿税。

6.2.1 反补贴税分析

6.2.1.1 补贴含义

补贴是政府基于其经济政策或者贸易政策考虑，对出口企业、出口产品、生产进口替代产品企业或者进口替代产品，给予经济或者其他方面补偿的行为。出口商品在生产、运输、买卖的过程中接受的来自政府或同业协会的直接或间接的补助、奖金称为补贴。其中，向国内出口商提供的以支持其扩大出口的补贴称为出口补贴，向国内出口商品生产者提供的以提高其增值性产品的生产和出口能力的补贴，称为国内补贴或生产补贴。

补贴大体上有3种形式：（1）政府直接补贴，包括注入资金、赠予、贷款、债务转让等；（2）政府间接补贴，包括减免税收、退还税收、贷款担保、提供服务；（3）政府政策补贴，包括金融制度、贸易限制等方面。

6.2.1.2 补贴的分类

补贴的产品在国际市场上享有不公平的竞争优势。因此，世界贸易组织（WTO）在1994年“乌拉圭回合”通过《补贴与反补贴措施协议》（以下简称《反补贴协议》）。《反补贴协议》中对补贴作出了严格的分类规定。

（1）红色补贴，即禁止性补贴。如以出口为条件提供的补贴、进口替代型产品的补贴。此类补贴是WTO严格禁止的补贴，又称为不可诉的补贴，如果出现此类补贴，各成员国可以自行决定是否征收反补贴税。

（2）绿色补贴，即正常性补贴。如政府对企业在环境方面的补贴，以及最不发达国家的红色补贴（普惠制规定）。另外，资助由企业直接进行或通过高等教育或研究机构签订合同而进行的研究活动；根据地区发展的整体规划要求资助国内落后地区；对企业根据法律要求对现有设施进行调整，以适应新的环境要求而产生的财政负担等给予资助。这3个方面的补贴也是WTO允许的，即对绿色补贴WTO不提倡征收反补贴税。

（3）黄色补贴，即可诉补贴。如粮食等农产品可在一定范围和幅度内进行补贴，由黄色补贴引起的争议，需要通过WTO相关机构进行裁定，决定是否可征收反补贴税。

对国际货物贸易的补贴以及各成员国运用补贴与反补贴作明确分类，是为了有效约束和规范补贴的使用，防止补贴对竞争的扭曲；同时，通过规范反补贴程序和标准来防止成员国滥用反补贴措施，阻碍公平贸易。

6.2.1.3　征收反补贴税的目的

WTO认为当某一成员国对本国出口商品和出口商品生产提供的补贴，在国际贸易中可能产生3种不利影响：（1）对于进口国而言，其国内相关产业生产的产品将不得不与得到出口国政府补贴的、占据不公平竞争优势的进口产品进行竞争，因而可能受到损害。（2）对于出口国而言，补贴国给予其生产者的国内补贴可能会削弱其他成员向该国出口产品的竞争力，这是因为与进口产品相比，国内产品可能因得到补贴而享有不公平的价格优势。（3）就国际市场而言，一些成员国的出口可能受到影响，这是因为在第三国市场上，一些成员的商品竞争力在与得到出口补贴的成员的商品竞争时被削弱。可见，出口补贴和生产补贴可能使得到财政补贴的产品在国际市场上享有不公平的竞争优势。所以，世界贸易组织在《反补贴协议》中授权每一个缔约国，一旦发现出口国存在红色补贴和裁定黄色补贴时即可征收反补贴税。

6.2.2　反补贴税实施

WTO《反补贴协议》和国务院2004年3月31日修订的《中华人民共和国反补贴条例》对反补贴税实施作出明确的规定　当某一WTO成员方采取对其他成员国造成负面影响的补贴措施时，其他成员国可以启动征收反补贴税调查程序予以补救。同时还规定，只有在确定其相关产业因补贴措施而受到损害的情况下，才可以征收反补贴税。

6.2.2.1　反补贴调查

政府收到启动反补贴程序的申请后，在开始调查前，应邀请与申请中涉及产品有关的国家或地区进行磋商。若磋商达成协议，各方面都感到满意，则不需要进一步的行动。否则，有关部门将根据国内产业的申请采取下一步行动，即有关部门要预先对申请进行审查，必须审查证据的准确性和充分性，确定是否有调查的必要性。在启动反补贴程序的不同阶段（如启动调查、作出初步或最终结论等）都要发布公告。在有关补贴、损害及因果联系的证据通过调查最终得到确认后，便可对来自某一国家得到补贴的进口商品开征反补贴税。反补贴也是世界贸易组织允许采取的维护公平贸易和保护国内安全的合法手段。与反倾销一样，是否为市场经济国家，是反补贴调查中认定是否存在补贴的一个重要标准。非市场经济国家，将引用与出口国经济发展水平大致相当的市场经济国家（替代国）的成本等数据计算所谓的正常价值并进而确定补贴影响程度，施以对应的征收反补贴税措施。

6.2.2.2　反补贴税税款的征收

（1）反补贴税计算公式

进口关税 = 关税完税价格 × 关税正税税率 + 关税完税价格 × 反补贴税率　［公式 6.2.2（1）］

进口环节消费税 =（关税完税价格 + 关税正税 + 反补贴税）/（1 - 进口环节消费税税率）× 进口环节消费税税率　［公式 6.2.2（2）］

进口环节增值税 =（关税完税价格 + 关税正税 + 反补贴税 + 进口环节消费税）× 进口环节增值税税率　［公式 6.2.2（3）］

（2）反补贴税征收程序

①调查补贴商品进口对国内商品影响程度；②确定反补贴税率；③计算反补贴税额；④计算其他税费。

（3）计算案例

国内某公司从韩国进口冷轧板材 200 吨，由于韩国冷轧板材享受政府补贴，对我国同类企业产品造成 35% 价格波动，我国海关对此进口产品征收反补贴税。该产品成交价格 CIF 广州 560 美元/吨，关税税率：最惠国税率为 8%，协定税率为 6%，增值税率为 17%。计算应缴纳的关税及增值税额。（1 美元 = 6.833 1 元人民币）

①由于韩国冷轧板材享受政府补贴，对我国同类企业产品造成 35% 的价格波动，以此可以确定我国海关对此进口产品征收 35% 的反补贴税率。

②确定完税价格。

完税价格 = 560 美元/吨 × 200 吨 × 6.833 1 = 765 307.2 元人民币

③计算关税税额，使用［公式 6.2.2（1）］。

应缴纳的关税 = 关税完税价格 × 关税正税税率 + 关税完税价格 × 反补贴税率

其中，正税税率应选择6%（韩国是《亚太贸易协定》成员国）。

应缴纳的关税 = 765 307.2 元 × 35% + 765 307.2 元 × 6% = 267 857.52 元 + 45 918.43 元 = 313 775.95 元人民币

（4）计算增值税税额，使用［公式6.2.2（3）］

应缴纳的进口环节增值税额 =（关税完税价格 + 关税正税 + 反补贴税 + 进口环节消费税）× 进口环节增值税率

应缴纳的进口环节增值税额 =（765 307.2 元 + 313 775.95 元）× 17% = 183 444.14元人民币

相关链接

反补贴调查案例

案情介绍

2006 年 11 月 21 日，美国商务部宣布对中国输美铜版纸（coated free sheet paper）发起反补贴合并调查。铜版纸又称平张涂布纸，主要用于书籍、教科书、年度报告、杂志、目录等。2005～2006 年，美国从中国进口的铜版纸金额增加了 166%，2006 年价值高达 2.24 亿美元。在这期间，印度尼西亚和韩国向美国出口的无纤维纸金额约为 5 000 万美元和 3.62 亿美元。

该项反补贴调查的法律依据是：如果补贴存在，并且是专向性补贴，则该补贴将被采取反补贴措施。当一项补贴按照法律规定只能由有限的企业才能获得时，该补贴被认为是专向性补贴或禁止性补贴。根据 WTO《反补贴协议》的定义，“企业”也包括“企业团体、产业和产业团体”。禁止性补贴包括从整体或部分以出口实绩为条件获得的补贴，或者以使用本国产品替代进口产品为条件获得的补贴。

尽管中国对铜版纸进行补贴，从法律上来讲不是专向性的，但是考虑到如果符合下列条件，则一项补贴也可能被认为是专向性的：（1）该补贴只有有限数目的企业可以获得；（2）一个特定的企业在使用该补贴时处于绝对优势地位；（3）大部分补贴被授予有限的企业，并且授予主体自由裁量的行为表明该补贴并不是普遍可以获得的。

为了达到反补贴调查的目的，美国商务部把发现的专向性补贴称为“可诉补贴”，这意味着如果被调查的进口货物得益于该补贴，则该补贴将被

相关链接

采取反补贴措施。2007年10月18日，美国商务部宣布了对中国铜版纸反补贴和反补贴案的终裁结果，决定对中国铜版纸征收反倾销和反补贴税。根据这一裁定，美国商务部将对中国铜版纸生产商征收21.12%～99.65%的反补贴税，对中国铜版纸出口商征收7.40%～44.25%的反补贴税，远高于对印度尼西亚和韩国两国生产商和出口商征收的税率。对印度尼西亚和韩国征收的反补贴税率为8.63%和0.47%～31.55%，反倾销税率为22.48%和0.00%～1.46%。美国政府认为："中国的政府补贴将美国的出口挡在门外，也扭曲了全球贸易走向。"美国商务部国际贸易管理局进口管理部部长助理戴维·斯普纳（David Spooner）称，"美国管理部门将继续加大执行反补贴和反倾销的力度，基于事实采取适当的贸易救济措施"。此外，美国商务部将通知美国海关和边境推迟清算铜版纸的进口，以便收取保证金和反倾销与反补贴税费。铜版纸案由此成为23年来美国将反补贴法案应用于非市场经济国家的第一个案例，预示着中国产品出口美国将面临新的挑战。这一决定预示着美国对中国出口产品政策出现重大的变化。20世纪80年代，美国商务部经过详尽论述表明，在计划经济体制下，很难测量政府补贴对经济的影响。因此，1984年美国商务部对非市场经济国家不适用反补贴法案。戴维·斯普纳说："由于中国经济近年来的发展以及以全球市场规则参与竞争，其责任也有了变化。我们发现在这起政府补贴案中，中国的铜版纸产业严重违反了全球市场规则。"

对于美国发起的铜版纸反补贴调查，中国商务部明确表示反对。2007年9月14日，中国商务部就美国对中国铜版纸的反补贴暨反补贴措施诉诸WTO争端解决程序。这是中国自2001年加入世界贸易组织以来，首次单独将中美贸易问题诉诸WTO。中国认为，美国的决定和做法既不符合世界贸易组织的相关规则，也违反了美国的有关法律规定。美国一方面无视中国20多年来市场经济改革取得的巨大成就，坚持视中国为非市场经济国家；另一方面又改变了美国自1984年起就确定了不对所谓"非市场经济国家"适用反补贴法的做法。中国认为这是自相矛盾的做法。有关专家认为，从最终结果来看，尽管这次商务部终裁税率比起初裁税率有所下降，但仍认定中国企业得到了政府的补贴，这与中国的看法是相反的。他同时表示，美国商务部的决定将刺激更多的美国企业寻求"双反调查"的保护。

相关链接

美国启动的对华复合编织袋、薄壁矩形钢管、非公路用轮胎产品、标准钢管四起反补贴与反补贴合并诉讼都已显示出了这个苗头。

简要评析

此次反补贴调查，重点不在于对中国的涉案企业造成了多大的影响，也不在于对国内相关产业的竞争力造成多大的影响，其最大的意义在于，对中国的企业、产业、相关的职能部门发出了一个明显的“信号”，我国遭遇的反补贴调查数量可能会逐渐增多。

反补贴调查应诉以政府为主体，它不仅针对政府的出口补贴，还针对政府的生产补贴。但反补贴的相关规则只适用于市场经济国家，由于目前中国的“市场经济地位”没有得到欧美等国的承认，因此，以前并未遭受过国外的反补贴调查。中国加入世界贸易组织后，《中华人民共和国加入议定书》第10条规定，中国对国有企业提供的补贴将被视为专向性补贴，中国在加入时起应取消所有出口补贴和进口替代补贴。虽然中国在加入世界贸易组织后的15年内可以被视为非市场经济国家，但其他世界贸易组织成员可以援引《反补贴协议》对从中国进口的产品征收反补贴税。因为《反补贴协议》在确认是否存在补贴时并不考虑补贴的成员方是否是市场经济国家。美国对我国反补贴调查的发起为其他国家（如日本和欧盟等）起了示范作用。2005年3月10日，美国国会11名议员提出一项新议案，要求修订美国现行的反补贴法，对市场经济国家和非市场经济国家一视同仁，对中国等国家补贴出口的做法进行回击。议案的名称为“2005年停止海外补贴议案”。2005年7月27日，美国国会众议院以255∶168票通过了经修正的美国众议院筹款委员会共和党议员英格利希提出的《美国贸易权利执行法案》。主要内容如下：授权美国反补贴法适用于来自非市场经济体（如中国）的进口。同时，欧盟也一直在寻求法律上的突破，欧盟正在考虑给予中国临时市场的经济地位，这样欧盟的反补贴法也将适用于中国。所以，今后我国可能遭受更多的反补贴调查。

鉴于此，彻底解决现行个别补贴政策与世界贸易组织《反补贴协议》和《中华人民共和国加入议定书》的冲突，应成为我国今后制定和完善产业政策时必须认真研究的一个问题。

6.3 保障措施及紧急关税的分析与计算

保障措施（Safeguard Measure）是指由于进口数量激增对生产同类产品的国内产业造成严重损害或威胁时，进口国采用的提高关税、数量限制等措施。紧急关税是作为保障措施中的一种手段而存在。保障措施是WTO允许的保护国内产业免受进口损害的贸易救济手段，即在进口增加、国内产业受到损害或严重损害威胁的情况下，进口国可采取提高关税或实施数量限制等手段，对国内产业进行一段时间的保护。保障措施在性质上完全不同于反倾销措施和反补贴措施。保障措施针对的是公平贸易条件下的进口产品，反倾销措施和反补贴措施针对的是不公平贸易条件下的进口产品。

6.3.1 保障措施分析

为了防止某些国家滥用保障措施，1994年在WTO“乌拉圭回合”中签订《保障措施协议》（以下称WTO《保障措施协议》），在此基础上2004年国务院修订《中华人民共和国保障措施条例》，对保障措施的种类、手段、程序和使用条件作出了明确的规定。

6.3.1.1 使用保障措施的条件

保障措施的实施必须满足以下条件：（1）某项产品进口激增，且进口激增是由于不可预见的情况和成员方履行WTO义务的结果。这里的“进口激增”指产品进口数量急剧增长，包括绝对增长和相对增长，其中绝对增长指产品实际进口数量增长，相对增长指相对进口方国内生产而言，进口产品所占市场份额上升（实际进口量并不一定发生改变）。这里的“不可预见”是指发生在当初我国“入世”关税减让谈判时不能合理预见的情况，即“未预见的发展”（The development of unforeseen），才能采取保障措施。（2）进口激增对国内生产同类产品或直接竞争产品的产业造成严重损害或损害威胁。所谓“严重损害”是指一国产业状况的重大全面减损；“严重损害威胁”指明显迫近的严重损害，或者说是显而易见的威胁。（3）进口激增与对国内产业造成严重损害或损害威胁之间存在因果关系。因果关系是指调查机关必须根据客观证据，证明有关产品进口的增加与严重损害或损害威胁之间存在因果关系。（4）无歧视待遇。保障措施是针对进口的产品激增这一事实而实施，而不应考虑其产地来源，即需要遵守最惠国待遇。但是发展中国家的优惠待遇除外，即 WTO《保障措施协议》对发展中成员国作了特殊规定。对来自发展中成员国的产品，只要其有关产品的进口份额在进口成员国的该产品进口中不超过 3%，且来自该发展中成员国的进口份额总计不超过有关产品总进口的 9%，则保障措施不得适用于来自该发展中成员国的产品。

6.3.1.2　保障措施的种类

按 WTO《保障措施协议》的规定，各国采取的保障措施主要有 3 种：

（1）临时保障措施。在延迟会造成难以弥补损害的紧急情况下，进口国不经与出口国磋商就采取的保障措施称为临时保障措施。各进口国主管机构只能在初步裁定进口激增已经或正在造成严重损害或损害威胁的情况下方可采取。临时保障措施只能采取增收紧急关税形式，如随后的调查不能证实进口激增对国内有关产业已经造成损害或损害威胁的，则增收的关税应迅速退还。世界贸易组织成员方在采取临时保障措施前应通知 WTO 保障措施委员会，在采取措施后应尽快与各利害关系方进行磋商。根据《中华人民共和国保障措施条例》的规定，有明确证据表明进口产品数量增加，再不采取临时保障措施将对国内产业造成难以补救的损害的紧急情况下，可以作出初裁决定，并采取临时保障措施。临时保障措施主要采取提高关税的形式。

（2）特别保障措施。特别保障措施是世界贸易组织（WTO）成员利用特定产品过渡性保障机制（Transitional Product-specific Safeguard Mechanism）针对来自特定成员的进口产品采取的措施，即在 WTO 体制下，在特定的过渡期内，进口国政府为了防止来源于特定成员国的进口产品对本国相关产业造成损害而实施的限制性保障措施。最早的特别保障措施适用于日本。1953 年，日本申请加入关税与贸易总协定（GATT）时，一些 GATT 缔约国担心日本的纺织品进口可能对本国相关产业造成损害，决定在日本加入 GATT 之后其他成员国可以对日本适用特别保障条款，即 GATT 缔约国在发现原产于日本的纺织品进口数量增加从而对本国市场构成扰乱时，可以单方面针对日本的纺织品采取保障措施，以抵消或减少对国内产业的冲击。此后，在波兰、匈牙利、罗马尼亚等东欧社会主义国家加入 GATT 时，也适用特别保障措施条款。在中国进行长达 17 年的“入世”谈判过程中，经过多次反复协商，中国政府权衡利弊，采取务实和灵活的态度，最终与欧美等国家达成包含特别保障措施条款在内的关于中国“入世”的双边协议。2001 年，特别保障措施被确定为《中华人民共和国加入议定书》的正式条款。

（3）一般保障措施。一般保障措施又称为最终保障措施。按照 WTO《保障措施协议》和《中华人民共和国保障措施条例》规定，在与有实质利益的国家或地区进行磋商后，经终裁决定确定进口产品数量增加，并由此对国内产业造成损害的，可以启动一般保障措施，即在一定时期内提高该项商品的进口关税或采取数量限制措施，以保护国内相关产业不受损害。实施一般保障措施应符合公共利益。其形式可以采取提高关税、数量限制等多种形式。

我国颁布《中华人民共和国保障措施条例》将对外保障措施规定为临时保障措施和最终保障措施两类。

6.3.1.3 实施保障措施的期限

（1）在通常情况下，一般保障措施的期限不得超过4年；在特殊情况下可以延期，但最长不得超过8年；发展中国家的实施期限则最长可为10年。（2）临时保障措施不得超过200天，而且此期限计入保障措施的总期限。（3）特别保障措施的实施期限则没有明确的限制性规定，但是根据WTO《保障措施协议》中“一WTO成员只能在防止和补救市场扰乱所必需的时限内根据本条采取措施”这一弹性条款，可以解释为特别保障措施与临时保障措施实施期限相同，即期限均为“不得超过200天”。（4）适用期限预计超过1年的保障措施，进口方应在适用期限内按固定时间间隔逐渐放宽该措施。如果实施期限超过3年，进口方须进行中期审议，并根据审查结果撤销或加快放宽该措施。延长期内的保障措施，不得比最初适用的措施严格且应继续放宽。（5）对同一进口产品再次适用保障措施，应遵守以下规定：一般情况下，两次保障措施之间应有一段不适用的间隔期，间隔期应不短于第一次保障措施的实施期限，至少为2年；如保障措施适用期小于等于180天，且在该措施实施之日前5年内，未对同种产品采取两次以上保障措施，则自该措施实施之日起1年后，可针对同种进口产品再次适用保障措施，实施期限至多为180天。（6）发展中成员国享有特别待遇。在保障措施的延长及再次实施方面，发展中成员国有权将保障措施的实施期在规定的最长期限基础上再延长2年（即可长达10年）。在保障措施再度适用方面，对发展中成员国的规定也较宽松。

6.3.1.4 保障措施的形式

（1）征收紧急关税。紧急关税是一种特别附加税，是保障措施的主要手段。其税率由商务部提出建议，国务院关税税则委员会根据建议作出决定，由商务部予以公告。

（2）进口数量限制。纯粹的数量限制，属于进口配额管理（限制进口数量）。

（3）关税配额限制（配额外征收紧急关税）。关税配额限制属于关税配额管理，而不是进口配额管理，即在采取保障措施时，配额内和配额外都可以进口，对配额内进口的商品只征收正税，超过配额进口商品在征收正税的基础上加征紧急关税。关税配额限制又分为国别限制、地区限制和全球限制。国别限制、地区限制对来自不同的国家或地区产品按照其来源的国家或地区进行关税配额限制；而全球限制，对正在进口的产品是不分其来源的国家或地区进行关税配额限制。

6.3.1.5　补偿与报复

由于保障措施针对的是公平贸易条件下的产品进口，其实施必然影响到出口方的正当利益。因此，有关成员方可就保障措施对贸易产生的不利影响来协商贸易补偿的适当方式。补偿的形式一般为减少受措施影响的出口成员国所感兴趣的商品的关税。如在 30 天内未能达成补偿协议，则受影响的出口方可对进口方对等地中止 WTO 项下实质相等的减让或其他义务，即实施对等报复。但实施对等报复应在进口方实施保障措施后 90 天内，并在货物贸易理事会收到出口方有关中止义务的书面通知 30 天后进行，且货物贸易理事会对此中止不持异议。但如保障措施是由于进口绝对增长而采取的，且该措施符合 WTO《保障措施协议》的规定，则出口方自保障措施实施之日起 3 年内不得进行对等报复。

6.3.2　保障措施实施

根据 WTO《保障措施协议》《中华人民共和国保障措施条例》《中华人民共和国加入议定书》规定，保障措施应当遵循下列程序。

6.3.2.1　调查

调查是发现事实的根本途径，保障措施调查内容包括对进口产品数量、市场份额及其对进口国同类产品的价格和国内产业的影响，以及市场扰乱与进口产品增长是否存在因果关系等。调查是采取保障措施的必经步骤。成员国主管当局在采取措施前，应向所有利害关系方作出适当的公告、举行公开听证会，或给进口商、出口商以及利害关系方提供其他合适时机陈述证据和看法、对其他相关方的陈述作出回答。在调查结束后，主管当局须公布一份报告，列明对一切相关事实和法律问题的调查结果以及作出的合理结论。

6.3.2.2　通知

进口成员国应及时公告其有关信息，包括调查的启动、调查的结果、拟采取的措施计划、采取措施的决定等。同时成员国应将下列事项立即通知 WTO 保障措施委员会：（1）发起调查的决定；（2）对进口增长与严重损害或损害威胁因果关系问题提出的调查结果；（3）就实施或延长保障措施作出的决定。

6.3.2.3 磋商

磋商是指采取保障措施的WTO成员方应与各利害关系方进行协商，就保障措施交换看法，并达成一致。(1) 磋商的启动。启动磋商的触发器就是原产地产品进口的数量或所依据的条件，对生产同类产品或直接竞争产品的国内生产者造成威胁或扰乱市场，则受此影响的WTO成员方可请求与原产国进行磋商。(2) 磋商达成一致，是指主动采取节制出口的行动。如在这些双边磋商过程中，双方同意原产地的进口产品是造成威胁或扰乱市场的原因并有必要采取行动，则应采取行动以防止或补救此种市场扰乱。(3) 磋商没有达成一致。如磋商未能使原产地与有关WTO成员方在收到磋商请求后60天内达成协议，则有关WTO成员方有权在防止或补救此种市场扰乱所必需的限度内，对此类产品撤销减让或限制进口。协商的结果应由有关成员方及时通知WTO理事会。

6.3.2.4 紧急关税

(1) 概念

紧急关税是指当某种外国商品在短期内大量涌入进口国内市场，对进口国国内同类产品生产造成了重大损害或产生重大损害威胁时，进口国家为保护国内生产和市场而对该商品征收的一种进口附加税。根据WTO《保障措施协议》的规定，当一缔约方因为履行贸易自由化承诺，导致来自其他成员方的某一产品进口量激增，并对国内同类或类似产品造成严重损害或严重损害威胁时，进口国可以采取限制进口数量或征收临时性进口关税的手段，缓解进口对国内同类产品的竞争压力。可见，紧急关税是保障措施的主要救济手段之一。由于紧急关税是在紧急情况下征收的，是一种临时性关税，因此，当紧急情况缓解后，紧急关税必须撤除，否则会受到别国的关税报复。

(2) 计算公式

紧急关税是保障措施的主要形式之一，其计算公式如下：

进口关税 = 关税完税价格 × 关税正税税率 + 关税完税价格 × 紧急关税税率　　[公式6.3.2 (1)]

进口环节消费税 = [(关税完税价格 + 关税正税 + 紧急关税) / (1 - 进口环节消费税税率)] × 进口环节消费税税率　　[公式6.3.2 (2)]

进口环节增值税 = (关税完税价格 + 关税正税 + 紧急关税 + 进口环节消费税) × 进口环节增值税率　　[公式6.3.2 (3)]

(3) 计算案例

我国对来自日本的小汽车采用国别配额限制。某公司分到100辆配额指标，该公司进口120辆日产小汽车，每辆价格CIF广州300万日元（100日元=6.6666元人民币）。经查：该车适用的关税税率为25%，消费税率为8%，紧急关税税率为10%。计算该公司应缴纳的关税和消费税额（本案例的计算在老师指导下，由学生自己完成）。

两点提示如下：

①国别配额限制是指关税配额管理，而不是进口配额管理，即在采取保障措施时，对超过配额进口商品加征紧急关税。

②此案例只对超过关税配额的那20辆进口小汽车征收紧急关税，在计算时要注意应缴纳的关税由两部分组成：一部分是100辆只缴纳正税的关税，另一部分是20辆既缴纳正税又缴纳附加税的关税。

6.4 报复性关税的分析与案例

报复性关税（Retaliatory Duty/Retaliatory Tariff）是指他国对本国输出的货物有不利或歧视性待遇，则对该国输入的货物报复而加重征收的一种进口附加税，是为报复他国对本国出口货物的关税歧视而采取的防卫手段，是世界贸易组织所允许的自我保护措施。《中华人民共和国进出口关税条例》规定，任何国家或者地区对其进口的原产于我国的货物征收歧视性关税或者给予其他歧视性待遇的，我国对原产于该国家或者地区的进口货物征收报复性关税。

6.4.1 报复性关税分析

6.4.1.1 报复性关税的征收范围

报复性关税是一国为报复他国对本国商品、船舶、企业、投资或知识产权等方面的不公正待遇，而对从该国进口的商品所课征的进口附加税。通常这些不公平待遇包括：

（1）对本国商品征收歧视性差别关税或采取贸易保护措施；

（2）给予第三国比给本国更优惠的待遇；

（3）在与本国的贸易中，“自由贸易”方面做得不够；

（4）对本国产品的知识产权没有提供足够的保护；

（5）在与本国的原贸易协定期满时，对新协定提出不合理的要求。

报复性关税的货物、适用国别、税率、期限和征收办法，由国务院关税税则委员会决定并公布。报复性关税计算与前三种附加税相同，在此不重复介绍。

6.4.1.2 报复性关税的目的

报复性关税作为一种国家经济战略性手段可达到以下两个目的：（1）证明国家经济实力；（2）保证本国产品受到公平待遇。但报复性关税往往容易引起他国采取同样的手段，最终导致关税战。1962 年，美国与欧洲共同体之间爆发的“冻鸡战”就是由于双方都对对方采取报复性关税引起的，持续了两年之久，最后以两败俱伤而告终。当他国取消上述不公正待遇时，报复性关税也应随之取消。

6.4.2 报复性关税案例分析

美国“301 条款”涉华案例如下。

6.4.2.1 基本情况

“301 条款”是指《1988 年综合贸易与竞争法》第 1301 节至 1310 节的全部内容，其主要含义是保护美国在国际贸易中的权利，对其他被认为贸易做法“不合理”“不公平”的国家进行报复。根据这项条款，美国可以对其认为“不公平”的其他国家的贸易做法进行调查，并可与有关国家政府协商，最后由总统决定采取提高关税、限制进口、停止有关协定等报复措施。近些年美国对中国进行包括知识产权保护、人民币低估等多项“301 条款”调查。2004 年 6 月 30 日，美国根据《美国贸易法》“301 条款”再次将中国列为知识产权问题的重点观察国，经调查，美国要求：（1）中国关闭 29 家 CD 厂，每周打击两次侵权行为并向美国报告，直到美国满意；（2）修改《中华人民共和国民法总则》，对涉外案件的一审期限也改为与美国一样的 6 个月；（3）修改诉讼费的收取办法，改按比例收取为固定收取；（4）取消涉外商标的代理；（5）国家版权局对国家机关使用计算机软件进行调查；（6）向美国政府报告中国政府购买计算机软件的情况；（7）全面市场准入，建立独资出版社、侦探所等；（8）每季度向美国报告一次中国查处侵权的情况；（9）立即授予各知识产权行政部门搜查、没收、销毁侵权产品和设备的权利，等等。如果中国不愿意主动采取措施保护美国的知识产权，将在 6 个月后对中国进行制裁，制裁内容为对 28 亿美元的货物征收 100% 的惩罚性关税。中国随后表示进行贸易报复，包括限制对美各项贸易。2005 年 2 月 3 日，中美知识产权再度破裂。2005 年 2 月 4 日，美国公布数百亿美元的贸易报复，计划于 2 月 26 日生效，中国也公布贸易报复清单，贸易报复战一触即发。

6.4.2.2 分析

无论是从最初的清单，还是从“缩水”后的报复内容分析，若美国对华实行报复，对中国企业非常不利，因为中国与美国有巨额的贸易顺差，美国知识产权出口是其出口的强项，加强出口保护是可以理解的。中国对美国采取的反报复措施对美国的影响也不小。尽管难以统计具体金额，但是据粗略估计，游戏类产品、化妆类、烟酒类产品加征100%的关税，电视电影进口、汽车工业投资，以及高科技产业的进口等都会受到管制，这样美国会失去中国的市场。美国对中国的报复是直接的、现实的，美国抓住中国在中美贸易中顺差大，中国产品对美国市场具有很大依赖性的弱点，这是美国的主要方针和手段。中国的反报复策略可谓间接的、长远的，尽管中国没有直接的报复手段，但是中国市场的潜在巨大性，美国不会视而不见。

6.4.2.3　结果

2005年2月5日，美国贸易大使致函中国商务部提出恢复谈判，经过七轮谈判磋商就专利、商标、版权等多方面的问题进行广泛而深入的讨论。但由于美国不断提出新的要求，超出谈判范畴，中国坚决驳回美国企图干涉司法、立法和国家主权，在知识产权保护、打击侵权等作出重申与让步。由于双方表现出极大的灵活性，以及双方贸易的互补性，谁也不想失去各自的市场和客户，最终在北京达成协议，一场贸易战落下帷幕。

相关链接

《伯德修正案》

《伯德修正案》的正式名称是《2000年持续倾销与补贴抵消法案》，由美国参议员罗伯特·伯德提出。根据该法案，美国政府将上一年度向外国公司征收的反倾销和反补贴税款，按比例直接分配给提起和支持反倾销和反补贴诉讼的本国公司，而不是上缴财政部。美国于2000年10月通过了《伯德修正案》，根据这份法案，美国政府开始对外国钢铁产品增收报复性关税，同时把征收来的一部分关税作为津贴发放给美国的钢铁企业。美国的《伯德修正案》引起了包括日本在内的相关国家的强烈不满。世界贸易组织通过调查后认定，美国利用《伯德修正案》不正当地保护本国钢铁工业，并于2003年1月判定《伯德修正案》非法。从2003年5月1日起，欧盟和加拿大已开始向对来自美国的部分农产品、纺织品、纸张及机器设备征收15%的报复性关税。日本自2003年9月1日起，对从美国进口的钢铁增收15%的报复性关税。2006年7月，美国被迫取消《伯德修正案》。

实训练习

（1）实训案例

电解电容器纸，用于电解电容器中吸附电解液的基础材料，（英文名称：Paper for Electrolytic Capacitor），税则号列：4805.9110。佛山某生产电池企业常年以产自日本的进口电解电容器纸为生产电池的原料。2007 年，在大量细致的调查基础上，我国商务部最终裁定，原产于日本的进口电解电容器纸存在倾销，中国电解电容器纸产业遭受了实质的损害，而且倾销与实质损害之间存在因果关系。根据《中华人民共和国反倾销条例》的有关规定，国务院关税税则委员会决定，自 2007 年 4 月 18 日起，进口经营者在进口原产于日本的电解电容器纸时，应向中华人民共和国海关缴纳相应的反倾销税。反倾销税以海关审定的完税价格作为计税价格从价计征。进口环节增值税以海关审定的完税价格加上关税和反倾销税作为计税价格从价计征。征收的反倾销税税率 22%。对实施临时反倾销措施决定公告之日前，原产于日本的进口电解电容器纸不再追溯征收反倾销税。

该企业每月需要进口电解电容器纸 15 吨，进口报价 CIF 人民币 65 元/千克。

（2）根据上述案例，按照关税附加税计算流程，进行以下实训练习

①计算 2008 年 4 月该企业需要缴纳的进口关税税额和进口增值税税额。

②征收反倾销税后，计算该企业每月需要缴纳的进口关税税额和进口增值税税额，在此基础上对企业进行成本利润变化分析。

通过此项练习，同学们应进一步理解关税附加税的含义，以及征收附加税对企业经营的影响。

本章小结

虽然征收进口附加税是一种临时措施和对正税征收的补充，但是各国均将其当做应对全球危机、保护本国经济的重要手段而经常使用。本章知识点：

（1）倾销与反倾销、补贴与反补贴的区别。

（2）反倾销税征收条件和实施原则。

（3）WTO 关于补贴的分类。

（4）征收反倾销税和反补贴税前后在计税价格上的差异。

（5）保障措施和反补贴措施在性质上的不同。

（6）在保障措施下如何使用国别限制、地区限制和全球限制。

（7）在什么情况下可以使用报复性关税。

进口附加税是政策性较强的关税，只有了解其产生背景和实施条件，掌握征收范围和计算方法，才能学以致用。

课后练习

（一）概念辨析

1. 倾销与反倾销。
2. 补贴与反补贴。
3. 临时保障措施与特别保障措施。
4. 报复性关税与紧急关税。

（二）单选题

1. 保障措施是对外贸易救济措施的一种方式，其实施期限最长不得超过（　　）。

A. 200 天　　B. 4 个月　　C. 4 年　　D. 10 年

2. 当某种外国商品在短期内大量涌入进口国市场，对进口国国内同类产品生产造成了重大损害或产生重大损害威胁时，进口国为保护国内生产和市场而对该商品征收的一种进口附加税是（　　）。

A. 反倾销税　　B. 反补贴税　　C. 紧急关税　　D. 报复性关税

3. 各国对粮食等农产品在一定范围和幅度内提供的补贴是（　　）。

A. 禁止性补贴　　B. 允许性补贴　　C. 可诉补贴　　D. 不可诉补贴

（三）判断题

1. 反倾销、反补贴和保障措施都是贸易救济措施，反倾销、反补贴针对的是进口产品激增的情况，保障措施针对的则是价格歧视这种不公平的贸易行为。（　　）

2. 反补贴税的税额应小于或等于倾销幅度或倾销差额，即出口价格低于正常价值的额度。（　　）

（四）案例分析

1. 我国某公司向海关申报进口原产于日本的新闻纸一批，完税价格人民币 10 000 元。该货物最惠国税率 7.5%，反倾销税率 22.5%，增值税率 17%。计算该公司应缴纳的关税和增值税额。

2. 某国家对汽车进口一直实行保障措施下的全球配额的管理方法。该国海关税则中汽车的普通税率是 30%，最惠国税率是 20%，特惠税率为 8%，紧急关税税率为 15%。2007 年该国对进口汽车征收的是普通税率，配额为 2 000 万美元；2008 年加入 WTO，并承诺该年汽车关税配额增长 10%；2009 年该国开始执行普惠制待遇，当年来自普惠制待遇受惠国的汽车总额为 2 100 万美元，其汽车关税配额在 2007 年基础上增长 30%。2007 年、2008 年、2009 年该国进口汽车金额分别是：3 000 万美元、3 600 万美元、3 800 万美元。请计算该国于 2007 年、2008 年、2009 年各征收了多少汽车关税。并用所学关税实务知识加以简单说明。(税额用美元表示)

第 7 章 关税征纳的第四个工作过程：申报纳税

学习目标

了解进出口税费缴纳方法和退税范围；熟知关税、进口环节代征税的法律规定和要求；掌握进出口税费缴款凭证的使用和缴款时间的确定，在此基础上熟练掌握滞报金、滞纳金和保税货物缓税利息的计算和应用。

申报纳税是世界各国普遍采用的关税征税方式。西方发达国家为提高海关效率，加快通关速度，多数采用自我课赋（Self Assessment）方式，即纳税人根据法律规定自行确定完税价格、适用的税率，并计算出应纳税额后申报，海关按申报先行征税放行，事后审核查验，多退少补。2016 年 10 月 29 日，海关总署发布第 62 号公告，决定开展“自报自缴”试点工作，由进出口企业、单位自主向海关申报报关单及随附单证、税费电子数据，并自主计算、申报税费后自行缴税。若企业在申报时未选择“自报自缴”模式，进口货物仍按原有税收征管模式办理，即海关课赋（Custom Assessment）方式，纳税人先行申报成交价格，海关审核后确定完税价格、适用的税率，并计算出应纳税额征税。

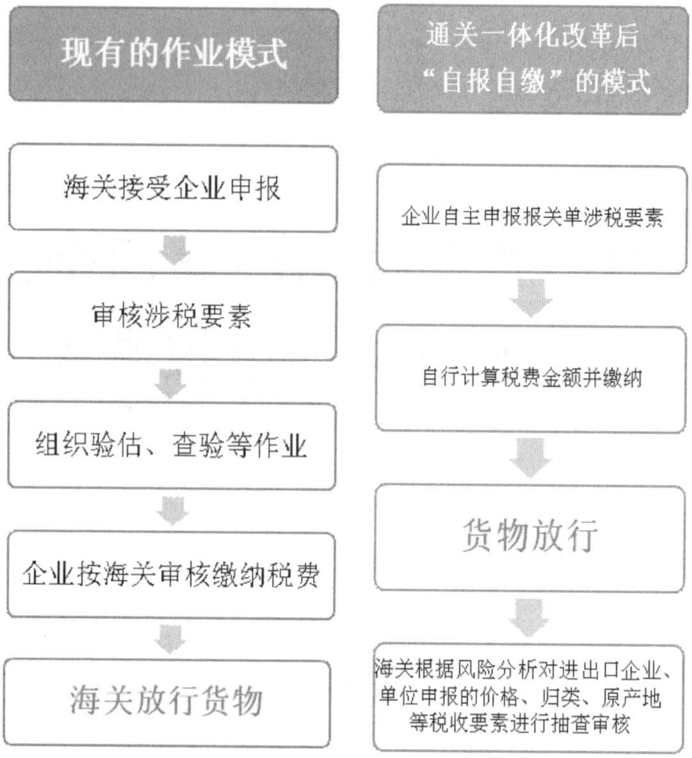

图 7-1　“自报自缴”与现有通关模式的对比

选择“自报自缴”模式的企业在报关时，可一次性完成报关、计税、缴纳。

（1）通过电子口岸如实、规范录入报关单涉税要素及各项目数据；

（2）利用预录入系统的海关计税（费）服务工具计算应缴纳的相关税费；

（3）对系统显示的税费计算结果进行确认，连同报关单预录入内容一并提交海关（进出口企业、单位需在当日对税费进行确认，不予确认的，可重新申报）；

（4）收到海关通关系统发送的回执后，自行办理相关税费缴纳手续。

已在海关办理汇总征税总担保备案的进出口企业、单位可在申报时选择“汇总征税”模式。“自报自缴”进一步强化了企业如实合规申报、及时足额纳税的责任，使征纳双方的责任边界更加明晰，也是海关为守法企业提供快速通关服务的便利措施，可进一步缩短货物通关时间，降低企业贸易成本，是海关提升贸易便利化水平的重要举措。

主动申报纳税是《中华人民共和国海关法》规定的关税纳税义务的基本方式，所有进出口货物的纳税人都应按此方式缴纳关税。海关在对已申报的纳税货品进行事后稽查发现少征、漏征或者多征关税时，要退税和补税。这一系列征纳行为称为申报纳税制度。

7.1　关税缴纳

虽然各国对关税缴纳的方法、时间、地点在规定上略有不同，但是都采取法律形式将其固定化，以便于执行。《中华人民共和国海关法》和《中华人民共和国进出口关税条例》对关税缴纳作出明确的规定。

7.1.1　关税纳税义务人

《中华人民共和国海关法》第 10 条、第 38 条、第 54 条规定，关税纳税义务人是指依法缴纳关税的法人或个人，包括：

（1）进口货物的收货人。

（2）出口货物的发货人。

（3）进出境物品的所有人。

（4）代理进出口货物的收发货人的报关企业。如果报关企业接受进出口货物的收发货人的委托，以委托人的名义办理报关纳税手续的，委托人为纳税义务人，报关企业为连带纳税人；如果报关企业以自己的名义办理报关纳税手续的，应当承担主纳税义务，报关企业是纳税义务人。

（5）在保管海关监管货物期间造成海关监管货物损毁或者灭失的，除不可抗力外，对海关监管货物负有保管义务的人应当承担纳税义务，此时保管人是纳税义务人。

7.1.2　申报纳税时间和地点

7.1.2.1　申报时间

（1）进口货物，运载进口货物的运输工具申报进境之日起 14 天内。

（2）出口货物，货物运抵海关监管区后，装货的 24 小时以前。

（3）经海关批准允许集中申报的进口货物，在运输工具申报进境之日起 1 个月内办理申报。

（4）特殊货物，经电缆、管道或其他方式进出境的货物，按照海关规定定期申报。

（5）直转方式转关的进口货物，应当自运输工具申报进境之日起14天内向进境地办理转关手续。在海关规定期限内运抵指运地之日起14天内，向指运地海关申报。

（6）超期3个月未申报由海关变卖处理（运输工具自申报进境之日起）。

7.1.2.2 纳税期限

纳税人履行关税给付义务的时间限制称为纳税期限。逾期未履行关税给付义务即构成关税的滞纳。《中华人民共和国海关法》第60条规定：关税的纳税义务人或其代理人，应在海关填发税款缴纳凭证之日起15日内向指定银行缴纳。不能按期缴纳税款的，经海关总署批准，可延期缴纳，但最长不得超过6个月。

7.1.2.3 纳税地点

（1）关境地征收，即口岸纳税。它不管纳税人的住址在哪里，进出口货品在哪里通关，纳税人即在那里缴纳关税。这是一种常见的方法。

（2）主管地纳税也称集中纳税。纳税人缴纳关税时，经海关办理有关手续，进出口货品即可由纳税人注册所在地海关（主管地海关）监管其通关，关税也在纳税人住址所在地（主管地）缴纳。这种方式常用于集装箱运载货物时使用。

7.1.3 缴纳方法

自2017年7月1日起，在全国通关一体化模式下，进出口企业、单位进口符合海关总署2016年第62号公告规定范围货物的，可以在申报环节自行选择“自报自缴”模式参与试点。企业未选择“自报自缴”模式的，进口货物仍按原有税收征管模式办理，关税缴纳方法有以下3种：

7.1.3.1 现金缴纳

纳税人缴纳关税时，须持“海关进口关税专用缴款书”并携带有关单证到海关柜台用现金或现金支票（人民币）缴纳税款。现金缴纳虽有灵活方便的特点，但是对于大额缴税而言，既不安全也不规范，只适用于小额关税缴纳。

7.1.3.2 银行转账

持“海关进口关税专用缴款书”一联至五联到指定商业银行办理人民币转账业务，交付税款。银行转账方式安全且规范，各国海关和各类纳税人都能接受，所以银行转账是目前缴纳关税的主要方法。

7.1.3.3　网上支付

网上支付是指纳税义务人、银行、中国电子口岸数据中心和海关按照《海关网上支付项目管理规定》等文件的规定，通过中国电子口岸数据平台办理进出口税费缴纳手续的付税方式。通过网上支付系统，企业只需数分钟而且足不出户就可完成税款缴交手续，与传统的缴税方式相比，税款缴纳时间大为减少，货物通关效率显著提高，是各国海关大力推荐的缴纳方法，代表海关征纳方法的发展方向。网上支付业务流程见图 7-2。

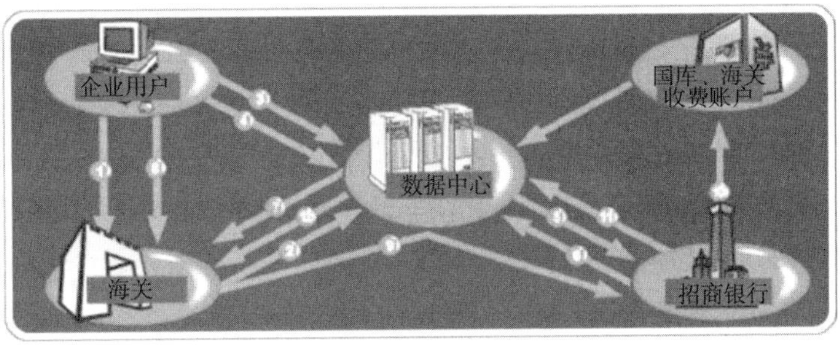

图 7-2　网上支付业务流程（以招商银行为例）

（1）网上支付业务流程。

① 企业通过电子口岸网上申报；②海关系统向数据中心发送“税费通知”；③企业查询“税费通知”；④企业发送网上“税费支付”指令；⑤银行进行税费预扣、将款项转入保证金账户；⑥银行返回“预扣成功”回执；⑦“预扣成功”回执转发海关系统；⑧企业前往海关办理通关验放手续；⑨海关验放货物，系统发送“确认付款”指令；⑩银行将款项从保证金账户转入暂收账户，核对后划转国库或海关收费账户；⑪银行向数据中心发送“税费缴库成功”通知；⑫海关接收“税费缴库成功”通知，办理税（费）单核注。

（2）若进出口企业、单位在申报时选择“自报自缴”模式，则在收到海关通关系统发送的“报关单已受理/通关无纸化审结”回执后，按下述 3 种方法自行办理相关税费缴纳手续。

①电子支付/电子支付担保模式：进出口企业、单位登录电子支付平台查询电子税费信息，并确认支付，申报地海关现场按相关规定办理后续手续。

②柜台支付模式：进出口企业、单位在收到申报地海关现场打印的纸质税款缴款书后，到银行柜台办理税费缴纳手续。

③汇总征税模式：海关通关系统自动扣减相应担保额度后，进出口企业、

单位按汇总征税相关规定办理后续手续。

相关链接

网上支付银行担保

按照海关总署对进出口税费担保的有关规定，网上支付由银行对纳税义务人在一定时期内，通过网上支付方式申请缴纳的进出口税费提供的总担保。提供网上支付银行担保的银行由海关认可并应与海关总署签订相关协议。签订协议的银行以及银行授权的分支机构，可以作为担保人提供网上支付银行担保。银行提供网上支付银行担保时，应当出具以纳税义务人指定的海关为唯一受益人的担保文书，担保文书应当载明担保的额度、担保义务和担保的有效期限。担保文书有效期不得少于180天。纳税义务人未按规定履行税费缴纳义务的，担保银行应当履行相应的担保义务。担保银行履行担保义务的，并不免除纳税义务人办理海关手续的义务。对国家禁止或限制进出口的货物，法律、行政法规规定不得提供担保的进出口货物，以及海关规定不得通过网上支付方式缴纳的税费，纳税义务人不得办理网上支付担保业务。2008年，工商银行、中国银行、招商银行推出了“网上支付银行担保”，即已办理网上支付手续并有银行提供担保的企业，可在实际支付税费前要求海关先放行货物，然后在海关规定的缴款期限内缴纳税费。此举不仅进一步提高了通关效率，而且大幅降低了企业的物流成本。

网上支付方式实践证明：高效快捷的电子化税费缴纳服务，大大缩短了企业货物的通关时间，物流效率明显提高，有利于企业尤其是对物流要求高的企业提高竞争力、降低成本。而且，由于实现了税款缴纳电子化，海关银行联网更为企业高效管理资金账目奠定了基础，增强了企业资金流的高度可控性。网上支付及网上支付银行担保业务，必将成为电子时代中企业进出口关税缴纳的首选方法。

7.1.4 缴纳凭证

进出口税缴纳凭证又称“海关专用缴款书”，由海关填发。所有进出口税，包括进出口关税和进出口环节代征税均使用“海关专用缴款书”缴纳税款并替代发票使用。因为是海关代表国家计征关税，所以“海关专用缴款书”格式是由海关统一印制的标准格，如表7－1所示。

表 7-1 海关专用缴款书（格式）

收入系统： 税务系统　　填发日期： 年 月 日　号码 No.

<table>
<tr><td rowspan="3">收
款
单
位</td><td>收入机关</td><td colspan="3">中央金库</td><td rowspan="3">缴
款
单
位</td><td>名 称</td><td></td></tr>
<tr><td>科 目</td><td>进口税</td><td>预算级次</td><td>中央</td><td>账 号</td><td></td></tr>
<tr><td>收款国库</td><td colspan="3"></td><td>开户银行</td><td></td></tr>
</table>

<table>
<tr><td>税 号</td><td>货 物 名 称</td><td>数 量</td><td>单 位</td><td>计税价格（¥）</td><td>税率(%)</td><td>税款金额（¥）</td></tr>
<tr><td></td><td></td><td></td><td></td><td></td><td></td><td></td></tr>
<tr><td colspan="4">金额人民币（大写）</td><td>合计（¥）</td><td colspan="2"></td></tr>
</table>

<table>
<tr><td>申请单位编号</td><td></td><td>报关单编号</td><td></td><td rowspan="4">填制单位

制单人：

复核人：</td><td rowspan="4">收款国库（银行）</td></tr>
<tr><td>合同号（批文）</td><td></td><td>运输工具（号）</td><td></td></tr>
<tr><td>缴款期限</td><td></td><td>提/装货单号</td><td></td></tr>
<tr><td colspan="4">备注：</td></tr>
</table>

该缴款书共六联：

第一联：（收据）国库收款签章后缴纳款单位或个人留存并以此办理出关手续。

第二联：（付款凭证）由缴款单位开户银行作为付款凭证（付款银行留存）。

第三联：（收款凭证）由收款国库作为收入凭证（收款银行留存）。

第四联：（回执）由国库盖章后交海关财务部门留存，作为海关统计关税税额的依据。

第五联：（稽查）关税收款后交还海关稽查部门，作为海关稽查的依据。海关代征税转送当地税务机关。

第六联：（存根）由填发海关留存备查。

在缴款书内容的构成要素上要注意以下几点：

（1）不同税种计税价格略有不同，其中进出口关税，计税价格就是完税价格；进口增值税的计税价格为：完税价格＋关税＋进口消费税；进口消费税的计税价格为：（完税价格＋关税）/（1－消费税率）。

（2）出具发票单位为海关，收款单位为“中央金库（国税）”，缴款单位为“报关单位”。

（3）在我国的进出口体制中存在大量的代理报关企业（报关企业或货代企业），如报关企业是以收货人、发货人的名义报关，则报关单位填收、发货企业；如报关企业是以自己的名义报关，则报关单位填报关企业。

（4）不管是收货人、发货人还是报关企业，必须事先向海关办理报关注册登记手续，并领取注册证书后，方可报关缴税，所以申请单位编号是指海关签发注册证书编号，此栏要与缴款单位一致。

（5）“自报自缴”模式下，税款缴款书上注明“自报自缴”字样，该税款缴款书属于缴税凭证，不具有海关行政决定属性。

7.1.5 延期纳税

关税延期缴纳又称缓税，是海关批准将关税纳税人的全部或部分应纳税款的缴纳期限予以延长的行政措施。这项关税措施是针对纳税义务人缺乏纳税资金或由于其他原因而造成的缴纳关税困难，不能在关税缴纳期限内履行纳税义务等情况下实施的。《中华人民共和国海关法》规定：纳税义务人因不可抗力因素或者国家税收政策调整不能按期缴纳税款的，应当在货物进出口前向办理进出口申报纳税手续所在地直属海关，提出延期缴纳税款的书面申请延期纳税。

7.1.5.1 申请

根据现行规定，申请缓税的纳税义务人应于有关货物申报进口前或于申报进口之日起 7 日内（星期日或法定节假日除外），向主管海关提出书面申请，并说明缓税理由，同时向海关递交正式担保和缴纳计划。超过时限的，海关可以不予受理。海关受理缓税申请将使关税缴纳期限中止。

7.1.5.2 批准

海关对受理的缓税申请应当立即进行审核，对确有暂时关税给付困难的纳税人，可根据其实际情况，决定全部或部分缓税。对于由国家提高关税税率造成纳税人缴纳困难的，只应批准缓纳其由于税率提高而增加的部分税款。按照我国海关的现行规定，关税缓纳仅适用于关税纳税义务人确有暂时的经济困难而不能按期缴纳关税的情况。经海关审核批准关税缓纳的义务人，应按海关批准的关税缓纳计划执行，延期缴纳税款的期限，一般为 3 个月，自货物放行之日起至缴纳税款日止，最长不超过 6 个月。超过缓纳期限仍不缴纳关税即构成关税滞纳，除依法追缴外，由海关按关税滞纳的规定征收滞纳金。

7.1.5.3 缓税利息

缓税其本质是国家给纳税人的贷款，因此纳税人要缴纳利息。我国目前征收缓税利息，仅局限在保税加工货物内销情况。

保税加工货物在规定的有效期限内（包括经批准延长的期限）全部出口的，不征收缓税利息，征收的利息全部退还。加工贸易保税料件或制成品内销的，海关除依法征收税款外，还应加征缓税利息。缓税利息的利率参照中国人民银行公布的活期存款利率执行。海关将根据中国人民银行公布的活期存款利率即时调整并执行。海关根据填发税款缴款书时的利率计征缓税利息。加工贸易缓税利息应根据填发海关税款缴款书时海关总署调整的最新缓税利息率按日征收。缓税利息计算公式为：

应征缓税利息＝应征税额×计息期限×缓税利息率/360　　［公式7.1.5］

计息期限的确定为：

（1）加工贸易保税料件或制成品经批准内销的，缓税利息计息期限的起始日期为内销料件或制成品所对应的加工贸易合同项下首批料件进口之日；加工贸易E类电子账册项下的料件或制成品内销时，起始日期为内销料件或制成品所对应电子账册的最近一次核销之日（若没有核销日期的，则为电子账册的首批料件进口之日）。对上述货物征收缓税利息的终止日期为海关填发税款缴款书之日。

（2）加工贸易保税料件或制成品未经批准擅自内销，违反海关监管规定的，计息日期的计算分为以下几种情况：①缓税利息计息期限的起始日期为内销料件或制成品，所对应的加工贸易合同项下首批料件进口之日；②若内销涉及多本合同且内销料件或制成品与合同无法一一对应的，则计息的起始日期为最近一本合同项下首批料件进口之日；③若加工贸易E类电子账册项下的料件或制成品擅自内销的，则计息的起始日期为内销料件或制成品所对应电子账册的最近一次核销之日（若没有核销日期的，则为电子账册的首批料件进口之日）；④违规内销计息的终止日期为保税料件或制成品内销之日；⑤内销之日无法确定的，终止日期为海关发现之日。加工贸易保税料件或制成品等违规内销的，还应根据《中华人民共和国进出口关税条例》的有关规定征收滞纳金。

（3）加工贸易剩余料件、残次品、副产品和受灾保税货物等内销需征收缓税利息的，也应比照上述规定办理。

（4）对于实行保证金台账实转（包括税款保付保函）管理的加工贸易手册项下的保税货物，在办理内销征税手续时，如果海关征收的缓税利息大于对应台账保证金的利息，应由中国银行在海关税款缴款书上签注后退单，由海关重新开具两份缴款书，一份将台账保证金利息全额转为缓税利息，另一份将台账保证金利息不足部分单开海关税款缴款书，企业另行缴纳。

7.2 滞报金与滞纳金

《中华人民共和国海关法》和《中华人民共和国进出口关税条例》规定，

进口货物的纳税义务人在装载进口货物的运输工具进境之日起 14 天内，出口货物的纳税义务人在货物运抵海关监管区后，应在装货的 24 小时以前向海关报关，在海关填发专用缴款书后 15 天内向指定银行缴纳税款。报关与缴税的合法期间分别为 14 天和 15 天，如果合法期间最后一天是法定节假日则顺延到下一个工作日。逾期报关或逾期缴纳的，除依法追缴外，由海关罚收滞报金和滞纳金。

7. 2. 1　滞报金

滞报金是由于进口货物纳税义务人或其代理人超过法定期限向海关报关而产生的一种费用。《中华人民共和国海关法》第 24 条规定：进口货物纳税义务人应当自运输工具申报进境之日起 14 日内向海关申报，逾期由海关依法征收滞报金。

7. 2. 1. 1　滞报期间

（1）起征日。一般进出口货物以自运输工具申报进境之日起第 15 日为起征日。下列进口货物滞报金应当按照下列规定计算起征日：①邮运进口货物应当以自邮政企业向海关驻邮局办事机构申报总包之日起第 15 日为起征日。②转关运输货物在进境地申报的，应当以自载运进口货物的运输工具申报进境之日起第 15 日为起征日；在指运地申报的，应当以自货物运抵指运地之日起第 15 日为起征日。③邮运进口转关运输货物在进境地申报的，应当以自运输工具申报进境之日起第 15 日为起征日；在指运地申报的，应当以自邮政企业向海关驻邮局办事机构申报总包之日起第 15 日为起征日。④进口货物纳税义务人申报并经海关依法审核，必须撤销原电子数据报关单重新申报的，经进口货物纳税义务人申请并经海关审核同意，以撤销原报关单之日起第 15 日为起征日。⑤起征日是休息是或法定节假日顺延到下一个工作日。国务院临时调整休息的工作日的，海关应当按照调整后的情况确定滞报金的起征日。

关于起征日应注意两点：第一，转关运输进境货物滞报金起收日期有两个，一个是运输工具申报进境之日起第 15 日，另一个是货物运抵指运地之日起第 15 日。两个条件只要符合一个，即征收滞报金（前一个由进境地海关征收，后一个由指运地海关征收）。如果两个条件均符合，则要连续计算滞报日期予以征收滞报金。其二，进境货物滞报金的起收日期为运输工具申报进境之日起的第 15 日，邮运进境货物的滞报金起收日期为收件人接到邮局通知之日起的第 15 日。

（2）截止日。以海关接受申报之日为截止日，其中电子数据申报以海关接受电子数据申报日为截止日。如果进口货物因纳税义务人在运输工具申报进境之日起超过3个月未向海关申报，被海关提取作变卖处理后，纳税义务人申请发还余款的，滞报金的截止日为该3个月期限的最后一日。

（3）滞报期间。滞报期间从起征日起到截止日止，起征日和截止日均计入滞报期间。如果进口货物因被行政扣留或者刑事扣押不能按期申报而产生滞报的，其扣留或者扣押期间不计算在滞报期间内。扣留或者扣押期间起止日根据决定行政扣留或者刑事扣押部门签发的有关文书确定。

7.2.1.2 滞报金的计算

（1）滞报金按日征收，税率为进口货物完税价格的0.5‰，起征点为人民币50元，以人民币“元”为计征单位，不足人民币1元的部分免于计征。计算公式为：

滞报金＝进口货物完税价格 ×0.5‰×滞报天数 ［公式7.2.1］

（2）计算案例：载有进出口A企业从国外进口货物的某海轮于2011年9月1日向海关申报进境，A企业进口货物价值CIF360万美元，委托B报关企业报关。B报关企业9月15日向海关传送报关单电子数据，海关受理。B报关企业在9月30日向海关提交纸质报关单时，发现海关已于9月19日撤销电子数据报关单，B报关企业在10月9日重新向海关申报，海关当天受理，收货人10月10日向海关再次提交纸质报关单，海关审查通过接受申报。计算滞报金额。（基准汇率为1美元＝6.38元人民币）

①确定滞报天数：进口货物纳税义务人申报并经海关依法审核，必须撤销原电子数据报关单重新申报的，以撤销原报关单之日起第15日为起征日。撤销原报关单之日为9月19日，所以滞报金起征日为10月4日，但因10月4日为国庆长假日，则起征日顺延到10月8日。电子数据申报以海关接受电子数据申报日为截止日，截止日为10月9日。所以滞报2天。

②确定进口货物完税价格。并折算为人民币的完税价格＝3 600 000美元×6.38＝22 968 000元人民币。

③计算滞报金：应征滞报金金额＝进口货物完税价格×0.5‰×滞报天数＝22 968 000×0.5‰×2＝22 968元。

7.2.1.3 滞报金缴纳

滞报金应当由进口货物纳税义务人于逾期报关时缴纳。海关征收进口货物滞报金时，首先，由海关向纳税义务人出具滞报金缴款通知书（缴款凭证)；其次，纳税义务人持滞报金缴款通知书到海关指定的部门或指定的银行办理缴款手续；最后，进口货物纳税义务人缴纳滞报金后，应将盖有“收讫”章的滞报金缴款凭证交给现场海关，现场海关凭指定部门或者银行加盖收讫章的票据，予以核注并开具财政部统一印制的“海关进口货物滞报金专用票据”。若通过中国电子口岸“网上税费支付”系统缴纳滞报金的，按照前述“网上税费支付”的操作流程办理滞报金的征收手续。转关运输货物在进境地产生滞报的，由进境地海关征收滞报金；在指运地产生滞报的，由指运地海关征收滞报金。

7.2.1.4　滞报金减免

进口货物属于下列情况之一产生滞报的，海关不征收滞报金：(1) 因政府主管部门有关贸易管理规定变更，要求进口货物纳税义务人补充办理有关手续或者因政府主管部门延迟签发许可证件，导致进口货物产生滞报的；(2) 产生滞报的进口货物属于政府间或国际组织无偿援助和捐赠用于救灾、社会公益福利等方面的进口物资或军品等特殊货物的；(3) 因不可抗力致使进口货物纳税义务人无法在规定期限内申报产生滞报的；(4) 因海关及相关执法部门工作原因致使进口货物纳税义务人无法在规定期限内申报产生滞报的；(5) 纳税义务人在运输工具申报进境之日起超过3个月未向海关申报，进口货物被依法变卖处理的；(6) 进口货物纳税义务人在申报期限内，根据《中华人民共和国海关法》有关规定向海关提供担保，并在担保期限内办理有关进口手续的；(7) 进口货物纳税义务人申报并经海关依法审核，必须撤销原电子数据报关单重新申报，因删单重报所产生滞报的；(8) 进口货物经海关批准直接退运的；(9) 进口货物应征收滞报金金额不满人民币50元的。

对符合减免滞报金规定的进口货物，进口货物纳税义务人应于接到海关签发的滞报金缴款通知之日起30个工作日内，按同一合同项下、同一口岸申报进口的滞报货物，以书面形式（加盖单位公章）向申报地海关提出减免滞报金的申请，并随附有关政府主管部门出具的书面证明材料。经海关审查认可后，办理滞报金减免审批手续。现场海关报送相关申请及附件材料后，对符合规定的，应在5个工作日内完成相关审核工作，并按照规定的批准权限，分别按核实情况、审核、复核、会签、核批及上报海关总署批准的程序逐项办理。

属于减免滞报金情形的，进口货物纳税义务人收到滞报金缴款通知书后，应当按照《中华人民共和国海关征收进口货物滞报金办法》（海关总署令第

128 号）第 13 条规定向海关申请减免进口货物滞报金。经海关审核批准免予征收滞报金的，由现场关员凭有关批复在系统中予以核注；进口货物纳税义务人要求在缴清滞报金前先放行货物的，海关可以在其提供与应缴纳滞报金等额的保证金后放行。如果进口货物纳税义务人或其代理人对海关征收滞报金的决定不服，可以向作出决定的海关申请复议，但必须先缴纳滞报金。

7.2.2　滞纳金

滞纳金是海关对纳税义务人由于不能按海关规定的期限缴清税款而依法征收的款项。根据《中华人民共和国海关法》的规定，进出口货物的纳税义务人应当自海关填发税款缴款书之日起 15 日内缴纳税款。滞纳金是税收管理中的一项重要措施，对保证税款及时入库是十分重要的。其目的在于使纳税义务人承担增加的经济制裁责任，促使其尽早履行纳税义务。

7.2.2.1　征收滞纳金范围

（1）进出口货物的关税、进口环节增值税、消费税、船舶吨税和进口环节其他税收逾期缴纳的，除依法追缴外，由海关自法定缴款到期之日（即第 16 日）起至缴清税款之日止，按日征收滞纳金。（2）进出口货物放行后，海关发现因纳税义务人违反规定造成少征或者漏征税款的，自缴纳税款或货物放行之日起至海关发现之日止，按日加收少征或者漏征税款的滞纳金。这里所述应缴纳税款之日是指纳税义务人违反规定的行为发生之日，该行为发生之日不能确定的，应当以海关发现该行为之日作为应缴纳税款之日。（3）租赁进口货物，分期支付租金的，纳税义务人应当在每次支付租金后的 15 日内向海关申报办理纳税手续，逾期办理申报手续的，海关除了征收税款外，还应当自申报办理纳税手续期限届满之日起至纳税义务人申报纳税之日止，按日加收应缴纳税款的滞纳金。此外，租赁进口货物自租期届满之日起 30 日内，应向海关申请办结海关手续，逾期办理手续的，海关除按照审定进口货物完税价格的有关规定和租期届满后第 30 日该货物适用的计征汇率、税率，审核确定其完税价格、计征应缴纳的税款外，还应当自租赁期限届满后 30 日起至纳税义务人申报纳税之日止，按日加收滞纳金。（4）暂时进出境货物未在规定期限内复运出境或者复运进境，而且纳税义务人未在规定期限届满前向海关申报办理进出口及纳税手续的，海关除按照规定征收应缴纳的税款外，还应当自规定期限届满之日起至纳税义务人申报纳税之日止，按日加收滞纳金。

7.2.2.2　滞纳金征收标准

逾期缴纳的进出口货物的关税、进口环节增值税、消费税、船舶吨税等，由海关按日征收滞纳关税税额的0.5‰的滞纳金。具体计算公式是：

关税（吨税）滞纳金金额＝滞纳关税（吨税）税额×0.5‰×滞纳天数

［公式7.2.2（1）］

进口环节税滞纳金金额＝滞纳进口环节税税额×0.5‰×滞纳天数

［公式7.2.2（2）］

滞纳金计算到人民币“分”后四舍五入。滞纳金的起征点为人民币50元，即对滞纳金不足人民币50元的免征。由于滞纳金的收入随同税款同一科目一并缴入中央金库，所以滞纳金缴纳凭证与进出口税缴纳凭证即“海关专用缴款书”相同。

7.2.2.3　滞纳天数

（1）滞纳天数含义。如果法定缴纳期限届满日（海关填发缴款通知书第15日）遇星期六、星期日等休息日或者法定节假日的，应当顺延至休息日或法定节假日之后的第一个工作日。滞纳天数是指从滞纳税款之日（海关填发缴款通知书第16日）起至进出口货物的纳税义务人缴纳税费之日止，其中的法定节假日不予扣除。起征日和截止日均计入滞纳天数。在确定滞纳天数时要注意两个“第二天”的含义：其一，在实际计算法定缴税期限时，应从海关填发税款缴款书之日的第二天起算，填发当天不计入。如果关税缴纳期限的最后一日是星期六、星期日或法定节假日，则关税缴纳期限顺延至周末或法定节假日过后的第一个工作日。其二，滞纳天数起征日是从法定缴税期限到期日的第二天算起，即海关填发缴款通知书第16日而不是海关填发缴款通知书第15日。

（2）滞纳天数确定。根据《中华人民共和国海关法》的规定，进出口货物的纳税义务人，应当自海关填发税款缴款书之起15日内缴纳税款；逾期缴纳的，由海关征收滞纳金。在实际计算缴纳期限时，应从海关填发税款缴款书之日的第二天起计算，当天不计入。缴纳期限的最后一日是星期六、星期日或法定节假日的，则顺延至周末或法定节假日过后的第一个工作日。如果税款缴纳期限内含有星期六、星期日或法定节假日的，则不予以扣除。滞纳天数按照实际滞纳天数计算，其中的星期六、星期日或法定节假日一并计算。

表 7-2　2017 年 9 ~ 10 月日历

周日	周一	周二	周三	周四	周五	周六
					9 月 1 日	9 月 2 日
9 月 3 日	9 月 4 日	9 月 5 日	9 月 6 日	9 月 7 日	9 月 8 日	9 月 9 日
9 月 10 日	9 月 11 日	9 月 12 日	9 月 13 日	9 月 14 日	9 月 15 日	9 月 16 日
9 月 17 日	9 月 18 日	9 月 19 日	9 月 20 日	9 月 21 日	9 月 22 日	9 月 23 日
9 月 24 日	9 月 25 日	9 月 26 日	9 月 27 日	9 月 28 日	9 月 29 日	9 月 30 日
10 月 1 日	10 月 2 日	10 月 3 日	10 月 4 日	10 月 5 日	10 月 6 日	10 月 7 日
10 月 8 日	10 月 9 日	10 月 10 日	10 月 11 日	10 月 12 日	10 月 13 日	10 月 14 日
10 月 15 日	10 月 16 日	10 月 17 日	10 月 18 日	10 月 19 日	10 月 20 日	10 月 21 日

①如果海关于 2017 年 9 月 6 日（周三）填发税款缴款书，纳税人应当最迟于 9 月 21 日（周四）到指定的银行缴纳关税。

②如果海关于 2017 年 9 月 1 日（周五）填发税款缴款书，纳税义务人本应最迟于 9 月 16 日缴纳税款，由于 9 月 16 日是星期六，缴纳期限顺延至 9 月 18 日星期一缴纳税款。如果纳税义务人 9 月 20 日（周三）缴纳税款，即构成滞纳，滞纳天数为 2 天。

③如果海关于 2017 年 9 月 26 日（周二）填发税款缴款书，缴纳期限中间遇到国庆节，节假日不能从中间扣除，纳税义务人应当最迟于 10 月 11 日（周三）缴纳税款。

④如果海关于 2017 年 9 月 20 日（周三）填发税款缴款书，纳税义务人本应最迟于 10 月 5 日（周四）缴纳税款，但按中国政府休假时间规定，国庆节与两个周末从 10 月 1 日至 10 月 7 日连续休息 7 天，但实际上，根据政府通知，2017 年 10 月 1 日至 8 日放假调休，共 8 天，9 月 30 日（星期六）上班，此时则应认为政府的通知这个具体的行政行为临时改变了休息日与工作日，缴纳期限应当顺延至假日后的第一天，即 10 月 9 日（周一）。

7.2.2.4　滞纳金计算案例

案例 1：海关填发税款缴纳通知书为 2017 年 7 月 7 日（星期五），该公司于 2011 年 7 月 29 日缴纳税款，请计算滞纳天数？

7 月 7 日（星期五）海关填发税款缴纳通知书，纳税义务人应最迟于 7 月 22 日缴纳税款，由于 7 月 22 日是星期六，缴纳期限顺延至 7 月 24 日（星期一）缴纳税款。如果纳税义务人 7 月 29 日缴纳税款，即构成滞纳（7 月 24 日 ~ 7 月 29 日），滞纳天数为 6 天。

案例 2：国内某企业进口货物一批，成交价格为 CIF 境内口岸 50 000 美元

（基准汇率为 1 美元 = 人民币 6 元），进口货物适用的关税税率为 5%，消费税税率为 10%，海关于 2017 年 3 月 3 日（星期五）填发税款缴款书，该公司 2011 年 3 月 27 日缴纳税款，计算应征消费税滞纳金。

（1）完税价格：50 000 美元 ×6 = 300 000 元人民币。

（2）关税：300 000 ×5% = 15 000 元人民币。

（3）消费税：[（完税价格 + 关税）/1 − 消费税率] × 消费税率 = [（300 000 + 15 000）/1 − 10%] ×10% = 35 000 元人民币。

（4）滞纳天数：从 3 月 4 日起算到 15 天内，即 3 月 18 日为最后一天缴税期限，但 18 日为法定假日星期六，故最后一天交税期限顺延至 20 日（星期一），即从 3 月 21 日到 3 月 27 日共 7 天滞报期。

（5）滞纳金：滞纳消费税税额 ×0.5‰ × 滞纳天数 = 35 000 ×0.0005 ×7 = 122.5 元人民币。

7.2.2.5　滞纳金减免

海关对未履行税款给付义务的纳税义务人征收税款滞纳金，符合下列情形之一的，海关可以依法减免税款滞纳金：（1）纳税义务人确因经营困难，自海关填发税款缴款书之日起在规定期限内难以缴纳税款，但在规定期限届满后 3 个月内补缴税款的；（2）因不可抗力或者国家政策调整原因导致纳税义务人自海关填发税款缴款书之日起在规定期限内无法缴纳税款，但在相关情形解除后 3 个月内补缴税款的；（3）货物放行后，纳税义务人通过自查发现少缴或漏缴税款并主动补缴的；（4）经海关总署认可的其他特殊情形。

减免税款滞纳金手续由征税地直属海关关税职能部门办理，对于符合规定可减免税款滞纳金的，征税地直属海关与纳税义务人签订《× ×海关税款滞纳金减免执行协议》，并负责监督协议的执行。

7.2.2.6　滞报金与滞纳金的区别

（1）计算基础不同。滞报金是以完税价格为征收基础，而滞纳金以关税税额和海关代征税为征收基础。区别是：滞报金以价额征收，滞纳金以税额征收。

（2）法定天数不同。《中华人民共和国海关法》规定：进口货物纳税义务人应当自运输工具申报进境之日起 14 日内向海关申报，逾期由海关依法征收滞报金；进出口货物的纳税义务人应当自海关填发税款缴款书之日起 15 日内缴纳税款。在法律规定期限内逾期未缴征收滞纳金。区别是：滞报金法定天数 14 天，滞纳金法定天数 15 天。

（3）计算结果保留位数不同。滞报金以人民币“元”为计征单位，不足人民币1元的部分免予计征；滞纳金以人民币“分”为计征单位，分后四舍五入。区别是：滞报金计算到元，元后舍掉；滞纳金计算到分，分后四舍五入。

（4）节假日顺延时间不同。滞报金的起征日是节假日顺延到下一个工作日；滞纳金法定缴纳期限届满日（海关填发缴款通知书第15日）是节假日顺延到下一个工作日。区别是：滞报金在起征日是节假日时顺延；滞纳金在法定届满日是节假日时顺延。

7.3　关税退补

关税的退补分补征、追征和退税3种情况。其中，补征是指进出口货物、进出境物品放行后，海关发现少征或漏征税款时，要求纳税义务人补征进出口税款；追征是指因纳税义务人违反规定而造成少征或者漏征的，海关追征进出口税款并加罚滞纳金的行为；退税是指海关多征的税款，发现后纳税义务人要求海关退还，海关在规定时间内受理的行为。

7.3.1　稽征税款

7.3.1.1　稽征税款的原因

无论是全国通关一体化改革的“自报自缴”模式，由企业自主计算缴纳税款，还是按我国现行纳税方式是纳税人先行申报成交价格，海关审核后确定完税价格、适用的税率，计算应纳税额征税，签发缴款凭证后，纳税义务人按一定缴纳方法缴税。纳税义务人缴纳关税后，缴款凭证第五联（稽查联）交还海关稽查部门，海关稽查部门凭此联进行事后核对复查，如果在复查中发现少征或者漏征税款，即核定征收税额少于应征税额时，海关稽查部门就会责令纳税义务人补缴所差税款，这个过程称为稽征税款。根据造成关税原因的不同分为关税的补征和追征。由于纳税义务人违反海关规定的，称为关税的追征；非因纳税义务人违反海关规定造成的　称为关税的补征。

7.3.1.2　稽征税款的实施

由于少征或者漏征税款原因不同，稽征税款在实施中也略有差异，主要有3种情况：

（1）如果少征或者漏征税款不是纳税义务人的原因造成的，属于补征范畴。海关应当自缴纳税款或者货物放行之日起1年内，向纳税义务人或其代理人补征。补征时海关再次签发“海关专用缴款书”，纳税义务人按前述缴纳方式缴纳少征税款，不征收滞纳金。

（2）如果少征或者漏征税款是因纳税义务人的原因造成，属于追征范畴。海关应当自缴纳税款或者货物放行之日起 3 年内（因特殊情况，追征期可延至 10 年。骗取退税款的，可无限期追征），向纳税义务人或其代理人追征。追征时海关同样再次签发“海关专用缴款书”，但是由于追征要征收滞纳金，所以缴款金额由两部分组成，一部分是漏征税款，另一部分是滞纳金额。

（3）对处于保税状态的海关监管货物，如果发生改变，比如，保税加工货物内销、暂准进境货物没有原状出境、特定减免货物改变用途，海关也要稽征税款。同样也有补征和追征两种情况：其一，如果上述改变是经海关批准同意的，则稽征税款按补征处理。其二，如果是擅自改变的，则按追征对待。

此外，“自报自缴”模式下，进出口企业、单位主动向海关书面报告其违反海关监管规定的行为并接受海关处理，经海关认定为主动披露的，海关从轻或者减轻处罚；违法行为轻微并及时纠正，没有造成危害后果的，不予行政处罚。对于主动披露并补缴税款的，经企业申请，海关可以减免税款滞纳金。

7.3.1.3 稽征税款示意图

稽征税款示意图见图 7-3。

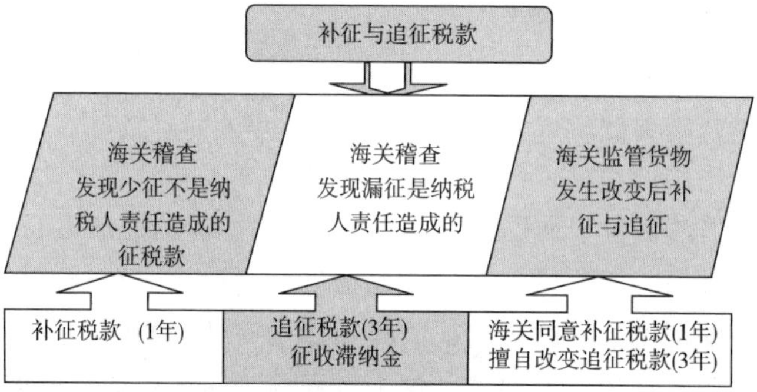

图 7-3 稽征税款示意图

7.3.2 退还税款

纳税义务人缴纳税款后，由海关将原缴纳进出口关税税款的全部或部分返还给原纳税人的行为称为退还税款（Refund Custom Duty）。退还税款包括：溢征关税，即退还多征关税；复进口关税，即已经出口纳税又原状进口货物，退还已纳出口关税；复出口关税，即已经进口纳税，在境内完成加工、修理、储存后复运出境货物，退还已纳进口关税。

“退还税款”和“出口退税”的区别：“出口退税”发生在出口环节，是为了鼓励本国产品出口，增强产品在国际上的竞争能力，对在出口前所缴纳的国内增值税、消费税给予退税或免税，是通过关税调节经济的政策体现。“退还税款”发生在进口环节，退的是纳税人多缴纳的进口关税和进口环节增值税，是国家对纳税人提供法律保护的体现。

7.3.2.1 退税的范围

《中华人民共和国进出口关税条例》第50条规定，有下列情形之一的，纳税义务人自缴纳税款之日起1年内，可以申请退还关税，并应当以书面形式向海关说明理由，提供原缴款凭证及相关资料：

（1）已征进口关税的货物，因品质或者规格原因，原状退货复运出境的；

（2）已征出口关税的货物，因品质或者规格原因，原状退货复运进境，并已重新缴纳因出口而退还的国内环节有关税收的；

（3）已征出口关税的货物，因故未装运出口，申报退关的。海关应当自受理退税申请之日起30日内查实并通知纳税义务人办理退还手续。纳税义务人应当自收到通知之日起3个月内办理有关退税手续。按照其他有关法律、行政法规规定应当退还关税的，海关应当按照有关法律、行政法规的规定退税。

7.3.2.2 退还税款的执行

（1）纳税义务人发现多缴税款的，自缴纳税款之日起1年内，可以以书面形式要求海关退还多缴的税款并加算银行同期活期存款利息，逾期海关不予受理；海关应当自受理退税申请之日起30日内查实并通知纳税义务人办理退还手续。

（2）退还税款时应向原征税海关递交退税申请书，提出退税申请。申请所需交验的单证有：①退税申请书；②税款缴纳证或减免税证明（正本）；③其他有关资料（如商检证明、化验报告、结汇凭证、外汇核销证明等）。海关应当自受理退税申请之日起30日内查实并通知纳税义务人办理退还手续，纳税义务人应当自收到通知之日起3个月内办理有关退税手续。

（3）办理退税时，应做到退税依据确实、单证齐全、手续完备。纳税人送经原征税海关核实并签署意见，注明退税理由和退税金额。单位退税一律转账退付，不退现金。办理退税手续，除海关原因退税外，由纳税单位向海关缴纳50元人民币的手续费。

（4）对符合退税规定的，由主管海关审核退税资料，在“退税申请书”

上签注受理日期、计算退税金额、注明退税理由，填制“收入退还书”，“收入退还书”一式六联，财政部统一监制（第一、第二联见表7-3），由主管海关（处）领导签署意见后送财务处核准签印。企业凭此向银行办理退税手续。

表 7-3　收入退还书样本

收 入 退 还 书（存根）

填发日期：20　年　月　日　　　编号：

退款单位	全　称		收款单位	机关全称	
	预算级次			账　号	
	退款国库			开户银行	

预算科目					金额										退库原因
类	款	项	目	科目名称	千	百	十	万	千	百	十	元	角	分	
合　计															

人民币（大写）　仟　佰　拾　万　仟　佰　拾　元　角　分	
（填发机关盖章） 负责人：　复核员：　经办人：	退库情况记录：

第一联（白纸黑油墨）由退款国库盖章后退签发机关

收 入 退 还 书（付款凭证）

填发日期：20　年　月　日　　　编号：

退款单位	全　称		收款单位	机关全称	
	预算级次			账　号	
	退款国库			开户银行	

预算科目					金额										退库原因
类	款	项	目	科目名称	千	百	十	万	千	百	十	元	角	分	
合　计															

人民币（大写）　仟　佰　拾　万　仟　佰　拾　元　角　分		
上列款项请从退款国库账户内付出划转收款单位账户 （填发机关盖章） 负责人：　复核员：　经办人：	会计分录	贷方： 借方： 转账日期　年　月　日 复核员：　记账员：

第二联（白纸蓝油墨）由退款国库作付出传票

本章小结

主动申报纳税是国际普遍采用的关税征纳方式，并且各国均将主动申报纳税通过法律形式加以确定，便于执行。本章知识点：

（1）申报纳税的时间、地点、方法（重点了解网上支付业务流程）。

（2）海关缴款凭证的使用。

（3）滞纳金与滞报金的区别（注意在起征时间、计税价格、计算后保留小数点的位数差异）。

（4）滞纳天数与滞报天数的确定。

（5）关税补征和关税追征在执行时的不同。

（6）关税退税的范围［着重对范围中第（4）项的理解］。

申报纳税有法定时间的规定，如果纳税义务人没有在法定时间内履行纳税义务将视为违法，征收滞纳金和滞报金以及追征税款正是对这种违法行为的处罚。同样立法也对依法纳税人提供法律的保护，缓税和退税正是这种保护的体现。

课后练习

（一）概念辨析

1. 自我课赋与海关课赋。
2. 申报纳税制与强制纳税制。
3. 补征税款与追征税款。
4. 滞纳金与滞报金。

（二）单选题

1. 以下不属于进出口税费缴纳、退补凭证的是（　　）。

   A. 海关专用缴款书　　B. 收入退还书

   C. 海关行政事业收费专用票据　　D. 全国税务统一专用发票

2. 海关补征进出口货物关税和进口环节代征税时，应向纳税人填发（　　）。

   A. 收入退还书　　B. 海关专用缴款书

   C. 海关行政事业收费专用票据　　D. 征免税证明

3. 因收货人、发货人或其代理人违反规定造成的少征或者漏征，海关在（　　）内可以追征。

A. 1 年　　B. 2 年　　C. 3 年　　D. 6 个月

4. 海关发现多征税款的，应当立即通知纳税义务人办理退还手续，纳税义务人应当（　　）。

A. 自收到通知之日起 1 年内办理有关退税手续

B. 自收到通知之日起 3 个月内办理有关退税手续

C. 自海关发出通知之日起 1 年内办理有关退税手续

D. 自海关发出通知之日起 3 个月内办理有关退税手续

5. 因纳税义务人违反规定造成少征或漏征税款的，海关可以在规定期限内追征税款并从缴纳税款或者货物放行之日起至海关发现违规行为之日止，按日加收少征或漏征税款的滞纳金。其规定期限和滞纳金的征收标准分别为（　　）。

A. 1 年，0.5‰　　B. 3 年，0.5‰　　C. 1 年，1‰　　D. 3 年，1‰

6. 境内某公司从日本进口除尘器一批，已知该批货物应征关税税额人民币 10 000 元，进口环节增值税额为人民币 40 000 元，海关于 2008 年 5 月 23 日（星期五）填发海关专用缴款书，该公司于 2008 年 6 月 12 日缴纳税款，应缴的税款滞纳金是（　　）。（6 月 8 日为端午节，公休日顺延至 6 月 9 日）（2008 年全国报关员统一考试题）

A. 125 元　　B. 75 元　　C. 50 元　　D. 0 元

（三）多项选择题

1. 下列关于进、出口货物申报期限的表述正确的是（　　）。

A. 进口货物的纳税义务人应当自货物进境之日起 14 日内，向海关申报

B. 进口货物的纳税义务人应当自装载货物的运输工具申报进境之日起 14 日内，向海关申报

C. 进口货物的纳税义务人除海关特准的外，应当在货物运抵海关监管区后、装货的 24 小时以前向海关申报

D. 进口货物的纳税义务人除海关特准的外，应当在货物运抵海关监管区装货后的 24 小时之内向海关申报

2. 以下哪种货物可以办理退税手续？（　　）

A. 已缴税因故未装运的出口已退关货物

B. 已缴税运输途中遭受损失的出口货物

C. 已缴税因品质等原因原状退货复出境进口货物

D. 海关误征，纳税人多缴的税款

（四）判断题

1. 进口货物关税滞纳金的日征收金额为关税税额的1%，进口货物滞纳金的日征收金额为进口货物完税价格的0.5%。（　　）

2. 海关批准暂时进口货物转为正式进口货物需要补税，应按进口时的税率补征税款，并征收滞纳金。（　　）

3. 保税加工货物进口加工后复运出境可向海关申请退税。（　　）

（五）案例分析题

1. 载有进出口企业A从国外购买的进口货物的某海轮B于2008年10月8日（周三）向海关申报进境，但A企业于2008年10月31日（星期五）才向海关申报进口该批货物。该货物的成交价格为CIF上海150 000美元，已知其适用中国人民银行公布的基准汇率为1美元=7.064 8元人民币。海关是否应该征收滞报金？海关应征收多少滞报金？

2. 某公司进口货物应缴纳关税80 000元，增值税100 000元，消费税70 000元，海关于2011年8月5日（星期五）填发税款缴款书，该公司于2011年9月9日（星期五）缴纳税款。请计算海关应征的滞纳金。

3. 国内某企业进口一批化肥，成交价格为CIF境内口岸100 000美元（兑换率为1美元=6元人民币），进口货物适用的关税税率为5%，海关于2011年9月9日（星期五）填发税款缴款书，该公司于2011年9月28日缴纳税款，该批货物应征的滞纳金总额是多少？

第 8 章 关税征纳的第五个工作过程：强制纳税

学习目标

了解海关事务担保与关税保全区别；把握关税保全与关税强制缴纳之间的关系，在此基础上掌握海关事务担保内容、关税保全措施和强制执行方法。

《中华人民共和国海关法》和《中华人民共和国进出口关税条例》规定，凡是未按规定时间履行纳税申报手续而进出口的视为违法，海关通过滞纳金和滞报金加以处罚，如果处罚后仍然未履行纳税义务，海关就通过稽查制度对纳税人的有关账册、来往函电、合同、记录等证据查证的事实和时间征收关税，这种征纳方式对纳税义务人而言，不是主动而是被动缴纳关税，我们称为强制纳税。强制纳税有严格的时间规定和执行手续的要求，未到规定时间不能采取强制执行措施，如果未到法定的强制执行时间，海关发现纳税人有转移或藏匿应纳税货物等情形，可先要求纳税人提供担保或采取保全措施，担保和保全是强制执行的保障。可见，强制纳税方式是建立在进出境海关事务担保和保全基础上的，是对申报纳税方式的补充。

此外，我国海关现行通关流程是接受申报、审单、查验、征税、放行的

"串联式"作业流程。全国海关通关一体化改革后，采用"一次申报、分步处置"的新型通关管理模式，在企业完成报关和税款自报自缴手续后，安全准入风险主要在口岸通关现场处置，税收征管要素风险主要在货物放行后处置。

全国通关一体化改革后，海关在"分步处置"模式下，第一步，风险防控中心分析货物是否存在禁限管制、侵权、品名规格数量伪瞒报等安全准入风险并下达布控指令，由现场查验人员实施查验。对于存在重大税收风险且放行后难以有效稽（核）查或追补税的，由税收征管中心实施货物放行前的税收征管要素风险排查处置；需要在放行前验核有关单证，留存相关单证、图像等资料的，由现场验估岗进行放行前处置；需要实施实货验估的，由现场查验人员根据实货验估指令要求实施放行前实货验估处置。货物经风险处置后符合放行条件的可予放行。第二步，税收征管中心在货物放行后对报关单税收征管要素实施批量审核，筛选风险目标，统筹实施放行后验估、稽（核）查等作业。

也就是说，根据"一次申报、分步处置"流程，全通模式下的税收征管作业主要在货物放行后实施。税收征管中心前置税收风险分析，按照商品分工，加工（研发）、设置参数、指令和模型；对少量存在重大税收风险且放行后难以有效稽（核）查或追补税的，实施必要的放行前排查处置；对存在一定税收风险，但通过放行后批量审核、验估或稽（核）查等手段，能够进行风险排查处置及追补税的，实施放行后风险排查处置。目前，全国共建立了 3 个税收征管中心，分别是海关总署税收征管中心（上海）、海关总署税收征管中心（广州）、海关总署税收征管中心（京津）。三个税收征管中心按照商品和行业进行分工，海关总署税收征管中心（上海）主要负责机电大类（机电、仪器仪表、交通工具类）等商品，包括《中华人民共和国进出口税则》（以下简称《税则》）共 8 章（第 84 ~ 87 章、第 89 ~ 92 章）、2286 个税号，海关总署税收征管中心（广州）主要负责化工大类（化工原料、高分子、能源、矿产、金属类等）商品，包括《税则》共 30 章（第 25 ~ 29 章、第 31 ~ 40 章、第 68 ~ 83 章）、2800 个税号，海关总署税收征管中心（京津）主要负责农林、食品、药品、轻工、杂项、纺织类及航空器等商品，包括《税则》共 58 章（第 1 ~ 24 章、第 30 章、第 41 ~ 67 章、第 88 章、第 93 ~ 97 章）、3461 个税号。

8.1　进出境海关事务担保

进出境海关事务担保，是指与进出境活动有关的自然人、法人或者其他组织在向海关申请从事特定的进出境报关业务或者从事海关特许的经营业务时，以向海关提交现金、保函等方式，保证在规定时间内履行义务或承担责任的法律行为。对进出境海关事务的担保行为，从本质上讲是保障国家税收利益不被侵害。同时，担保行为也对进出境纳税人产生较强的制约作用，促进企业自律守法，按期履行其应尽的法律义务。

8.1.1 进出境海关事务担保的适用范围

按我国现行法律的规定，海关事务担保适用范围分为：基本适用、免予适用和不予适用三项内容。此外，新修改的《中华人民共和国海关事务担保条例》又增加了“总担保的情形”及“适用范围”两项内容。

8.1.1.1 基本适用

基本适用分为：通关事务担保、保税事务担保和涉案事务担保三个方面。

（1）通关事务担保情形包括：①办理进出口货物申报纳税手续时，因海关归类、估价等征税要件不明确，收发货人或其代理人要求先予放行货物的；②报关时不能交验有关单证（发票、合同、装箱单等），收发货人或其代理人要求放行货物，后补交单证的；③正在办理减免税手续，货物已运抵进口口岸，收发货人或其代理人申请凭税款担保办理货物验放手续的；④因不可抗力或国家税收政策的调整不能按期缴纳税款，在办理相应手续、实际进出口时，纳税义务人要求海关先放行货物的；⑤无代价抵偿货物进口或出口，原进口货物尚未退运出境或放弃交由海关处理的，或者出口货物尚未退运进境的；⑥进口货物收货人申请减免滞报金期间申请现行提取货物的；⑦大型高新技术企业实行便捷通关措施的。

（2）保税事务担保情形包括：①申请人经营海关监管货物运输、仓储等业务的；②暂准进出境货物、进境修理货物、出境加工货物、租赁进出口货物，特殊情形下旅客携带履行自用物品的；③经营企业或者加工企业租赁厂房、设备或者首次开展加工贸易或者办理加工贸易异地备案或者加工贸易手册申请两次或两次以上延期的，经营企业提供相当于应缴税款金额的保证金或银行保函后申请予以备案；④加工贸易货物已进口，但企业办理加工贸易货物备案手续提交的单证与事实不符，企业不申请退运，而是向海关提供相当于应缴税款金额的保证金或银行保函后，申请继续履行合同的。

（3）涉案担保情形包括：①纳税义务人在规定的缴纳税款期限内有明显的转移、藏匿其应税货物以及其他财产迹象的，海关责令纳税义务人向海关提供税款担保的；②缉私、稽查查获的执行风险较大的追征或补征税款情事的；③受海关处罚的当事人或者其他法定代表人、主要运输工具负责人在出境前未缴清其应缴的罚款、违法所得和依法追缴的货物、物品、走私运输工具的等值价款的；④知识产权权利人请求海关扣留侵权嫌疑货物，或收发货人请求海关放行嫌疑侵犯专利权货物的；⑤经过初步裁定倾销、补贴成立，国务院主管部门公告决定要求提供担保的产品；⑥有违法嫌疑的货物、物品、运输工具无法或不便扣留的；⑦经营企业或加工企业涉嫌走私、违规，已被海关立案调查、侦查，案件未审结的，或者因为管理混乱被海关要求整改，在整改期间，经营企业提供相当于应缴纳税款金额的保证金或者保证函申请予以备案的。

8.1.1.2 免予适用

《中华人民共和国海关法》在海关事务担保的有关条款中规定，如上述担保放行的货物，有相关国内外法规免除担保的法律规定，可予免除担保，这就是“免除担保优先”原则。按照一般的法律适用惯例，“免除担保”的特别原则优于“凭担保放行”的一般原则。所以，有免除担保的法律规定的进口货物，因各种原因未办结海关手续，收发货人可以免除担保先予提取或装运出境，称为免予适用。例如，《加工贸易银行保证金台账制度》根据加工贸易项目的性质和企业的资信级别，对部分加工贸易项目施行“不设银行保证金台账”和实行“空转”等措施，就属于免予适用的情形。

8.1.1.3 不予适用

国家法律禁止进口货物，国家有限制性规定，应当提供许可证件而不能提供的进出境货物，以及法律、行政法规规定不得接受担保的其他情况，海关不得办理担保放行手续。这种不适用担保情形，称为不予适用。

8.1.1.4 总担保情形

当纳税人在一定期限内多次发生的同一性质海关事务担保，经海关同意，可向海关提供一次性担保的，称为总担保。常见情形有：（1）申请经营海关监管货物运输、仓储及报关等特殊业务的；（2）同一被担保人申请对一定期限内发生的多次海关监管行为提供担保的；（3）ATA 单证册项下暂准出口货物，由中国国际商会统一向海关总署提供总担保；（4）汽车生产企业办理登记备案后，根据汽车零部件进口计划，在汽车零部件进口前向企业所在地海关提供税款总担保；（5）获准实施便捷通关措施的大型高新技术企业与企业所在地主管海关签订“适用便捷通关程序担保书”的；（6）经海关同意，知识产权权利人可以向海关提供金额不低于人民币 20 万元的总担保；（7）网上支付银行担保，由银行对纳税义务人在一定时期内通过网上支付方式申请缴纳的进出口税费提供的总担保。

当事人向海关申请总担保的，应当具备以下条件：（1）当事人从事进出口业务 3 年以上；（2）当事人具备符合海关监管要求的管理制度，且资信良好；（3）担保人没有不依法履行海关事务担保责任的行为；（4）法律、行政法规规定的其他条件。

总担保所担保海关事务的期限由当事人在申请时提出，海关根据办理有关事务的实际情况依法予以核定。担保期限最长不得超过 1 年。法律、行政法规另有规定的除外。

8.1.2 担保人的资格及担保责任

8.1.2.1 担保人的资格要求

《中华人民共和国海关法》规定：具有履行海关事务担保义务能力的法人、其他组织或公民，可以成为担保人。法律规定不得为担保人的除外。具有履行海关担保义务能力是对法人、其他组织和公民作为担保人的基本要求。对于担保人而言，其履行义务的能力主要体现在是否拥有足以承担担保责任的财产。公民作为担保人还应当具有民事行为能力，无民事行为能力或者限制行为能力的，即使拥有足以承担担保责任的财产，也不能作为担保人。同样基于担保人应当具有履行能力的基本要求，《中华人民共和国海关法》对担保人的资格又做了必要的限制，规定如其他有关法律对担保人资格已作出限制性规定的，则这种法人、其他组织或公民就不能作为担保人。例如，《中国人民银行法》规定，鉴于中国人民银行作为中央银行在国务院的领导下，制定和实施货币政策，对金融业实施监督管理，故不得向任何单位或个人提供担保。

8.1.2.2 《中华人民共和国海关事务担保条例》规定担保当事人的法律责任

（1）如果担保人、被担保人采取欺骗、隐瞒、通谋等手段提供担保或为其实施虚假海关事务担保提供方便的，由海关责令其继续向海关承担义务，并处人民币1 000 元以上 10 000 元以下罚款；已经造成逃漏税的，处逃漏缴税款 50% 以上 3 倍以下罚款。（2）海关工作人员有下列行为之一的，根据情节轻重给予行政处分；构成犯罪的，依法追究刑事责任：①违反规定，对符合担保条件的不予办理有关手续或者不按法定时限办理有关手续；②对不符合担保条件的，违法予以办理致使国家利益遭受损失；③违法私分、挪用担保财物；④其他违法行为。

8.1.3　海关事务担保物的范围

《中华人民共和国海关法》通过列举的方式，明确规定了可作为担保物的财产或金融资产的范围。

（1）人民币、可自由兑换的货币。人民币是我国的法定货币，用于支付我国境内的一切公共的和私人的债务，任何单位或个人均不能拒收；可自由兑换货币，指国家外汇管理局公布挂牌的作为国际支付手段的外币现钞或存款；例如，美元、欧元、日元和港币等货币。

（2）本项可担保的权利包括外币支付凭证、外币有价证券。外币支付凭证包括：汇票、本票、支票、大额存单等用于国际结算的支付凭证。对于外币有价证券作为担保物，我国海关较为谨慎，目前仅局限在国际债券范围内，股票和其他衍生品种不能作为担保物使用。

（3）银行或者非银行金融机构的保函。保函，即法律上的保证，属于人的担保范畴。保函不是以具体的财产提供担保，而是以保证人的信誉和不特定的财产为他人的债务提供担保；保证人必须是第三人，保证人应当具有清偿债务的能力。中国人民银行作为中央银行，根据《中华人民共和国中国人民银行法》不能为任何单位和个人提供担保，故不属于担保银行的范畴。对于ATA单证册项下进出口的货物，尽管中国国际商会不是金融机构，但是它可作为特殊的第三方作为担保人，为展览品等暂准进出口货物提供保函方式的担保。

（4）海关依法认可的其他财产、权利。这是一项弹性规定，为日后在执行中扩大担保物的范围提供条件。我国现行的做法是以不动产为主，各级海关可在海关总署相关文件基础上自行规定其他财产、权利的范围。

ATA单证册的“ATA”由法文Admission Temporaire与英文Temporary Admission的首字母组成，表示暂准进口。ATA单证册（ATA Carnet）属于国际通用的海关文件，是世界海关组织为暂准进口货物而专门创设的。从1998年1月起，我国开始实施ATA单证册制度，现已成为我国暂准进口货物使用最多的海关文件。ATA单证册制度为暂准进口货物建立了世界统一的通关手续，使暂准进口货物可以凭ATA单证册，在各国海关享受免税进口和免予填写国内报关文件等通关便利。因此，ATA单证册又被国际经贸界称为货物护照和货物免税通关证。ATA单证册的签发和担保由各国担保商会负责，自经国务院批准、海关总署授权，中国国际商会是我国ATA单证册的出证和担保商会，负责我国ATA单证册的签发和担保工作。

8.1.4 海关事务担保的实施

海关事务担保的实施包括担保资金、担保函的使用和担保实施程序两项内容。

8.1.4.1 担保资金和担保函的使用

海关在实施海关事务担保时，主要采用保证金、风险金、抵押金和担保函4种方式。

（1）保证金。使用较小比例的资金提供担保称为保证金。以下情形适用于保证金：①海关尚未确定商品归类、完税价格、原产地、进口货物物品数量等征税要件的；②正在海关办理减免税审批手续的；③申请延期缴纳税款的；④暂时进出境的；⑤进境修理和出境加工的；⑥因残损、品质不良或者规格不符，纳税义务人申报进口或者出口无代价抵偿货物时，原进口货物尚未退运出境或者放弃交由海关处理的，或者原出口货物尚未退运进境的；⑦对缉私、稽查缴获的货物执行风险较大的追补税款情事的；⑧其他按照有关规定应当收取税款保证金的情形。

（2）风险金。使用较大比例的资金提供担保称为风险金。以下情形适用于风险金：①实施联网监管的相关加工贸易企业需要提供风险金；②加工贸易货物物品备案时需要提供风险金；③同一经营单位申请将剩余料件结转到另一家工厂需要提供风险金；④从事转关运输的企业需要提供风险金；⑤加工区之间往来的货物物品不能按照转关运输办理的企业，需要提供风险金；⑥进口货物收货人在申请减免滞报金期间，因故须先行提取货物的需要提供风险金；⑦租赁进出口货品需要提供风险金；⑧其他按照有关规定收取的风险金。

（3）抵押金。使用足额资金提供担保称为抵押金。以下情形适用于抵押金：①对无法或者不便扣留的货物，物品或者运输工具收取的等值抵押金；②对受海关处罚，在出境前未缴清罚款、违法所得和依法追缴的货物、物品、走私运输工具的等值价款的当事人收取的抵押金；③对涉及知识产权保护收取的抵押金；④其他按照有关规定收取的抵押金。

（4）担保函。除上述须用担保资金申请担保的以外，其他范围担保均可以使用保证函方式申请担保。

8.1.4.2　担保实施程序

（1）担保的申请。凡符合申请担保条件的货物，由担保人向办理有关货物进出口手续的海关申请担保，由海关审核并确定担保的方式。

（2）担保资金的交付。①当事人向海关办理资金交付手续应通过银行转账，无法办理银行转账或金额较小的以现金交付；②海关担保资金金额一般应按人民币计算收取。对能开设外汇（钞）账户的币种，可按其本位币收取，退还时按原币种退还。海关业务部门向相关人收取担保资金后应开具，“海关保证金、风险担保金、抵押金收据”并注明担保资金类别。

（3）保证函的交付。以保证函方式申请担保的，由担保人按照海关规定的格式填写保证函一式两份，并加盖担保人印章，一份交海关备案，一份留存。

（4）担保的期限。在一般情况下，担保期不得超过 20 天。否则，海关将对有关进出口货物按规定处理。遇有特殊情况时，应在担保期内向海关申请延长担保期限，由海关审核批准展期。暂时进口货物的担保期限按照海关对暂时进口货物监管制度的有关规定执行，一般是自货物进口之日起 6 个月内。

（5）担保的销案。担保人必须于规定的担保期限届满前，凭相关单证办理销案手续。在担保人履行了向海关承诺的义务后，海关将退还担保人已缴纳的担保资金，或注销已提交的保证函。对以担保资金方式提供担保的，其退还须按下列规定办理：①当事人在担保期内履行纳税义务的，海关业务部门应自纳税人履行纳税义务之日起 3 个工作日内，书面通知当事人办理退款手续。退款应通过银行转账办理，无法办理银行转账的可以退还现金。②自退还通知书开出之日起超过 60 天当事人未办理退款手续的，海关业务部门负责发布公告。自公告发布之日起超过 90 天当事人仍未办理退款手续的，海关视同放弃资金上缴国库。

（6）法律救济。担保人、被担保人对海关关于海关事务担保的具体行政行为有异议的，可以依法向上一级海关申请行政复议或向人民法院提起行政诉讼。

8.2　关税保全

关税保全，是指进出口货物的纳税义务人在规定的纳税期限内尚未缴纳税款，并且有逃避纳税义务的明显嫌疑时，海关为了防止国家税款的流失，对纳税义务人拥有的与应纳税款相等的财产，所采取冻结或扣留的行政强制行为。

8.2.1 海关实施关税保全措施的条件

关税保全是法律授予海关的一项重要权力，它对于保证海关税收安全、促进海关税收应收尽收具有重要的意义。海关关税保全措施是一种较为严厉的行政强制手段，只有符合法律规定的特定情形，海关才能实施。根据法律规定，具备以下两项条件的，海关可以采取税收保全措施。

8.2.1.1 条件之一

纳税义务人在规定的纳税期限内有明显的转移、藏匿其应税货物以及其他财产迹象的。海关征收税款通常体现为一定数额的货币，纳税义务人必须有一定的财产基础才能履行其有关纳税义务。纳税义务人在纳税期限内转移、藏匿其财产的，将丧失其纳税的经济基础，势必会威胁海关税收的安全，导致海关税收落空。因此，海关必须采取一定的措施加以防范。对于这一条件的把握主要有以下3点：

（1）特定时间，即“规定的纳税期限”的具体时限。一般贸易进出口货物的纳税期限比较容易理解，即海关填发税款缴款书之日起的3个月内，而且由于纳税义务人在完税前一般不能实际占有控制货物，不易发生“转移、藏匿”情况。加工贸易保税货物、特定减免税货物、暂时进出境货物因其具有不同的海关监管属性，在保税期间极易发生“转移、藏匿”情况。

（2）特定行为，即“转移、藏匿应税货物以及其他财产”，这主要是指纳税义务人有逃避纳税义务的行为。转移、藏匿的表现形式多种多样，例如通过企业分立、合并的方式实现，或者拒不告知海关货物的合理去向，或者制造假象欺骗海关。

（3）明显迹象，必须有一定的证据证明纳税义务人实施了逃避海关纳税义务的行为。这主要是考虑税收保全作为一种针对财产较为严厉的行政强制手段，如果实施不当极易引发争议，对纳税义务人造成损失。因此，海关在实施之前必须掌握能够证明纳税义务人转移、藏匿应税货物及其他财产的相关证据，而不能毫无事实根据地行使这项权力。

8.2.1.2 条件之二

纳税义务人经海关责令提供担保而未能提供的。这一限制条件体现了行政强制中的“最小损害当事人利益”的原则，即行政机关能够采用多种方式实现行政目的的，应当避免采用损害当事人权益的方式。在实施税收保税措施前，海关必须先责令纳税义务人提供担保，一方面可以给纳税义务人一个自我履行的机会，另一方面可以避免动用行政强制手段，降低行政成本。纳税义务人向海关提供了与其应当履行的法律义务相适应的担保的，海关不能采取税收保全措施。

8.2.2　关税保全的方式

海关税收保全以保证税款的实现为目的，分析各国的法律规定，海关实施税收保全措施基本都采取以下两种方式。

8.2.2.1　冻结存款

以书面通知形式，要求纳税义务人开户银行或者其他金融机构暂停支付纳税义务人在金融机构的存款，以达到限制纳税义务人转移、处置金融资产的目的。冻结存款强调等额冻结，即相当于应纳税款（包括进出口关税和进口环节代征税）的存款额。冻结是中止而不是终止的意思，即暂时停止支付和汇出这部分款项，待解冻后再恢复支付。

8.2.2.2　扣留货物

扣留纳税义务人价值相当于应纳税款的货物或者其他财产。海关在冻结存款或者扣留货物时，一般应以价值相当于应纳税款为限，冻结存款的数额较易确定，与应纳税款等值即可。扣留货物或其他财产时一般不可能做到其价值与应纳税款完全等同，因此法律规定可以是“价值相当”的货物或者其他财产。实践中海关对不可分割的货物可以全额扣留（如车辆、船舶、飞行器等）。可以通过专业机构的评估，确定货物或其他财产的价值，避免过大地超过法定范围对纳税义务人的财产采取强制措施。需要注意的是，法律并没有将海关扣留的对象限定于应税货物，而是规定了可以扣留纳税义务人所有的货物或者其他财产，包括动产、不动产。这就意味着只要能够证明有关货物或者财产属于纳税义务人所有，海关就可以对其中价值相当于应纳税款的部分采取税收保全措施。为了避免给纳税义务人生产经营带来更多的不便，海关在采取税收保全措施时，一般优先采取冻结纳税义务人存款的措施，纳税义务人在银行或者其他金融机构中无存款可以执行时，海关可以扣留纳税义务人价值相当于应纳税款的货物或其他财产。纳税义务人也可以根据自己的生产经营实际向海关提出申请，选择税收保全措施的方式。海关在采取扣留货物或者其他财产的保全方式时，可以考虑有关货物或者其他财产对于纳税义务人的重要性和急需程度，按照“最低程度影响当事人的合法权益”的原则实施税收保全措施。

鉴于税收保全措施限制了纳税义务人对其财产的处分权，一旦实施将对纳税义务人的财产甚至生产经营活动产生较大的影响，为了保证税收保全措施的合法性与合理性，防止采取不当而给纳税义务人造成损失，法律规定必须经过直属海关关长或者其授权的隶属海关关长批准，海关方可实施。这是采取税收保全措施所必须履行的法定程序，如果海关未经审批而采取税收保全措施，则构成程序违法。

8.2.3 海关对被保全财产的处理

关税保全只是一种临时性的行政强制措施，对于被保全的财产海关将根据不同的情况作出以下处理：

（1）纳税义务人在规定的纳税期限内缴纳税款的，海关必须立即解除税收保全措施。纳税义务人履行有关纳税义务后，海关与纳税义务人之间的税收法律关系即已消亡，税收保全的事实基础不再存在。因此，必须立即解除所采取的税收保全措施，书面通知银行或者其他金融机构解除存款的冻结或者制发解除扣留通知书，将扣留的货物或者其他财产发还纳税义务人。海关没有在合理的期限内解除税收保全措施，超期冻结存款或者扣留货物、其他财产的，可能使纳税义务人的合法权益受到损害。

（2）期限届满仍未缴纳税款的，经直属海关关长或者其授权的隶属海关关长批准，海关可以书面通知纳税义务人开户银行或者其他金融机构从其暂停支付的存款中扣缴税款，或者依法变卖所扣留的货物或者其他财产，以变卖所得抵缴税款。(此处理将在海关强制执行部分详细解析)

（3）海关在关税保全处理过程中的法律责任。按照执法机构“权责结合”要求。海关违法行使税收保全职权导致当事人合法权益受到损害的，应当依法承担赔偿责任。①海关税收保全措施不当的，如所保全的财产属于纳税义务人以外的其他人所有、保全财产的价值明显超过应纳税款的，应当赔偿因保全不当所造成的损失。②纳税义务人在规定期限内已缴纳税款，海关未立即解除税收保全措施致使纳税义务人的合法权益受到损失的，海关应当依法承担赔偿责任。③擅自使用扣留的货物、物品、运输工具或者其他财产，造成损失的，海关应当依法承担赔偿责任。

8.3 关税强制执行

关税强制执行措施是海关在纳税义务人逾期缴纳税款的情况下，以纳税义务人有关财物为执行标的，抵缴其应缴税款的行政强制措施。关税强制执行是执行国家有关税务法律、法规，管理国家税收事务，实现国家职能，依法行使国家行政权力的表现，以保证国家税收及时、足额入库。海关对关税实施强制执行措施对于督促纳税义务人依法履行纳税义务、保障国家进出口税费应收尽收也起到十分重要的作用。作为一种严格的执法行为，各国对海关税收强制执行均作出了授权性规定，明确规定了纳税义务人缴纳税款的期限以及海关实施税收强制执行措施的条件、方式和程序。

8.3.1　海关实施税收强制执行措施的条件

海关税收强制执行措施是一种对纳税人权利义务有较大影响的具体行政行为，为避免措施不当侵犯纳税人的合法权益，《中华人民共和国海关法》对税收强制执行措施的适用条件作出了严格规定。根据《中华人民共和国海关法》第 60 条的有关规定，海关对纳税义务人采取税收强制执行措施必须符合以下条件：

（1）纳税义务人自缴纳税款期限届满之日起超过 3 个月未缴纳税款。这是海关实施税收强制执行措施在逾期缴税期限方面的限制条件。《中华人民共和国海关法》规定，纳税义务人应当自海关填发税款缴款书之日起 15 日内缴纳税款，但是超过上述期限构成逾期缴纳，海关并不能马上就采取税收强制执行措施。根据《中华人民共和国进出口关税条例》的规定，纳税义务人未在规定期限内缴纳税款的，从滞纳税款之日起，按日加收滞纳税款万分之五的滞纳金。滞纳金是海关对逾期缴纳税款的纳税义务人所采取的一种行政处罚措施。征收滞纳金是有期限的，根据《中华人民共和国海关法》和《中华人民共和国进出口关税条例》的规定，纳税义务人自缴纳税款期限届满之日起超过 3 个月未履行纳税义务的，海关可以采取税收强制执行措施。进一步说，从海关填发税款缴款书之日算起，15 天内是合法缴税时间，超过 15 天至 105 天（3 个月加上法定 15 天）是征收滞纳金时间，超过 105 天就是海关强制执行时间。

（2）实施税收强制执行措施必须经过直属海关关长或者其授权的隶属海关关长的批准。这是海关实施税收强制执行措施在批准权限方面的限制条件。海关对纳税义务人采取税收强制执行措施，除要具备纳税义务人逾期缴纳税款超过 3 个月这一条件外，还必须经过直属海关关长或者其授权的隶属海关关长的批准，否则即构成违反法定程序，其中的“授权”既包括一般性授权，也包括一事一授权。经直属海关关长授权的隶属海关关长批准实施的税收强制执行措施，所产生的法律责任由直属海关关长承担；隶属海关关长未经授权径行批准实施税收强制执行措施，所产生的法律责任由其自行承担。

需要说明的是，关于税收强制执行措施的适用条件，《中华人民共和国海关法》和《中华人民共和国进出口关税条例》均规定自缴纳税款期限届满之日起超过3个月“未”缴纳税款，而非“不”缴纳税款。基于上述规定，强制执行并不考虑纳税义务人不履行纳税义务的想法和动机，只考虑行为和期限。即海关采取税收强制执行措施并不以纳税义务人有拒不履行税款给付义务的主观故意为前提条件，只要纳税义务人自缴纳税款期限届满之日起超过3个月没有履行纳税义务，海关就可以采取税收强制执行措施。

8.3.2 海关税收强制执行方式

从法律角度来看，海关的强制执行可分为“间接强制执行”和“直接强制执行”两种方式。其中，间接强制执行在法律上也被称为“执行罚”，是指海关不直接采取措施使当事人履行处罚决定，而是通过其他间接手段和措施以达到强制执行的目的。事实上，海关征收滞纳金和滞报金在法律上就属于间接强制措施。虽然征收滞纳金和滞报金具有强制色彩，但是征收的目的在于督促纳税义务人尽快主动履行税款给付义务，仍属于主动申报纳税行为，在实践中将其归为申报纳税工作过程范畴。海关强制执行的主要方式是直接强制，是指海关通过对被执行纳税人的人身或财产直接施加强制，以促使其履行缴税决定的方法。根据《中华人民共和国海关法》的有关规定，海关对逾期缴纳税款的纳税义务人采取税收直接强制执行措施包括以下四种方式：

（1）书面通知纳税义务人的开户银行或者其他金融机构从其存款内扣缴税款。扣缴是终止而不是中止，是将海关应收的税款及滞纳金从冻结存款账户划到国库账户。

（2）将应税货物（未缴税的进出口货物）依法变卖，以变卖所得抵缴应缴税款。

（3）扣留并依法变卖纳税义务人价值相当于应缴税款的货物或者其他财产，以变卖所得抵缴税款。

海关采取以上强制措施时，对纳税人未缴纳的滞纳金同时强制执行。

（4）除财产强制外，海关也可以通过对纳税人（自然人）或其法定代表人和主要负责人（法人或其他组织）采取限制其行动自由的方式，促使其履行处罚决定。受海关处罚的纳税人应当在出境前缴清罚款或向海关提供相当于罚款数额的担保，未缴清罚款或提供相应担保的，纳税人是自然人的，海关可以通知出境管理机关阻止其出境；纳税人是法人或者其他组织的，海关可以通知出境管理机关阻止其法定代表人或主要负责人出境。

需要说明的是，海关财产强制执行的财物仅限于向纳税人收取的担保及扣留的应税货物、物品及运载这些货品的运输工具。对纳税人的其余财产，海关无权自行强制执行。这一点充分体现了海关事务担保和保全措施在强制纳税过程中的重要性。在强制执行中，如果纳税人无故逾期不履行处罚决定，而海关没有可供强制执行的保证金或在扣货物、物品和运输工具，海关可申请人民法院强制执行纳税人的其他财产；如果海关有充分理由认为被执行人有可能转移、藏匿财产，逃避执行的，也可申请人民法院采取财产保全措施。

8.3.3　海关税收强制执行程序

《中华人民共和国海关法》第60条对于海关作出“可以采取强制措施”的授权性规定，但这里用“可以”而非“应当”采取强制措施。其立法原意是：海关应当根据执法实践中的具体情况决定是否采取税收强制执行措施，如果不采取上述强制执行措施也能使税款足额征纳入库，就应当尽可能不采取税收强制执行措施，避免对纳税义务人造成不必要的损失。最大限度地保障纳税义务人权益、尽可能对其造成最小损失是海关执法的基本准则。具体执行程序如下：

（1）首先应以书面方式通知纳税人，出具“执行通知书”。“执行通知书”中写明纳税人所承担的义务、海关拟采取的具体强制措施、执行期限、实施强制执行的法律依据和事实根据等，并送达纳税人。书面通知是强制执行的必要法律步骤，以给予纳税人最后主动履行税款给付义务的机会。此外，执行强制执行的海关工作人员要有两人或以上，与被执行人有利益关系的海关人员要回避。

（2）纳税人在“执行通知书”所规定的执行期限内仍不履行处罚决定的，海关可根据具体情况，采取强制执行措施。纳税人拒不履行已发生法律效力的海关处罚决定所确定的义务，纳税人拒不履行处罚决定，是海关强制执行的根本前提和核心条件，只有在这种情况下，海关才有强制执行的必要。“拒不履行处罚决定”是指纳税人有履行能力而故意不予履行，如果纳税人确有经济困难或受某种条件的限制，客观上不能履行处罚决定。譬如，纳税人经济上没有支付能力，不能按期缴纳罚款，就不能认定其拒不履行处罚决定（在这种情况下，纳税人可申请延期或分期缴纳罚款），海关也不应采取强制措施。

（3）海关强制执行的范围是：纳税人提交的保证金及其他担保物，海关扣留的货物、物品和运输工具。海关强制执行方式是以纳税人的保证金直接抵缴罚款，或将担保物和扣留财物交由拍卖机构公开拍卖，以拍卖所得抵缴罚款。保证金及拍卖所得价款在偿付纳税人应缴罚款并支付有关费用（执行费、仓储费等）后，仍有剩余的，剩余部分应返还纳税人；反之，不足部分海关可要求纳税人缴纳；纳税人拒不缴纳的，海关可申请人民法院强制执行。

（4）执行顺序。现行《中华人民共和国海关法》和《中华人民共和国进出口关税条例》虽然没有对海关实施不同种类强制执行措施的顺序作出限制性规定，但按惯例海关应当按照以下顺序强制执行应缴税款：①应当采取通过纳税义务人开户银行或者其他金融机构强制扣缴其相当于应缴税款存款的措施；②如果纳税义务人银行账户中没有足额存款可用以强制扣缴，或者强制扣缴无法执行，则海关可以依法变卖纳税义务人尚未缴纳税款的货物，以变卖所得价款抵缴应缴税款；③如果无法变卖应税货物，海关可以扣留纳税义务人价值相当于应缴税款的货物或者其他财产并依法变卖，以变卖所得价款强制抵缴税款。

为了维护纳税义务人的合法权益，海关变卖纳税义务人应税货物以及其他货物和财产时，应当遵循公平、公正、公开的原则，货物具备拍卖条件的，应当采取公开拍卖的方式出售；不具备拍卖条件的，应当以合法、合理的方式进行处理。

为了让学习者更直观地掌握担保、保全和强制执行三项内容，我们用图示方式（见图8－1）介绍三者之间的关系。

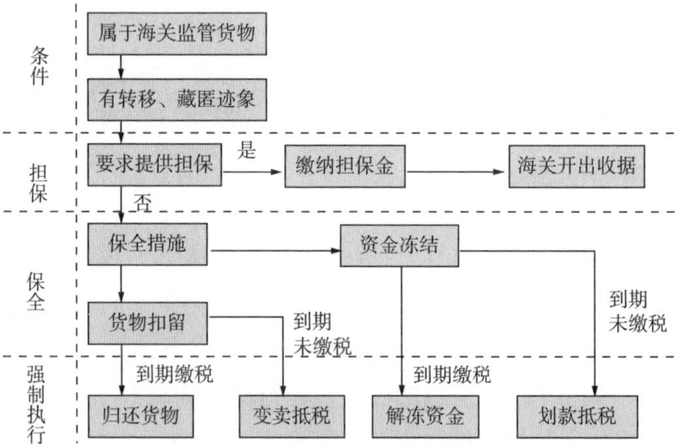

图8-1　担保、保全和强制执行三者的关系

本章小结

强制纳税虽然是申报纳税的补充，但是在关税实务中已经成为不可或缺的环节。强制纳税能对纳税人产生较强的威慑作用，促进其自律守法，按时履行其应尽的法律义务。本章知识点如下：

（1）海关事务担保、保税事务担保和涉案事务担保三种情形的适用。

（2）我国对海关事务担保物规定的品种。

（3）保证担保金、风险担保金、抵押担保金三者的区别和适用范围。

（4）关税保全的两个前提条件和两种方式。

（5）海关强制执行的条件和方式。

强制纳税是一种法律性、政策性极强的征纳方式，海关执行时，既要保障国家税收的完整，又要最大限度保障纳税义务人权益，尽可能减少对纳税人造成负面影响和财产损失。

课后练习

（一）概念辨析

1. 关税保全与关税强制执行。
2. 担保保证金与风险金。
3. 资金冻结与资金扣缴。
4. 货物扣留与货物变卖。

（二）单选题

1.《中华人民共和国海关法》规定，进出口货物的纳税义务人应当在海关规定的期限内缴纳税款，逾期缴纳的，由海关征收滞报金；纳税义务人、担保人超过多长时间仍未缴纳税款的，海关可以依法采取强制扣缴、抵缴措施（　　）。

A. 1 个月　　B. 3 个月　　C. 6 个月　　D. 9 个月

2. 以下哪种关税担保货物需要提供足额抵押金？（　　）

A. 单证不齐全无法办理通关手续的进口货物

B. 有违法嫌疑的进口货物但不便扣留或无法扣留的货物

C. 保税加工备案货物

D. 正在办理减免手续的进口货物

3. 以下哪家银行不能出具保函提供担保？（　　）

A. 中国银行　B. 招商银行　C. 中国人民银行　D. 中国建设银行

4. 以下哪些情形的货物凭担保放行？（　　）

A. 海关归类不明确的货物　　B. 报关时单证不齐全的进口货物

C. 海关未放行的货物　　D. 有倾销和补贴嫌疑的货物

（三）多选题

1. 可以作为海关事务担保的财产有（　　）。

A. 人民币现金　B. 外币现钞　C. 汇票　D. 股票

2. 担保人可以用下列财产、权利向海关担保（　　）。

A. 人民币存单　　B. 各种外币

C. 中国国际商会开出的 ATA 单证册　　D. 政府主管部门保函

3. 以下哪些是关税的强制执行行为？（　　）

A. 从纳税人开户银行存款账户直接划拨

B. 变卖纳税人滞纳的应税货物

C. 变卖纳税人滞纳的非应税货物

D. 变卖纳税人租赁的货物

4. 根据担保业务性质的不同，海关依法收取的担保资金分为保证金、风险金和抵押金 3 种，下列选项中属风险担保金的是（　　）。

A. 对加工贸易货物备案征收的担保资金

B. 对租赁进出口货物和物品收取的担保资金

C. 海关尚未确定商品归类、完税价格等征税要件而收取的担保资金

D. 对申请延期缴纳税款收取的担保资金

5. 纳税义务人未在规定的缴款期限内缴纳税款，超过 3 个月仍未缴纳的，海关可以依法采取的强制措施是（　　）。

A. 书面通知纳税义务人开户银行暂停支付纳税义务人相当于应纳税款的存款

B. 从纳税义务人开户银行划转相当于应纳税款资金抵缴税款

C. 扣留并依法变卖其价值相当于应纳税款的货物，以变卖所得抵缴税款

D. 扣留企业的其他财产，以保证应缴税款安全

（四）判断题

1. 如果《中华人民共和国海关法》规定需要担保放行的货物，同时有相关国际法规免除担保的规定，可免除担保。（　　）

2. 国家对进出境货物有限制性规定，在不能提供许可证时可提供等额货物担保放行。（　　）

3. 海关应在纳税人履行纳税义务之日起 5 个工作日内，书面通知当事人办理担保金退款手续。（　　）

（五）案例分析

案件基本情况：2010 年 10 月，中外合资企业利达公司向海关申报免税进口数台机器设备，价值人民币 160 余万元，免征税款人民币 42 万元。上述设备办结通关手续后一直由该公司经营使用。2011 年 3 月，某海关对上述免税设备进行后续核查时发现利达公司于 2010 年 12 月投资设立了鼎利公司，并将包括上述免税设备在内的大部分企业财产转入鼎利公司，利达公司也已经停产。该海关发现上述违法情事后，立即立案进行调查。同时，该海关认为利达公司的行为影响了有关税款的征收，责令其向海关提供价值相当于应纳税款的担保。因利达公司未能按要求提供担保，经该海关关长批准，某海关于 2011 年 3 月 20 日扣留了利达公司价值 150 万元的 3 辆汽车。试用本章所学内容分析案例海关保全措施程序是否合法。

课后练习参考答案及解析

第1章　课后练习参考答案及解析

（一）概念辨析

1. 关税与关境：关税由海关代表国家向纳税人征收的以进出境货品为课税对象的流转税；关境是一个国家海关法得以全部实施的领域。只有货品进出关境，海关征收关税才有必要和可能，但并不是货品进出关境就一定要征收关税。海关征收关税的充分必要条件是：其一，货品实际已经进出境；其二，货品已经在境内外消费或者有这种消费的可能。

2. 单独关境与海关监管区：单独关境是指不受主权国海关监管拥有单独的税则和贸易管理规章的区域。海关监管区是指在受主权国海关监管的一个特殊区域。两者的相同点是：都是在主权国允许情况下建立的特殊经济贸易区域；不同点是：前者属于“国境内，关境外”的区域；后者属于“国境内，关境内”的区域。

3. 关税的纳税主体与客体：关税纳税人是关税纳税的主体，是纳税义务存在的前提。关税课税对象是关税纳税的客体，是纳税义务成立的物质基础。货品一旦进出境就成为课税对象，所以货品是纳税的客体要素。但是货品作为物是不能主动进出境，而使其进出境行为的是人，是纳税的主体要素，所以应税行为是主体而不是客体的行为。

4. 正税与附加税：正税是按海关税则征收的关税；附加税是在税则之外征收的关税。两者的区别为：其一，正税是按特定目的依法稳定征收的关税，附加税是为特殊目的而设置临时性征收的关税；其二，正税是独立性征收，附加税是依附性征收，即在正税基础上加征的关税。

（二）单选题

1. 答案：D

解析：关税源于其两个英文单词“Tariff”和“Customs”，其中“Tariff”原意是交海盗的买路费，“Customs”原意是商人进入某个领地向领主交的保护费。在当时缴纳两种费用的目的仅仅是保护商人和货物的安全。

2. 答案：C

解析：我国海关法规定关税课税对象必须是国家准许进出境的货品（《中华人民共和国海关法》第53条），所以国家禁止进口的商品不能成为课税对象。此外，进出境物品必须是有形的物品。无形的物品要通过有形物品作为载体才能成为课税对象。（如图像、音乐要通过光盘作为载体才能向海关缴纳关税。）

3. 答案：D

解析：从纳税环节分析，判断货品收发货人是否产生关税纳税义务，要同时满足：其一，有关货品实际进入关境或运出关境；其二，该货品依法可以供境内或境外使用或者实际已有供境内或境外消费的可能。本题选项A仅满足其中一个条件，而选项D两个条件同时满足。对于选项B而言，现代关税的目的是调节经济而不仅仅是增加财政收入。选项C所指的没有履行有作为和不作为义务的海关监管货物保管人已经成为关税纳税人，而不是准关税纳税人。

（三）多选题

1. 答案：AB

解析：《中华人民共和国海关法》第54条规定：进口货物的收货人、出口货物的发货人是关税的纳税人。

2. 答案：CD

解析：以课征关税的目的为分类标志，可将关税分为财政关税和保护关税。

（四）判断分析题

1. 答案：正确。

解析：单独关境是在同一个国境下的不同关境，即“国境内，关境外”地区。单独关境虽然被界定为一个独立的关区，但是主权国家的统一地位仍没有改变。

2. 答案：错误。

解析：海关监管区是在关境内受海关监管的一个特殊区域。我国关境小于国境不是因为多种海关监管区的存在，而是因为有单独关境的存在。

3. 答案：正确。

解析：反倾销税是关税附加税的一种，是在存在反倾销的情况下，海关加征的关税。

（五）案例解析题

解析：在本题中，B 公司（大连某运输公司）是海关监管货物保管人，未能履行海关规定的有作为和无作为两种义务，故 B 公司是纳税人，应承担灭失货物的纳税义务。

因为转关货物、保税货物、暂准进出境货物等都是海关监管货物，与其相关的责任人，称为海关监管货物的保管人。对于海关监管货物保管人各国法律均规定应履行以下两种义务：其一，不作为义务——不做出使海关监管货物脱离海关监管行为；其二，有作为义务——防止海关监管货物脱离海关监管。判断海关监管货物保管人是否产生关税纳税义务，是看他们是否履行海关规定的有作为和无作为两种义务。如果海关监管货物保管人未履行海关规定的两种义务，海关则视为有应税行为，此时，保管人就是纳税人。这里的“人”是指法人而不是自然人。

第 2 章　课后练习参考答案及解析

（一）概念辨析

1. 成交价格与完税价格：成交价格是纳税人向海关申报的价格，完税价格是海关计算关税使用的计税价格。纳税人申报的成交价格需要经过海关的审定，只有通过海关审定的成交价格才成为计算关税的完税价格；没有通过海关审定的成交价格不能作为完税价格计算关税，需要另行估价。可见两者虽然是不同的价格，但密切相关。

2. 相同货物与类似货物：作为确定被估货物完税价格的相同货物和类似货物，两者存在两点差异：其一，相同货物要求较为严格，是指在物理性质或化学成分，质量和信誉等方面都相同的货物。而类似货物就没有那么严格，只要求具有相似的特征、相似的组成材料，相同的功能，并且在商业中可以互换。其二，在估价的使用顺序方面，相同货物在先，类似货物在后。

3. 倒扣价格法与计算价格法：同为完税价格确定的方法，但在使用顺序方面，倒扣价格法在先，计算价格法在后，如果经海关同意两者方法可以颠倒使用顺序。两种估价方法区别如下：倒扣价格法是以进口货物在国内转售价格为基础确定完税价格；计算价格法是以生产国或地区的生产成本作为基础计算完税价格。

4. 保税来料加工的完税价格和保税进料加工的完税价格：保税来料加工的料件是免费进口的，没有成交价格；保税进料加工的料件是购进的，有成交价格。正因如此，在完税价格确定时，保税来料加工使用的时态是内销时，采用的方法是相同或类似货物成交价格法；保税进料加工使用的时态是进口时，采用的方法是成交价格法。但两者均使用料件的形态。

（二）单选题

1. 答案：D

解析：题中国内运保费 5 000 美元，上门培训费 2 000 美元，设备调试费 20 000 美元为价格准则中的减项且已经包含在合同价格中，应该从合同价格中扣除；卖方佣金 25 000 美元是价格准则中的加项且未包含在合同价格中，应该加入成交价格中。

2. 答案：B

解析：题中卖方佣金 USD2 000，机器操作系统使用费 USD80 000 为价格准则中的加项，卖方实际已经支付且尚未包含在合同价格中，应该加入成交价格中；设备进口安装调试费 USD20 000 是价格准则中的减项，但由于没有包含在合同价格中，此时应采用不计入方式。

3. 答案：A

解析：题中某公司以 10 万美元购买进口图书（外文版）在国内的出版发行权，为特许权使用费（计入项目），由于合同价中没有含有这笔特许权使用费且该公司已经支付，所以应该加入合同价后再向海关申报。

4. 答案：A

解析：题中选项 B 虽然属于计入项目中的协助费，但不满足无形协助的条件；选项 C 是买方佣金，不属于计入项目；选项 D 是起卸后产生的运输费用属于不计入项目。

5. 答案：C

解析：题中境外培训费 3 000 美元属于减项，但没有包含在 CIF 上海货价中不计入，该设备投入使用后买方从收益中支付给卖方 20 000 美元属于加项，是另支付的计入完税价格中。

6. 答案：A

解析：5 种完税价格确定方法要求依次使用，其正确的使用顺序是：相同货物成交价格方法→类似货物成交价格方法→倒扣价格方法→计算价格方法→合理价格方法。

（三）多选题

1. 答案：ABC

解析：按照我国申报价格准则（审价办法）的规定，题中选项 ABC 为不计入项目，而选项 D 为计入项目。

2. 答案：ACD

解析：保税进料加工制成品内销以进口时料件的成交价格确定完税价格，所以选项 A 不符合海关估价的规定；买卖双方存在特殊关系不能成为海关拒绝成交价格的理由，所以选项 C 也不符合海关估价的规定；无成交价格的进口货物海关更需要启动价格磋商程序，所以选项 D 也不符合海关估价的规定。

3. 答案：BCD

解析：保税进料加工料件或制成品内销，以进口时料件的成交价格确定完税价格，所以选项 A 表述是不正确的。其余选项是正确的。

4. 答案：ABD

解析：选项 A 是容器费，选项 B 是返还给卖方的转售收益，选项 D 是协助费中的无形协助。这三项费用是计入项目，应与货价一起向海关申报。

5. 答案：AC

解析：保税来料加工进口料件和只能用于展示的进口货物没有成交价格，所以不能用成交价格法确定完税价格。

（四）判断题

1. 答案：正确。

解析：出口货物完税价格是 FOB 价格减去出口关税。

2. 答案：错误。

解析：海关在审价时，如果返还给卖方的转售收益可以确定，就不能否定成交价格。

3. 答案：错误。

解析：价格磋商程序一般适用于非成交价格法，而价格质疑程序适用于成交价格法。

（五）案例解析题

解析：进口商 A 有限公司与出口商 S 跨国股份有限公司存在特殊关系，其成交价格是公司内部转移价。在海关发出价格质疑通知书后，进口商 A 有限公司没有给出合理理由证明其成交价格符合价格准则，所以其申报的价格不能作为完税价格，需要另行估价。

海关在无法掌握相关数据的情况下，只能通过对比申报时期国际行情进口我国 VCM 均价合理定价，其完税价格为：

CIF = （货价 + 运费） × （1 + 3%）［保险费无法确定时，保险费 = （货价 + 运费） × 3%］

货价 = FOB = 710 美元/吨 × 6.8 × 2 700 吨 = 13 035 600 元人民币

运费 = 60 美元/吨 × 6.8 × 2 700 吨 = 1 101 600 元人民币

完税价格 = CIF = （货价 + 运费） × （1 + 3%） = （13 035 600 元 + 1 101 600元） × （1 + 3%）

= 14 561 316 元人民币

第3章　课后练习参考答案及解析

（一）概念辨析

1. 优惠原产地规则与非优惠原产地规则：非优惠原产地规则是根据各国海关税则和贸易发展需要，由各国立法自主制定的，因此也称为自主性原产地规则。优惠原产地规则是指一国为了实施国别优惠政策而制定的法律、法规，以优惠贸易协定为基础，通过双边或多边协议制定的特殊原产地认定标准，因此也称为协定原产地规则。两者的主要区别为：非优惠原产地规则具有无差别和普遍适用性，各国制定的非优惠原产地规则必须遵守最惠国待遇原则，即原产地标准要体现无差别地、普遍地、平等对待所有 WTO 成员方的进口货物，适用的都是最惠国税率。优惠原产地规则具有很强的排他性，优惠范围仅限签署优惠贸易协定各签约国，其目的是促进签约国之间的贸易发展。

2. 完全获得标准和实质性改变标准：完全获得标准是指完全在该国（地区）获得或使用该国（地区）原料、零部件生产制造的产品。实质性改变标准用于判定含有进口成分、部分使用了进口的、包括来源不明的原材料或零部件制成的货物的原产地。实质性改变的又分税则归类改变、从价百分比制造和加工工序三个界定标准。两者的区别为：完全获得标准是指进口商品完全在进口国（地区）获得，没有在其他国家加工的痕迹（微小加工除外）的判定标准；实质性改变标准是当进口商品在多个国家（地区）生产和加工后，原产地的判定标准。

3. 亚太协定与框架协议：亚太协定的全称为《亚洲及太平洋经济和社会理事会发展中国家成员国关于贸易谈判的第一协定》，1975 年在联合国亚太经合组织主持下在泰国曼谷达成的协定（所以前期称为曼谷协定）。适用的国家有韩国、斯里兰卡、印度、老挝、孟加拉国。我国于 2001 年 5 月加入，框架协议的全称为《中华人民共和国与东南亚国家联盟全面经济合作框架协议》，适用的是东盟 10 国：泰国、新加坡、马来西亚、印度尼西亚、文莱、菲律宾、越南、缅甸、老挝、柬埔寨。两者虽然都属于我国与亚洲其他国家签署的多边协定，但是它们属于不同时间签署的不同协定。尽管有重叠（如老挝），但适用的范围也是不同的。

4. FORM A 与 FORM B：FORM A 与 FORM B 是优惠原产地证书的两种格式。其中，FORM A 是普惠制原产地证书格式，适用于特别优惠关税待遇的原产地；FORM B 是多边互惠原产地证书格式，适用于《亚太贸易协定》项下优惠待遇的原产地。

（二）单选题

1. 答案：D

解析：CEPA 从价百分比标准是指完全在香港、澳门获得的原料、组合零件、劳工价值和产品开发支出价值的总和与出口制成品离岸价格（FOB）的比值，该比值大于或等于 30%。

2. 答案：B

解析：本题由于赋予制造、加工后所得货物基本特征的主要工序是在韩国三星公司完成的，按照加工工序标准判定其原产地是韩国。

3. 答案：C

解析：本题有两个知识点。其一，出口加工区是我国关境内的区域，但从出口加工区输往区外境内视同进口，应向我国海关报关；其二，原产地规则中实质性改变标准。由于进口衬衣是在我国境内的出口加工区完成的，所以其原产地是中国。

4. 答案：C

解析：由于越南做成男式衬衫和香港进一步加工制成的精制衬衫税则号列（6205）没有改变，所以应该使用从价百分比标准判定原产地。虽然香港进一步加工制成的精制衬衫价值增加 30%，但加工增值部分所占新产品总值的比例并没有等于或大于 30%，所以原产地仍是越南。

（三）多选题

1. 答案：AD

解析：特别优惠原产地规则的实质性改变标准主要使用税则归类改变和从价百分比两个标准，其中从价百分比是指货物加工增值部分占新产品总值的比例已经达到40%及以上。

2. 答案：BC

解析：题中“B”在该国领海以外享有开采权的海床获得的产品，“C”合法悬挂该国国旗船舶在别国领海获得海洋捕捞物两项，仅适用非优惠原产地的完全获得标准，不适用优惠原产地的完全获得标准。

3. 答案：ACD

解析：税则归类标准是指在税则中4位数品目一级税则归类发生变化，而不是税则中8位数子目一级税则归类发生变化，所以答案B是错误的。

（四）判断题

1. 答案：错误。

解析：优惠原产地规则是在单边、双边和多边协定基础上制定的，而不是在最惠国待遇原则的基础上制定的。

2. 答案：正确。

解析：由于此题的税则归类没有发生变化，应采用从价百分比标准判定。其加工增值部分为5港元，离岸价格（FOB）16港元，从价百分比5/16×100%＝31.25%，大于30%，其原产地为香港。

3. 答案：错误。

解析：如果涉及反倾销、反补贴调查或者海关要进行贸易统计时，海关是要求申报人提交非优惠原产地规则证书的。

4. 答案：错误。

解析：原产地证书采用“一批一证制”，即只能使用一批货物、一次有效。

（五）案例分析

1. 解析：此案例涉及原产地累计问题。《中国—东盟全面经济合作框架协议》规定，东盟10国作为一个经济区域，把这个区域内进行加工制造，产生的增值累计计算，如果累计加工增值部分占加工后产品总价值（FOB价格）的比率已达到40%及其以上，其加工区域东盟为原产地。此题东盟成员国有马来西亚和新加坡，其累计加工增值价值为600美元－150美元（产自美国CPU

和软件）-110美元（产自台湾硬盘）-20 美元（原产地不明）=320 美元，占加工后产品总价值（FOB 600 美元）的比率已超过40%，其原产地应为东盟。

2. 解析：此题涉及直接运输标准。《亚太贸易协定》规定产品运输途中经过一个或多个非亚太协定成员国境内，如果可证明满足以下三个标准可以认定符合直接运输标准：（1）过境运输是由于地理原因或仅运输需要的考虑；（2）产品未在这些国家进入贸易或消费领域；（3）除装卸或其他为使产品保持良好状态的处理外，产品在这些国家未经任何其他操作。N 公司从孟加拉国进口 M 牌橡胶由于地理原因途经新加坡是允许的，且更换包装是为使产品保持良好状态的处理也是允许的。此外，海关也没有证据证明该产品在新加坡停留时进入贸易或消费领域，所以海关的处理是错误的。

第 4 章　课后练习参考答案及解析

（一）概念辨析

1. 普通税率与最惠国税率：普通税率又称一般税率，是各国不考虑任何特定因素而制定的基本关税税率，是其他优惠税率减税的基础税率。在我国普通税率仅在极少情况下使用这种税率。是我国征收的最高关税税则税率。最惠国税率是指来自其最惠国的进口产品享受比普通税率较优惠的关税税率。按照 WTO 最惠国待遇原则的要求，最惠国税率必须同时给予 WTO 签约成员国，所以最惠国税率又称为 WTO 关税税率，是目前在国际上使用最广泛的关税税率。两者区别为：普通税率较少使用（原产地不明和与我国无外交关系国家的产品），最惠国税率使用广泛（适用所有 WTO 成员）；普通税率是关税税则中的基础税率（优惠的基础），最惠国税率是基准税率（税率高低的参照税率）。

2. 特惠税率与暂定税率：特惠税率是发达国家向发展中国家单方面提供的优惠税率，是在最惠国税率的基础上进一步进行减免，因而是比最惠国税率更低的关税税率、具有单向、非互惠的特点。暂定税率是在最惠国税率的基础上临时降低一定幅度的优惠税率，所以又称为暂定最惠国税率。暂定税率适用产品而不是产地，也就是说适用暂定税率进口商品不管产于何地都执行一个税率。特惠税率与暂定税率都是基于最惠国税率基础上的优惠，但是特惠税率适用产地而不是产品，而暂定税率适用产品而不是产地。

3. 关税免税与零关税税率：关税免税是各国政府根据国内外相关法

律和政策而实施的减免措施，分为法定减免和政策性减免；零关税是根据国际多边或双边协议而实施的优惠税收措施，是关税税率进一步优惠的过程。零关税税率属于优惠关税税率，只是将优惠扩大到最大化使税率为零。

4. 关税配额与进口配额：进口配额内货物可以进口，配额外的货物不允许进口，所以配额外的货物是法律禁止进口货物；关税配额内货物可以进口，配额外的货物也可以进口，只是配额内与配额外货物征收关税税率不同，所以配额外的货物是法律允许进口的货物。

（二）单选题

1. 答案：C

解析：该题中某商品产自孟加拉国，不适用 CEPA 项下零税率。孟加拉国是 WTO 成员方同时也是《亚太贸易协定》成员国，所以同时适用最惠国税率和协定税率，按“从低执行”原则应选择 9.5% 的协定税率。

2. 答案：D

解析：除世贸组织成员外，只有与我国签署最惠国待遇条款的国家进口货物才能按最惠国税率征税，所以答案“A”不正确。与我国签订关税互惠协议的国家和地区的进口货物，按协定税率而不是最惠国税率征税，但与我国未签订关税互惠协议的国家和地区的进口货物，也不是一定要按普通税率征税，所以答案“B、C”也不正确。只有答案“D”是正确的。

（三）多选题

1. 答案：AC

解析：普通税率同时适用进口货物暂定税率，按普通税率征收，答案“A”正确；原产地不明进口货物，按普通税率征税，答案“B”正确；关税配额税率只在关税配额内使用，答案“C”不正确；同时适用最惠国税率、暂定税率、特惠税率的进口货物，按“从低执行”原则执行，所以答案“D”也不正确。

2. 答案：ABC

解析：适用海关接受纳税义务人再次申报办理纳税手续之日实施的税率有：保税货物、减免税货物、租赁货物或者已申报进出境并放行的暂时进出境货物。而依法变卖的进口货物适用于运输工具申报进境之日税率。

3. 答案：BC

解析：答案 A 错在“配额”上，这里的配额应该是“关税配额”而不是

“进口配额”。答案 D，对于原产地是香港、澳门进口货物和进口 ITA 货物，海关按零税率征收关税，而不是按最惠国税率征收关税。

（四）判断题

1. 答案：正确。

解析：出口关税税率采用“从低执行”原则，在我国现行出口关税税率中，暂定税率为最低税率。

2. 答案：错误。

解析：原产地不明的进口货物，适用普通税率。

3. 答案：正确。

解析：非优惠原产地规则必须遵守最惠国待遇原则，即原产地标准要体现无差别地、普遍地、平等对待所有 WTO 成员方的进口货物，适用最惠国税率。

（五）案例分析

解析：此题属于综合实务题，涉及完税价格确定、原产地规则及关税税率选择三个知识点。

选项 1 的答案是 D。埃及和香港产品的税则号与进境的货物不同，所以不是原产地；越南和新加坡加工的都是男式衬衫，税则号（6205）没有改变，但是新加坡制成的精制衬衫价值翻了一番，加工增值部分超过 40%，所以新加坡是原产地。

选项 2 的答案是 CD。境外培训费和运抵境内输入地点起卸后的运费及相关费用属于海关估价价格准则中的不计入项目，而货物价值和包装费是计入项目。

选项 3 的答案是 ABC。精制衬衫不属于许可证管理，申报时不需要提交许可证。新加坡是东盟成员国享受优惠关税待遇，申报时应该提交优惠贸易协定项下的进口原产地证明书；该精制衬衫属于关税配额管理商品，申报时应该提交关税配额证明；入境货物提单是随附单证中的基本单证，申报时必须提交。

选项 4 的答案是 AB。超出关税配额部分的进口精制衬衫不能使用关税配额税率，原产地不是中国香港，不能使用 CEPA 税率；新加坡是东盟成员国可以使用协定税率，新加坡也是 WTO 成员，也可以使用最惠国税率。

第 5 章　课后练习参考答案及解析

（一）概念辨析

1. 进出口税和进出口关税：在我国进出口税包括进出口关税、进口环节增值税、进口环节消费税和船舶吨税四种，是广义关税的概念，也是现代关税所指的范畴。进出口关税是进出口税中的一种，是狭义关税的概念。

2. 价内税和价外税：在关税计算中按组成的计税价格划分，分为价内税和价外税。如果组成的计税价格不含有其本身，称为价外税，如关税和增值税；如果组成的计税价格含有其本身，称为价内税，如消费税。

3. 海关税和海关代征税：国家法律明确规定由海关征收的税称为海关税，如关税和吨税；国家法律规定由税务部门征收，但由海关代替税务部门征收的税称为海关代征税，如进口增值税和消费税。

4. 从量计征和从价计征：以进口商品的数量、体积、重量、容积、长度等计量单位作为计税标准的一种计征关税的方法，称为从量计征。按进出口货物的完税价格为标准计征关税，称为从价计征。从价计征是最主要的方法，目前，我国绝大多数进出口货物征纳关税采用从价计征，而从量计征只是在一些特殊情形和特定商品采用。

（二）单选题

1. 答案：D

解析：

从量消费税额 = 消费品数量 × 消费税定额税率 = 1 000 千克 × 1 元/千克 = 1 000 元人民币

完税价格 = 10 000 美元 × 6 = 60 000 元人民币

关税税额 = 60 000 元人民币 × 10% = 6 000 元人民币

复合计征消费税计税价格 = （关税完税价格 + 关税 + 进口数量 × 消费税定额税率） ÷ （1 − 消费税比率税率） = （60 000 + 6 000 + 1 000）/（1 − 20%） = 6 700/（1 − 20%）

复合计征的消费税税额 = （关税完税价格 + 关税 + 进口数量 × 消费税定额税率） ÷ （1 − 消费税比率税率） × 消费税比率税率 + 应征消费税消费品数量 × 消费税定额税率 = ［67 000 元 ÷ （1 − 20%）］ × 20% + 1 000 元

2. 答案：D

解析：胶卷采用从量计征关税。按最惠国税率为 30 元人民币/平方米征收。

关税税额 = 8 000 卷 × 0.05 平方米/卷 × 30 元人民币/平方米 = 12 000 元

3. 答案：B

解析：题中只有“B. 无商业价值的广告品和进出口货样”为法定减免，其余 3 项均为特定减免。

4. 答案：D

解析：科教用品、残疾人专用品、救灾捐赠进口物资免征进口关税、进口环节增值税和消费税，而扶贫慈善捐赠物资免征进口关税和进口环节增值税。

（三）判断题

1. 答案：正确。

解析：大型、精密、高速数控设备、系统、功能部件与基础制造装备属于重大技术装备，免征进口关税和进口环节增值税。

2. 答案：错误。

解析：对经国务院批准在中国境内设立的保税区和出口加工区进口的区内所需的机器、设备和其他基建物资可以免税，但保税仓库所需的机器、设备不享受免税待遇。

3. 答案：错误。

解析：只免征进口关税，不免进口增值税。

（四）进出口税计算案例题

1. 解析：首先，确定完税价格。在题中，FOB = 325 000 美元 × 6.3 = 2 047 500元人民币；运费 = 5 000 吨 × 10 元/吨 = 50 000 元人民币；保险费 =（FOB + 运费）× 3‰ =（2 047 500 元 + 50 000 元）× 3‰ = 6 292.5 元人民币。完税价格 CIF = FOB + 运费 + 保险费 = 2 047 500 元 + 50 000 元 + 6 292.5 = 2 103 792.5元人民币

其次，确定关税税率。进口硫酸镁既适用于普通税率也适用暂定税率时，按照关税税率选择原则，此时应“从高执行”而不是“从低执行”，所以应选择 12% 的普通税率。

最后，计算关税税额。关税税额 = 完税价格 × 适用的税率 = 2 103 792.5 元 × 12% = 252 455.1 元人民币

2. 解析：关税配额使用关税配额税率。

进口关税额 = 完税价格 × 关税配额税率 = 680 000 欧元 × 8.9 × 1% =

60 520元人民币

3. 解析：

（1）确定完税价格。按照我国《审价办法》的规定，国内运费、码头装卸费、进境后保险费是完税价格调整项目的减项，而且包含在发票价格中，应从发票总价扣除；另支付卖方佣金是加项，且未包含在发票价格中，应加入发票总价中。此题的完税价格是：

500 000 美元－5 000 美元－2 000 美元－20 000 美元＋25 000 美元＝498 000 美元×6.28＝3 127 440 元人民币

（2）计算关税税额。关税税额＝完税价格×适用关税税率＝3 127 440×8%＝250 195.2 元人民币

（3）计算消费税。柴油属于成品油需要征收消费税，采用从量计征，每升征收 0.8 元人民币。

按照进口消费品计量单位的换算标准，柴油 1 吨＝1 176 升，100 吨可换算 100×1 176＝117 600 升，消费税＝117 600×0.8/升＝94 080 元人民币。

（4）计算增值税。柴油的增值税率为 17%。

增值税额＝（关税完税价格＋关税税额＋消费税税额）×增值税税率

＝（3 127 440 元＋250 195.2 元＋94 080 元）×17%＝590 191.58 元人民币

4. 解析：题中，完税价格＝800 美元×6.3＝5 040 元人民币；关税税额＝5 040 元×35%＝1 764 元人民币；不用征收进口消费税的货物的增值税额＝（关税完税价格＋关税税额）×增值税税率＝（5 040 元＋1 764 元）×17%＝1 156.68 元人民币。

5. 解析：

（1）计算净吨位：15 000 立方米×有效空间率 75%/2.83＝3 975.27吨，按四舍五入原则净吨位为 3 975 吨。

（2）确定税率：澳大利亚籍轮船在不适用船舶吨税优惠税率的国家和地区名单之列，所以使用普通吨税税率，经查《吨税税率表》3 001～10 000 吨，30 天缴纳 3.90 元/吨，90 天缴纳 8.10 元/吨；3 975 净吨位轮船 90 天期，适用普通吨税税率为每吨 8.10 元/净吨。

（3）计算税款：船舶吨税的计算公式为：吨税＝净吨位×吨税税率（元/净吨）

应征船舶吨税＝3 975×8.1＝32 197.5 元人民币

第 6 章　课后练习参考答案及解析

（一）概念辨析

1. 倾销与反倾销：倾销是指一国出口商以低于其在正常贸易中供国内消费的同类产品的可比价格，即以低于正常价值的价格进入另一国市场的行为；反倾销是指进口国海关根据本国反倾销法或世贸组织的《反倾销守则》，就本国厂商对外国倾销提出的起诉进行调查和裁决，如果认定出口商以低于本国国内市场价格或低于正常价值在进口国或其他国家进行商品销售而采取的反制行为。反制的主要行为是征收反倾销税。有倾销行为才能反倾销，但不是所有的倾销行为都需要反倾销，反倾销必须满足倾销存在、损害的存在、倾销和损害存在因果关系三个条件。

2. 补贴与反补贴：补贴是政府对出口企业、出口产品、生产进口替代产品企业或者进口替代产品给予经济或者其他方面的利益的行为，包括直接补贴、间接补贴和政策性补贴。反补贴是指进口国海关根据国内外相关法规，在本国厂商提出的起诉前提下，进行调查和裁决后采取的反制行为。反制的主要行为是征收反补贴税。只有存在红色补贴且确实其相关产业因补贴措施而受到损害的情形下，才可以征收反补贴税。

3. 临时保障措施与特别保障措施：保障措施是指由于进口数量激增给生产同类产品的国内产业造成严重损害或威胁时，进口国采用提高关税、数量限制等措施。其中，在延迟会造成难以弥补损害的紧急情形下，进口国在不经与出口国磋商就采取的保障措施称为临时保障措施。（WTO）成员利用特定产品过渡性保障机制针对来自特定成员的进口产品采取的措施，称为特别保障措施。

4. 报复性关税与紧急关税：报复性关税是指他国对本国输出的货物有不利或歧视性待遇，则对该国输入的货物报复而加重征收的一种进口附加税；紧急关税是指当某种外国商品在短期内大量涌入进口国内市场，对进口国国内同类产品生产造成重大损害或产生重大损害威胁时，进口国家为保护国内生产和市场而对该商品征收的一种进口附加税。两种附加税都是世界贸易组织所允许的自我保护措施，但是报复性关税只有在为报复他国对本国出口货物采取歧视的情况下才能使用，而紧急关税是当某项产品进口激增情况下使用的保障措施之一。

（二）单选题

1. 答案：D

解析：在通常情形下一般保障措施的不得超过 4 年，在特殊情形下可以延期，但最长不得超过 8 年，发展中国家的实施期限则最长可为 10 年。临时保障措施不得超过 200 天，而且此期限计入保障措施总的期限。

2. 答案：C

解析：当某种外国商品在短期内大量涌入进口国内市场，对进口国国内同类产品生产造成了重大损害或产生重大损害威胁时，海关采取的是保障措施，紧急关税是保障措施之一。

3. 答案：C

解析：世界贸易组织的《反补贴协议》对补贴分类分为：禁止性补贴（红色补贴），允许性补贴（绿色补贴），可诉补贴（黄色补贴）。对农产品的补贴属于可诉补贴（黄色补贴）。

（三）判断题

1. 答案：错误。

解析：反倾销、反补贴和保障措施都贸易救济措施，反倾销、反补贴针对的是价格歧视这种不公平贸易行为，保障措施针对的则是进口产品激增的情形。

2. 答案：正确。

解析：按照《反倾销协议》倡导轻税原则，反倾销税不一定非要按照倾销幅度加以征收，如果小于倾销幅度的额度征收就足以消除倾销产品对进口国造成的损害的话，则应予以允许，最高不能超过倾销幅度。

（四）案例分析

1. 解析：

（1）计算关税税额。在征收反倾销税情况下，进口关税税额 = 关税完税价格 × 关税正税税率 + 关税完税价格 × 反倾销税率 = 10 000 元 × 7.5% + 10 000 元 × 22.5% = 3 000 元人民币。

（2）计算增值税额。在征收反倾销税情况下，进口环节增值税 = （关税完税价格 + 关税正税 + 反倾销税 + 进口环节消费税） × 进口环节增值税率 = （10 000 元 + 3 000 元） × 17% = 2 210 元人民币。

（注：进口新闻纸不需要征收消费税）

2. 解析：关税配额限制是保障措施之一，即对配额内进口的商品只征收正税，超过配额进口商品在征收正税的基础上加征紧急关税。

（1）2007 年该国关税配额 2 000 万美元，实际进口 3 000 万美元，2007 年加入世界贸易组织前正税执行普通关税税率，所以该年应缴纳的关税为：

配额内应征收的关税是：进口关税税额 = 关税完税价格 × 普通关税税率 =2 000 万美元 ×30% =600 万美元。

配额外应征收的关税是：进口关税税额 = 关税完税价格 × 普通关税税率 + 关税完税价格 × 紧急关税税率 = 1 000 万美元 × 30% + 1 000 万美元 × 15% =450 万美元。

2007 年该国征收关税总额为：600 万美元 +450 万美元 =1 050 万美元。

（2）2008 年该国关税配额 2 200 万元（增长 10%），实际进口 3 600 万元，2008 年加入世界贸易组织后正税执行最惠国税率，所以该年应缴纳的关税为：

配额内应征收的关税是：进口关税税额 = 关税完税价格 × 最惠国税率 = 2 200万美元 ×20% =440 万美元。

配额外应征收的关税是：进口关税税额 = 关税完税价格 × 最惠国税率 + 关税完税价格 × 紧急关税税率 = 1 400 万美元 × 20% + 1 400 万美元 × 15% = 490 万美元。

2008 年该国征收关税总额为：440 万美元 +490 万美元 =930 万美元。

（3）2009 年该国关税配额 2 600 万元（增长 30%），实际进口 3 800 万元，2009 年该国开始执行普惠制待遇，来自普惠制待遇受惠国的汽车正税享受特惠税率，其余执行最惠国税率，所以该年应缴纳的关税为：

配额内来自普惠制待遇受惠国的汽车应征收的关税是：进口关税税额 = 关税完税价格 × 特惠税率 =2 100 万美元 ×8% =168 万美元。

配额内来自非普惠制待遇受惠国的汽车应征收的关税是：进口关税税额 = 关税完税价格 × 特惠税率 =500 万美元 ×20% =100 万美元。

配额外应征收的关税是：进口关税税额 = 关税完税价格 × 最惠国税率 + 关税完税价格 × 紧急关税税率 = 1 200 万美元 × 20% + 1 200 万美元 × 15% = 420 万美元。

2009 年该国征收关税总额为：168 万美元 + 100 万美元 + 420 万美元 = 688 万美元。

第7章 课后练习参考答案及解析

（一）概念辨析

1. 自我课赋与海关课赋：自我课赋是指纳税人根据法律规定自行确定完税价格、适用的税率，并计算出应纳税额后申报，海关按申报先征税放行，事后审核查验，多退少补。海关课赋是指纳税人先行申报成交价格，海关审核后确定完税价格、适用的税率，并计算出应纳税额征税。两种纳税方式的不同点是：自我课赋是纳税人自行确定完税价格，海关课赋是海关审核后确定完税价格。

2. 申报纳税制与强制纳税制：进出口货物的纳税人主动申报缴纳关税。海关在对已申报的纳税货品进行事后稽查发现少征、漏征或者多征关税时，要退税和补税。这一系列征纳行为称为申报纳税制度。海关通过稽查制度对纳税人的有关资料和查证的事实征收关税，这种征纳方式对于纳税义务人而言，不是主动而是被动缴纳关税，我们称强制纳税制。申报纳税是纳税义务人的主动行为，强制纳税是纳税义务人的被动行为。

3. 补征税款与追征税款：纳税义务人少征或者漏征税款需要补交税款，根据少征或者漏征的原因不同分为关税的补征和追征。由于纳税义务人违反海关规定的，称为关税的追征；非因纳税义务人违反海关规定造成的，称为关税的补征。补征自货物放行之日起1年内向海关缴纳，不征收滞纳金；追征自货物放行之日起3年内向海关缴纳，征收滞纳金。

4. 滞纳金与滞报金：进口货物纳税义务人应当自运输工具申报进境之日起14日内向海关申报，逾期由海关依法征收滞报金。进出口货物的纳税义务人应当自海关填发税款缴款书之日起15日内缴纳税款。在法律规定的期限内逾期未交征收滞纳金。滞纳金与滞报金都是海关管理中的一项重要经济制裁措施，其目的在于促使通关责任人尽早履行通关税义务。两者在计算基础、法定天数、计算结果保留位数、节假日顺延时间等方面存在差异。

（二）单选题

1. 答案：D

解析：海关征税（关税和代征税）以及征收滞纳金使用专用缴款书，海关退税使用收入退还书，征收滞报金使用海关行政事业收费专用票据。

2. 答案：B

解析：补征时海关再次签发“海关专用缴款书”，纳税义务人按一般进出口货物缴纳方式缴纳少征税款，不征收滞纳金。

3. 答案：C

解析：收发货人或其代理人违反规定造成的少征或者漏征，海关在3年内可以追征。

4. 答案：B

解析：海关通知纳税义务人办理退还手续，纳税义务人应当自收到通知之日起3个月内办理有关退税手续。

5. 答案：B

解析：纳税义务人违反规定追征税款的时效为3年，滞纳金征收标准为每天征收0.5‰。

6. 答案：D

解析：2008年6月7日是法定缴款期限最后一天，但6月7日是星期六，顺延到6月10日，从6月11日起计算滞纳天数，共2天。关税税额人民币10 000元，计算的滞纳金额人民币10元，没有达到起征点人民币50元要求，应征滞纳金为0；进口环节增值税额为人民币40 000元，计算的滞纳金额人民币40元，也没有达到起征点人民币50元要求，应征滞纳金还是为0。各种税的滞纳金分别计算，所以应纳滞纳金总额为0。

（三）多项选择题

1. 答案：AC

解析：进口货物申报期限为：纳税义务人应当自装载货物的运输工具申报进境之日起14日内，向海关申报；出口货物申报期限为：纳税义务人应当在货物运抵海关监管区后，装货的24小时以前向海关申报。

2. 答案：AD

解析：已缴税运输途中遭受损失的出口货物不属于退税范围。因品质等原因，获得承运人或保险公司赔偿的货物，才能申请退税，而原状退货复出境进口货物不属于退税范围。

（四）判断题

1. 答案：错误。

解析：进口货物关税滞纳金的日征收金额为关税税额的0.5‰，进口货物滞报金的日征收金额为进口货物完税价格的0.5‰。

2. 答案：错误。

解析：海关批准暂时进口货物转为正式进口货物需要补税，应按再次申报办理纳税手续之日税率补征税款，不征收滞纳金。

3. 答案：错误。

解析：保税加工货物进口时保税，加工后复运出境免税。不存在退税问题。

（五）案例分析题

1. 解析：

（1）确定滞报天数：因为进口货物申报期限为自装载货物的运输工具申报进境之日起的 14 日。所以 A 企业应当最迟于 2008 年 10 月 22 日（星期三）向海关申报进口货物，而实际的申报日期为 10 月 31 日，所以滞报天数为 9 天。

（2）确定进口货物完税价格，并折算为人民币：完税价格 = 150 000 美元 ×7.064 8 = 1 059 720 元人民币。

（3）计算滞报金：应征滞报金金额 = 进口货物完税价格 ×0.5‰× 滞报天数 = 1 059 720 ×0.5‰×9 = 4 768 元人民币。

2. 解析：

（1）确定滞纳的税款总额。滞纳关税税额 80 000 元人民币，滞纳的增值税额 100 000 元人民币，滞纳的消费税额 70 000 元人民币。

（2）确定滞纳天数：海关填发税款缴款书之日为 2011 年 8 月 5 日（星期五），纳税人应当最迟于 8 月 22 日（星期一）缴纳税款，8 月 23 日起为滞纳天数，至 9 月 9 日共滞纳 18 天。

（3）关税滞纳金额 = 滞纳的关税税额 ×0.5‰× 滞纳天数 = 80 000 元 ×0.5‰×18 = 720 元人民币

增值税滞纳金额 = 滞纳的增值税额 ×0.5‰× 滞纳天数 = 100 000 元 ×0.5‰×18 = 900 元人民币

消费税滞纳金额 = 滞纳的消费税额 ×0.5‰× 滞纳天数 = 7 000 元 ×0.5‰×18 = 630 元人民币

滞纳金总额 = 720 元 + 900 元 + 630 元 = 2 250 元人民币

3. 解析：

（1）完税价格：100 000 元 ×6 = 600 000 元人民币

（2）关税：600 000 元 ×5% = 30 000 元人民币

（3）增值税：（完税价格 + 关税）× 增值税税率 =（600 000 元 + 30 000 元）×13% = 81 900 元人民币

（因为化肥属于增值税的征收范围，税率为13%）

（4）滞纳天数：从3月9日算起到15天内，即9月24日为最后一天交税期限，但24日为星期六，最后一天交税期限顺延至26日，即从27到9月28日算起，共2天。

（5）关税滞纳金金额：滞纳关税税额×0.5‰×滞纳天数=30 000元×0.5‰×2=30元人民币（低于50元免征）

（6）增值税滞纳金金额：滞纳关税税额×0.5‰×滞纳天数=81 900×0.5‰×2=81.9元，所以该批货物滞纳金总额为：81.9元人民币。

第8章　课后练习参考答案及解析

（一）概念辨析

1. 关税保全与关税强制执行：关税保全是指进出口货物的纳税义务人在规定的纳税期限内有逃避纳税义务的明显嫌疑时，海关对纳税义务人拥有的与应纳税款相等的财产，所采取冻结或扣留的行政强制行为；关税强制执行措施是海关在纳税义务人逾期缴纳税款的情形下，对纳税义务人拥有的与应纳税款相等的财产，所采取划转或变卖以抵缴其应缴税款的行政强制措施。两者海关采取的都是行政强制行为，但关税保全仅采用冻结或扣留措施，没有改变财产的所有权，而关税强制执行采用是划转或变卖措施，改变财产的所有权。

2. 担保保证金与风险金：使用较小比例资金提供担保称为保证金；使用较大比例资金提供担保称为风险金。两者都是担保金，但使用范围不同。

3. 资金冻结与资金扣缴：资金冻结是中止行为，资金的所有权没有改变，只是暂时不能使用，属于海关的保全措施；资金扣缴是划转行为，资金的所有权已经改变，属于海关的强制执行措施。

4. 货物扣留与货物变卖：货物扣留是海关的保全措施，没有改变货物的所有权，但是在扣留期间不能使用；货物变卖属于海关的强制执行，货物的所有权已经改变，变卖所得抵补欠缴税款。

（二）单选题

1. 答案：B

解析：纳税义务人自缴纳税款期限届满之日起超过3个月未缴纳税款，海关可以依法采取强制措施。

2. 答案：B

解析：纳税人在提供担保时需要提供足额抵押金一般是涉案货物，有违法嫌疑的进口货物但不便扣留或无法扣留的货物属于涉案货物。

3. 答案：C

解析：中国人民银行作为中央银行，根据《中华人民共和国中国人民银行法》不能为任何单位和个人提供担保，故不属担保银行的范畴。

（三）多选题

1. 答案：AC

解析：不是所有的外币现钞都可以作为担保金，可以充当担保金是自由兑换货币，即指国家外汇管理局公布挂牌的作为国际支付手段的外币现钞或存款。股票价值波动过大，不能充当担保金。

2. 答案：AC

解析：可以充当担保金是自由兑换外币，不是所有的外币。担保函必须是金融机构开出保函和中国国际商会开出 ATA 单证册。

3. 答案：ABC

解析：纳税人租赁的货物海关是不能变卖，因为租赁的货物的所有权并不是纳税人。

4. 答案：AB

解析：海关收取风险担保金一般是海关监管货物，所以对加工贸易货物备案和租赁进出口货品收取风险担保金。

5. 答案：BC

解析：纳税义务人未在规定的缴款期限内缴纳税款，超过 3 个月仍未缴纳的，海关可以依法从纳税义务人开户银行划转相当于应纳税款资金抵缴税款或变卖其价值相当于应纳税款的货物，以变卖所得抵缴税款。

（四）判断题

1. 答案：正确。

解析：《中华人民共和国海关法》在海关事务担保的有关条款中规定，担保放行的货物，如有相关国内外法规免除担保的法律规定，可免除担保，这就是“免除担保优先”原则。

2. 答案：错误。

解析：国家法律禁止进口货物，国家有限制性规定，应当提供许可证件而不能提供的进出境货物，以及法律、行政法规规定不得接受担保其他情形，海关不得办理担保放行手续。这种不适用担保情形，称为不予适用。

3. 答案：错误。

解析：海关应在纳税人履行纳税义务之日起 3 个工作日内书面通知当事人办理担保金退款手续。

（五）案例分析

解析：特定减免税货物是海关监管货物，不经海关批准不能擅自移作他用。海关发现利达公司有明显转移海关监管货物的迹象时，可以采取关税保全。但是在采取关税保全措施之前应先应要求利达公司提供相当于应纳税款的担保金，利达公司未能按要求提供担保，经海关关长批准，可以采取冻结或扣留等关税保全措施。本案例中海关执行程序合法。

参考文献

［1］何晓兵．中国关税实务［M］．北京：中国商务出版社，2004 年 8 月修订版．

［2］沈肇章．关税理论与实务［M］．广州：暨南大学出版社，2005 年 6 月第 3 版．

［3］谷成．关税政策实施的经济效应［N］．国际商报，2008－12－10.

［4］中华人民共和国海关总署令第 148 号《中华人民共和国海关审定进出口货物完税价格办法》（简称《审价办法》），【发布日期】2006-3-26（署务会议审议通过）．

［5］中华人民共和国海关总署令第 124 号：《中华人民共和国海关进出口货物征税管理办法》，【发布日期】2004-12-15（署务会议审议通过）．

［6］商务部国际贸易经济合作研究院．李健、章海源．回顾与展望：进出口税收政策的调整及影响［J］．中国税务，2008（4）．

［7］中华人民共和国海关总署《〈中华人民共和国政府与巴基斯坦伊斯兰共和国政府自由贸易协定〉项下进口货物原产地管理办法》2007 年 5 月 29 日经海关总署署务会议审议通过．

［8］海关总署令第 181 号：《中华人民共和国海关进出口货物优惠原产地管理规定》，【发布日期】2009-1-8.

［9］海关总署令第 177 号：《中华人民共和国海关〈亚太贸易协定〉项下进出口货物原产地管理办法》，【发布日期】2008-11-28.

［10］海关总署令第 149 号：《中华人民共和国海关特别优惠关税待遇进口货物原产地管理办法》，【发布日期】2006-5-21.

［11］国务院关税税则委员会关于 2008 年关税实施方案的通知（税委会〔2007〕40 号），【发布日期】2007-12-18.

［12］海关总署公告 2007 年第 32 号：中国—巴基斯坦自由贸易区 2007 年协定税率执行表，【发布日期】2007-7-1.

[13] 刘睿．原产地规则法律研究［R］．对外经济贸易大学，2003（6）．
[14] 国务院发展研究中心市场经济研究所．胡冰川、程国强．论棉花滑准税的政策影响——一个全局的视角［J］．《中国农村经济》，2008（6）．
[15] 海关总署令第179号：《中华人民共和国海关进出口货物减免税管理办法》，【发布日期】2008-12-29.
[16] 海关总署《中华人民共和国船舶吨税暂行办法》，【发布日期】1952-9-29.
[17] 中华人民共和国国务院令第538号：《中华人民共和国增值税暂行条例》，【发布日期】2008-11-5（国务院第34次常务会议修订通过）．
[18] 中华人民共和国国务院令第539号：《中华人民共和国消费税暂行条例》，【发布日期】2008-11-5（国务院第34次常务会议修订通过）．
[19] 海关总署令第124号：《中华人民共和国海关进出口货物征税管理办法》，【发布日期】2005-1-4．
[20] 中华人民共和国国务院令（第401号）：《国务院关于修改〈中华人民共和国反补贴条例〉的决定》，【发布日期】2004-3-31．
[21] 中华人民共和国国务院令（第402号）：《国务院关于修改〈中华人民共和国反补贴条例〉的决定》，【发布日期】2004-3-31.
[22] 国务院令第392号：《国务院关于修改〈中华人民共和国保障措施条例〉的决定》，2003-11-23.
[23] 方勇，张二震．关于出口产品反补贴预警的经济学研究［J］．世界经济，2004（6）．
[24] 沈济红．世贸组织保障措施协议与中国保障措施的制定［J］．中国对外贸易，2001（11）．
[25] 姜茹娇．《世界贸易组织（WTO）法律规则》［M］．北京：中国政法大学出版社，2006.
[26] 海关总署令第128号：《中华人民共和国海关征收进口货物滞报金办法》（2005年3月3日公布，自2005年6月1日起施行）．
[27] 中华人民共和国海关总署公告（2009年第13号）：《保税货物内销征收缓税利息适用利息率调整的有关问题公告》，【发布日期】2009-3-6.
[28] 沈济红．我国新关税制度运行的实证分析［J］．国际贸易，2006（8）．
[29] 中华人民共和国海口海关公告（2006年第3号）：中华人民共和国海关事务担保条例（征求意见稿），【发布日期】2006-8-28.

[30]《中华人民共和国行政诉讼法》中华人民共和国第七届全国人民代表大会常务委员会第二次会议于 1989 年 4 月 4 日通过，自 1990 年 10 月 1 日起施行 .

[31]《最高人民法院关于行政诉讼证据若干问题的规定》法释〔2002〕21 号，2002 年 6 月 4 日最高人民法院审判委员会第 1224 次会议通过 .

[32] 王剑林 . 论海关行政强制制度（优秀硕士论文）[R]. 导师：杨海坤；学位授予单位：苏州大学，2006（5）.

[33] 关税税则委员会《2009 年关税实施方案》经国务院关税税则委员会 2008 年 12 月 15 日第三次全体会议审议通过，2009 年 1 月 1 日起实施 .

[34] 海关总署令第 168 号公布的《海关总署关于修改〈中华人民共和国海关对加工贸易货物监管办法〉的决定》（修正），【发布日期】2008-1-14.

[35] 海关总署公告 2005 年第 33 号：《关于加工贸易内销货物审价》，【发布日期】2005-7-18.

[36] 第九届全国人民代表大会常务委员会第十六次会议《关于修改〈中华人民共和国海关法〉的决定》（修正）2000 年 7 月 8 日 .

[37] 中华人民共和国国务院令（第 392 号）：《中华人民共和国进出口关税条例》已经 2003 年 10 月 29 日国务院第 26 次常务会议通过，自 2004 年 1 月 1 日起施行 .

[38] 廖秀健，张晓妮 . 美国对华农产品反倾销案例分析 [J]. 陕西农业科学，2006（4）.

[39] 励志斌 . 借鉴税收优先权　完善关税保全制度 [J]. 上海海关高等专科学校学报，2005（3）.

[40] 中华人民共和国海关总署公告（2010 年第 13 号）：《中华人民共和国政府秘鲁共和国政府自由贸易协定原产地规则及与原产地相关的操作程序》，【发布日期】2010 - 2 - 25.

[41] 国务院关税税则委员会（税委会〔2010〕26 号）：《关于2011 年关税实施方案的通知》，【发布日期】2010 - 12 - 15.

[42] Thomas J. Prusa (1997), "The Trade Effects of US Antidumping Action," in Robert Feenstra (ed.), The Effects of US Trade Protection and Promotion Policies (Chicago: University of Chicago Press), 191 ~ 214.